Danilo Elia, geboren in Bari 1973, ist Anwalt und lebt in Tivoli in der Nähe von Rom. Bereits als Jugendlicher durchquerte er Europa von Süditalien bis zum Nordkap. Der Reisende aus Leidenschaft legte unter anderem die Strecke Moskau – Ulan Bator mit der Transsibirischen Eisenbahn zurück, fuhr über Island mit dem Mountainbike und bereiste den Himalaja mit lokalen Verkehrsmitteln von Kathmandu bis nach Lhasa.
Elia arbeitete für einige Zeit in Litauen, wo er Italienisch unterrichtete und zu seinem ersten Roman, »Le cicogne tornano da sud«, inspiriert wurde. Er ist kürzlich von seiner zweiten Reise mit dem Cinquino zurückgekehrt, die ihn rund um das Mittelmeer geführt hat und Teil seines Projekts »EuropaAsia – viaggio lento in 500« ist.

www.europaasia.it
www.frederking-thaler.de

Bibliografische Information der Deutschen Bibliothek
Die Deutsche Bibliothek verzeichnet diese Publikation in der Deutschen Nationalbibliografie; detaillierte bibliografische Daten sind im Internet über http://dnb.ddb.de abrufbar.

NATIONAL GEOGRAPHIC ADVENTURE PRESS
Reisen · Menschen · Abenteuer
Die Taschenbuch-Reihe von
National Geographic und Frederking & Thaler

1. Auflage Oktober 2007

Titel der Originalausgabe: *La Bizzarra Impresa*

Aus dem Italienischen von Susanne Meyerhöfer, München
Text und Fotos: Danilo Elia
Lektorat: Dr. Ulrike Schimming, Hamburg
Umschlagfoto oben: Keren Su/Getty Images
Umschlagfoto unten: Danilo Elia
Umschlaggestaltung: Dorkenwald Grafik-Design, München
Herstellung: Büro Sieveking, München
Druck und Bindung: Clausen & Bosse, Leck
Printed in Germany

ISBN 978-3-89405-834-0

www.frederking-thaler.de

Das Papier wurde aus chlorfrei gebleichtem Zellstoff hergestellt.

DANILO ELIA

ECHT ABGEFAHREN

Mit dem Fiat 500 nach Peking

Aus dem Italienischen von
Susanne Meyerhöfer

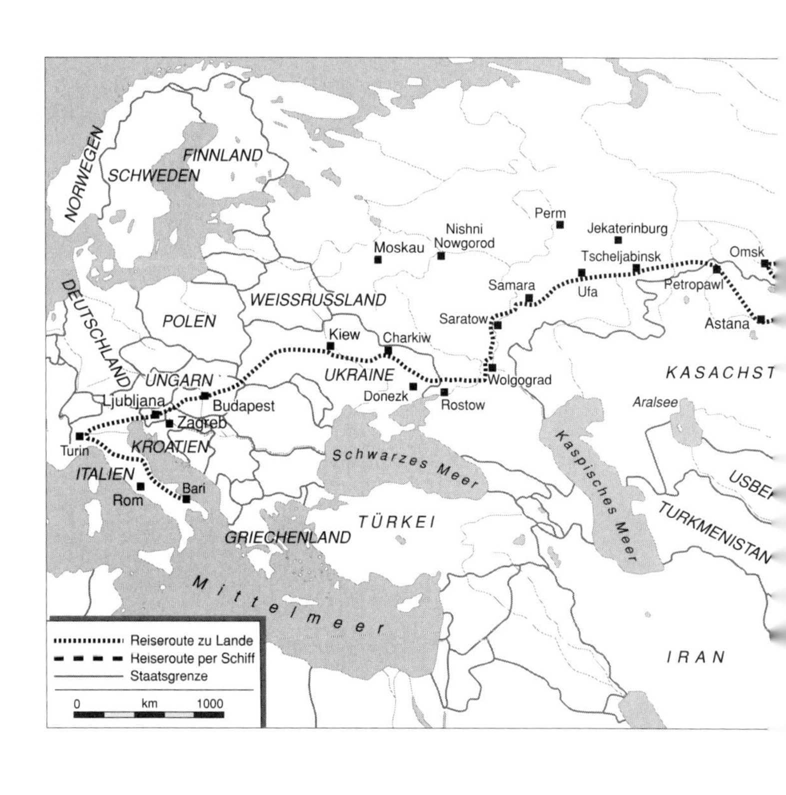
NORWEGEN
SCHWEDEN
FINNLAND
DEUTSCHLAND
POLEN
WEISSRUSSLAND
UNGARN
UKRAINE
KROATIEN
ITALIEN
GRIECHENLAND
TÜRKEI
KASACHST
TURKMENISTAN
IRAN
Moskau
Nishni
Nowgorod
Perm
Jekaterinburg
Tscheljabinsk
Omsk
Samara
Ufa
Petropawl
Saratow
Astana
Kiew
Charkiw
Wolgograd
Donezk
Rostow
Ljubljana
Budapest
Zagreb
Turin
Rom
Bari
Aralsee
Schwarzes Meer
Kaspisches Meer
Mittelmeer
Reiseroute zu Lande
Heiseroute per Schiff
Staatsgrenze
0
km
1000

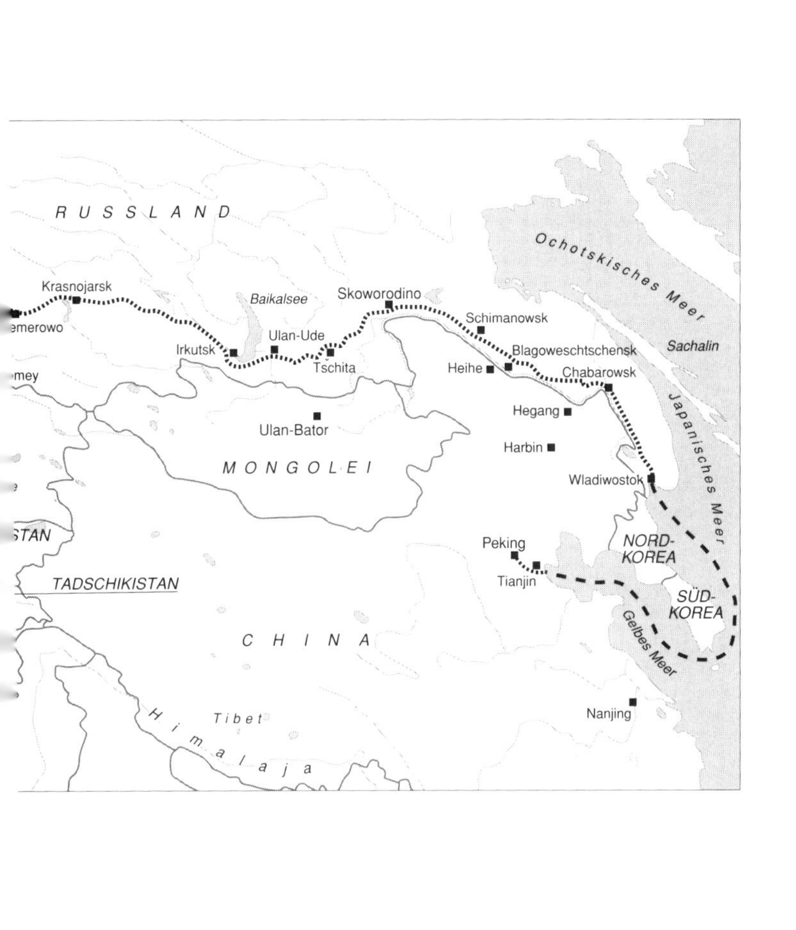

RUSSLAND
Krasnojarsk
emerowo
Baikalsee
Skoworodino
Schimanowsk
Ochotskisches Meer
Sachalin
Irkutsk
Ulan-Ude
Tschita
Heihe
Blagoweschtschensk
Chabarowsk
mey
Ulan-Bator
Hegang
Harbin
Japanisches Meer
MONGOLEI
Wladiwostok
STAN
Peking
Tianjin
NORD-KOREA
TADSCHIKISTAN
SÜD-KOREA
Gelbes Meer
CHINA
Nanjing
Tibet
Himalaja

Inhalt

Prolog

Traut keinem dieser modernen Reisenden, die aus Prinzip das Unbequeme wählen. Sie sind entweder verlogen oder verrückt.

STEFANO MALATESTA

»Das ist Wahnsinn!«

»Du bist doch nicht mehr ganz bei Trost! Dafür braucht man doch einen richtigen Geländewagen, was weiß ich, einen Landrover oder so.«

»Und wenn der auf halber Strecke den Geist aufgibt?«

An derlei Kommentare und Fragen war ich gewöhnt. Ich hatte mit Erstaunen gerechnet, Begeisterung oder gar Bewunderung, aber nichts dergleichen.

In den zwei Jahren, in denen ich meine Idee herumerzählte, teils aus Spaß, teils um meinen Traum, mit einem Fiat 500 nach China zu fahren, weiterzuträumen, schlugen mir vor allem solche Reaktionen entgegen. Im günstigen Falle. Bei manchen Gesprächspartnern, die mich ernst nahmen, gesellte sich zu den ungläubigen Blicken dann jedoch tiefste Verachtung, ja, manchmal sogar Mitleid, hinsichtlich dieses Unterfangens. Das war auch nicht weiter verwunderlich: Wie verrückt musste man sein, mit dreißig Jahren, statt an eine Familiengründung zu denken, ans andere Ende der Welt reisen zu wollen – und das auch noch mit einem Schrotthaufen. Genau: Schrotthaufen. Das war die allgemein übliche Bezeichnung für den kleinen Cinquecento.

Aber zum Glück war ich so besessen wie all jene, die sich auf irrsinnige Unternehmen einlassen, dass die Missbilligung und die Skepsis der anderen an mir abprallten und ich weiterfantasierte.

Alles hatte mit einem Foto von Samarkand begonnen. Als ich zum ersten Mal ein Bild des Registan-Platzes sah, entbrannte in mir der Wunsch, nach Zentralasien zu reisen. In der *Libreria del Viaggiatore,* einer bekannten Reisebuchhandlung in Rom, blätterte ich in einem alten Buch. Es war ein Bildband – ehrlich gesagt, besonders schön waren die Fotos nicht –, eine dieser Ausgaben noch aus der Sowjetzeit. Doch das große doppelseitige Foto beeindruckte mich, dabei hatte es kaum Perspektive und war ein wenig nichtssagend. Die allzu grellen Farben erinnerten an alte Ansichtskarten.

Die Sonne strahlte auf die Majolikakuppeln der Medressen, sie blitzten türkisfarben – so etwas hatte ich noch nie gesehen. Auf den folgenden Seiten glänzten die anderen Schätze Usbekistans, die Minarette von Buchara, die Mauern von Xiva. Manche Orte haben entweder von Natur aus oder durch Menschenhand die Macht, die Fantasie zu entfesseln und sich ins Hirn einzubrennen, bis sie zur Besessenheit werden. Samarkand war solch ein Ort. Ich dachte, früher oder später müsste ich dorthin, aber ich wusste rein gar nichts über diese Stadt und wollte mehr erfahren.

Das ehemals sowjetische Zentralasien kannte ich damals noch nicht. Nach Jahrzehnten der Abgeschlossenheit hatte sich die Region erst in den vergangenen Jahren der Gier der von den üblichen Routen gelangweilten Touristen geöffnet, die sich gerne »Reisende« nennen. Ich spürte immer deutlicher, wie dieses Mosaik aus Ländern, Grenzen und Völkern anfing, auf mich einen unglaublichen Reiz auszuüben, so wie einst Indien Generationen von Westlern lockte, auf der Suche nach etwas sowohl geografisch als auch kulturell Entlegenem. Dies war ein Ort, den man aufsuchte, um sich wirklich weitab von allem zu fühlen.

Bei alledem war von einem Fiat 500 noch keine Spur.

Schnelle Fortbewegung bedeutet, Ziele erreichen zu können, die früher denen vorbehalten waren, die sich für eine Reise monatelang Zeit nehmen konnten. Das ist ein Vorteil. Den Touristen des dritten

Jahrtausends stehen Verkehrsmittel zur Verfügung, die sie innerhalb von einer Woche ans andere Ende der Welt und wieder zurück bringen, ohne dass sie dabei Urlaubstage vergeuden. Aber sie berauben die Reisenden einer wesentlichen Erfahrung, nämlich der des Unterwegsseins an sich.

Die Autoren der Bücher, die ich während der Reisevorbereitung las, wollten genau das wiedererleben.

Ich beschloss, die Aufgabe streng wissenschaftlich anzugehen: So kam es, dass ich eines Morgens beim Milchkaffee an die Wand starrte und noch etwas verschlafen vom frühen Aufstehen die Erleuchtung hatte – oder soll ich es eine Vision nennen? Ein kleiner Fiat 500 fuhr eine lange, schnurgerade Straße entlang und wirbelte eine Staubwolke hinter sich auf. Ein Fiat 500! So eine komische, alte, bucklige Knutschkugel mit ein paar Beulen in den Stoßstangen. Plötzlich war mir alles klar: Diese Vision zerstreute meine Zweifel! Wie eine Lawine überrollten mich die Vorteile, die die Wahl dieses Fahrzeugs mit sich brachte. Aber vor allem anderen musste ich zunächst mich selbst von der Stichhaltigkeit eines offensichtlich absurden Unterfangens überzeugen. Ein kleines, günstiges Auto, leicht zu reparieren, das nie die Begehrlichkeit eines Diebes wecken würde, nicht einmal in einer verrufenen kasachischen Vorstadt.

Außerdem bekäme mit einem so kleinen Auto, das für völlig andere Straßen und Entfernungen konstruiert war, eine solche Mega-Reise noch einen ganz anderen Kick, den einer Herausforderung oder eines Wettkampfs.

Die Einzelheiten lagen noch im Dunkeln, aber alles passte perfekt zusammen. Auch die für die Reise nötigen Tausende von Euro aufzutreiben sollte kein Problem sein: Ich war mir sicher, die Sponsoren würden Schlange stehen, um ihre Aufkleber auf den Türen des Fiat 500 anzubringen. Und dann würde ein Unterfangen dieser

Art sicherlich das Interesse aller Zeitschriften auf sich ziehen, die sich mit dem Thema Reisen befassen. Ich würde den einen oder anderen Artikel schreiben können, vielleicht sogar ein Buch ... Ja, der Fiat 500 war der passende Schlüssel, um die richtigen Türen aufzuschließen!

Vor Aufregung konnte ich meinen Kaffee nicht mehr austrinken. Bevor ich meiner Begeisterung freien Lauf lassen konnte, musste ich sichergehen, dass nicht schon irgendjemand vor mir die gleiche Idee gehabt hatte. Bei dieser Art von Zweifel schlägt die Stunde von Google. Ich hackte auf die Computertastatur ein und fand schließlich heraus, dass 1974 ein paar Freaks mit einem Fiat 500 kreuz und quer durch Marokko gefahren waren, dass 1998 zwei Paare ebenfalls mit einem Cinquecento eine kurze Europarundfahrt unternommen hatten und dass es 1999 in den USA ein *coast-to-coast*-Rennen gegeben hatte. In den 60er-Jahren hatte es einer bis nach Moskau geschafft ... Aber weiter hatte sich bisher noch keiner mit einem Nuova 500 vorgewagt!

Tja, aber weiter wohin? Solch eine Reise hat keinen Sinn ohne einen Endpunkt, ein festes Ziel, das man erreichen will, um dann sagen zu können, das Unternehmen war ein Erfolg. Ein Blick auf die Karte genügte – er fiel auf Peking. Und damit stand das Ziel fest!

Nun begann der organisatorische Teil: Briefe schreiben an mögliche Sponsoren, die Reiseroute ausarbeiten, vielleicht auch eine Internetseite einrichten. Außerdem beschloss ich, in meine unbekümmerte Zeitverschwendung noch jemanden mit einzubeziehen, der Zeit im Überfluss hatte: meinen Freund Fabrizio. Er war die ideale Person, um Energie und Geld in solch einem verrückten Projekt zu vergeuden. Wir kannten uns seit vielen Jahren und sind oft zusammen gereist. Er hatte die richtige Portion Unbekümmertheit und Unreife, um mich und mein Projekt ernst zu nehmen.

Wir bereiteten alles vor: Briefpaper mit einem schönen bunten Logo, T-Shirts mit dem Schriftzug »Europa-Asien« (klar, so eine Sache brauchte einen Namen) und eine Internetseite mit einer Landkarte der Reiseroute, unseren stolzen Gesichtern und Fotos eines funkelnden Fiat 500 in den Startlöchern. Es fehlte nur noch eines ... der Fiat 500!

In unseren von Begeisterung vernebelten Hirnen war das allerdings nur eine Kleinigkeit. Sobald tatsächlich einmal die Angebote der Sponsoren eintrudeln würden, bräuchten wir nur noch einen Cinquecento in gutem Zustand aufzutreiben, ihn ein wenig herzurichten, vielleicht etwas aufzumotzen, eine hübsche Farbe auszusuchen und loszufahren. Also hatten wir aus dem Netz einfach einige Fotos von einem schönen grünen 500er herausgefischt und auf unsere Website gestellt. Ohne Auto konnten wir uns den Sponsoren schließlich nicht vorstellen. Es musste den Anschein haben, dass schon gewisse Vorbereitungen getroffen und wir so gut wie startklar waren. Vertrauenswürdigkeit zu demonstrieren war notwendig. Wer hätte sonst zwei Spinner mit einer überspannten Idee und sonst nichts unterstützt?

Mehr als 50 Briefe, E-Mails und Faxe schickten wir an all die Firmen, die auch nur irgendein Interesse daran haben konnten, uns zu sponsern, allen voran natürlich Fiat. Wir schrieben auch an alle uns bekannten Auto- und Reisezeitschriften. Ich spare mir die Einzelheiten über das Warten auf Antwort und erwähne nur, dass die Dinge sich nicht ganz so entwickelten, wie wir uns das in unserer wilden Fantasie vorgestellt hatten.

Von den ausgesandten Schreiben blieben so gut wie alle unbeantwortet. Ein paar Redaktionen ließen sich herab, uns wissen zu lassen, sie könnten sich vorstellen, bei unserer Rückkehr möglicherweise einen Artikel zu veröffentlichen, aber von Geld war keine Rede. Wie zum Hohn erschien nach einigen Monaten in einer der

Zeitschriften, die wir angeschrieben hatten, eine Kurzmeldung über unsere im kommenden Frühjahr anstehende Abreise.

Natürlich war an Aufbruch ohne einen Cent in der Tasche und ohne Auto nicht zu denken.

In diesem allgemeinen Schweigen bekümmerte und verwunderte uns das von Mamma Fiat am meisten. Wir waren felsenfest davon überzeugt gewesen, dass man sich in Turin darum reißen würde, uns bei unserem kühnen Unterfangen zu unterstützen. Zwar wurde der Cinquecento nicht mehr produziert, aber er war immer noch das Auto, das die Geschichte von Fiat in Italien geprägt hatte, ein wahrhaftiges Symbol für die Autofirma und für Italien. Wir konnten es uns nicht erklären, warum ausgerechnet die Marketingabteilung von Fiat, die sich doch eigentlich vor allen anderen für uns interessieren müsste, schwieg. Nicht einmal eine ausdrückliche, meinetwegen auch unfreundliche Ablehnung erreichte uns.

Der Enthusiasmus der ersten Stunde verflog, und allmählich gaben wir das Projekt auf. Doch der Traum von Asien im Fiat 500 blieb.

Ungefähr ein Jahr später suchte ich in Tivoli, wohin es mich beruflich verschlagen hatte, mühsam nach einer Bleibe. Ich bewohnte ein möbliertes Zimmer und kaufte mir zweimal die Woche »*Portaportese*«, das Anzeigenblatt der Römer. Nach der Lektüre der Mietangebote für die östliche Peripherie Roms blätterte ich systematisch zu den Gebrauchtwagenangeboten weiter und suchte nach 500ern zu Schleuderpreisen. Den einen oder anderen nahm ich in Augenschein. Den ersten gab es für 150 Euro ohne Motor, der nächste sollte 300 Euro kosten und hatte dafür keine Bodenplatte (wie das Auto der Familie Feuerstein), und für 450 gab es einen, der durch das häufige Einparken nach Gehör seine rundlichen Formen eingebüßt hatte und mehr einem Fiat 126 ähnelte. Eines Tages fuhr ich, wenig überzeugt, in die Gegend von Cinecittà, um ein Exemplar für

600 Euro anzuschauen, und, oh Wunder, es war in annehmbaren Zustand. Ich handelte – und für 450 Euro gehörte das Auto mir.

Nach der Überführung nach Bari beschlossen Fabrizio und ich, es ein wenig herzurichten, kleine Veränderungen vorzunehmen... und dann? Was wollten wir dann damit machen? Wohin wollten wir mit diesem Autochen mit den zwei Ersatzreifen, den Rädern eines Geländewagens, einem Reservekanister für 50 Liter, den vier Nebelscheinwerfern und einem Dachgepäckträger mit einer wasserdichten Militärkiste darauf? Wenn uns das einer fragte, wussten wir keine Antwort. Bis eines schönen Tages, wie es im Märchen heißt, zwei Jahre nach unserer ersten Anfrage eine lapidare E-Mail aus Turin kam. Zwei Zeilen nur, aber diese eröffneten uns einen ganzen Horizont, den Horizont Asiens.

Es war Anfang Dezember, und bis zum Frühjahr hatten wir Zeit, alles zu organisieren. Nach Meinung der Turiner war das jede Menge Zeit, für uns aber das absolute Minimum, wenn wir so wenig Fehler wie möglich machen wollten. Jetzt gelang es uns auch noch, ein paar andere, kleinere Sponsoren zu gewinnen. Dann stürzten wir uns in die Vorbereitungen: Die Ausstattung des Autos wurde vervollständigt, es bekam eine neue cremefarbene Lackierung als neutralen Untergrund für die erhofften Aufkleber, und wir malten eine italienische Trikolore über das ganze Fahrzeug vom Heck bis zur Haube. Als das Abreisedatum um den 5. April feststand, besorgten wir uns alle Touristenvisa für die Länder, die wir durchqueren mussten. Allein dieses Unternehmen kostete fast drei Monate Zeit und beachtlichen Planungsaufwand, um annähernd die Daten von Ein- und Ausreise für jedes einzelne Land vorherzusagen, wie es die Visa-Anträge erforderten. Eines Nachmittags breiteten wir bei mir zu Hause drei große Landkarten auf dem Boden aus, von Kasachstan, Zentralasien und China, und legten eine generelle Reiseroute fest.

Welche Straßen wir genau nehmen würden, wussten wir nicht, aber wir wollten Italien in Richtung Slowenien verlassen, durch Ungarn in die Ukraine fahren, die Wolga-Don-Region in Russland durchqueren, dann Kasachstan, und von dort würden wir nach Kirgistan einreisen und über Usbekistan, Turkmenistan, Tadschikistan schließlich China erreichen. Eine Strecke von 14000 bis 15000 Kilometern, die wir in etwa zwei Monaten zurücklegen wollten.

Bei Fiat entschied man, den Motor unseres 500ers in einer Werkstatt in Bari überholen zu lassen. Also vereinbarten wir, dass wir nach der Instandsetzung an Bord des Cinquecento in Turin eintreffen würden. So konnten wir ihn einfahren und den reparierten Motor dort nach den ersten 1000 Kilometern noch einmal inspizieren lassen. Die Tage in Bari vergingen, ohne dass wir erfuhren, wann wir das Auto in der Werkstatt abliefern konnten. Das Sponsoring hatte sich inzwischen von der Übernahme eines Großteils der Reisekosten, wie anfangs vorgeschlagen, auf eine gewisse Beteiligung an den Kosten für die Arbeit am Motor und für die Rückführung des Fiat 500 per Schiff reduziert. Der Weg wurde langsam steinig.

Eine Woche vor dem großen Tag begannen endlich die Arbeiten am Motor, die, wie uns inzwischen mitgeteilt worden war, die einzige Form des Sponsorings sein würden. Natürlich war das Auto erst einige Tage später als geplant fertig, so dass unsere Abfahrt nach Turin um fast zwei Wochen aufgeschoben werden musste.

Am Abend des 15. April holten wir das Auto aus der Werkstatt. In unserer Garage beendeten wir die Montage der letzten Kleinigkeiten, der Reserveräder, des Gepäckträgers, und luden alle Ersatzteile und die Benzinkanister ein. Jetzt war er kein x-beliebiger 500er mehr, er war »unser Cinquino«, der uns bis nach Peking bringen sollte.

1 2000 Kilometer in vier Tagen

Echt abgefahren! Abgefahren?

Viele Male zuvor hatte ich versucht, mir den Morgen der Abreise auszumalen. Schließlich fing ich an, die Tage bis zum großen Moment zu zählen: Am Morgen aufstehen, den Rucksack auf den Rücksitz laden, sich von allen verabschieden und mit unserem Fiat 500 aus dem Hoftor hinaus und hinein in den hektischen Verkehr, der täglich die Masse Mensch zur Arbeit bringt. Vor uns liegen unendliche Tausende Kilometer Richtung Osten, die Langsamkeit staubiger, stiller Straßen, die Unfassbarkeit eines fernen und vielleicht unerreichbaren Zieles.

Theoretisch war es ganz einfach: In Turin waren wir am Montagmorgen um neun Uhr vor dem Werkstor 4 von Mirafiori mit Fiat verabredet. Zwei Tage, um von Süd nach Nord fast ganz Italien auf Staats- und Provinzstraßen zu durchqueren. Ja, nur auf Landstraßen, denn was hätte es für einen Sinn gehabt, die Autobahn zu nehmen? Schließlich musste der vollständig überholte Motor erst eingefahren werden, und die Höchstgeschwindigkeit, die wir einhalten mussten, betrug gerade mal 70 Stundenkilometer. So war uns die etwas altmodische, aber der Reise völlig angemessene Vorstellung, den Apennin weder durch einen Tunnel noch über ein Viadukt zu überwinden, gerade recht. Außerdem ist das Panorama dort unbezahlbar.

Ich hatte fast die ganze Nacht kein Auge zugemacht, mich unruhig zwischen den Laken gewälzt und hartnäckig versucht, ein wenig Erholung zu finden. Ich zwang mich, erst aufzustehen, als der Wecker klingelte. Auf der großen Landkarte von Eurasien, so einer, wie man sie in Klassenzimmern findet und die ich gegenüber von meinem Bett aufgehängt hatte, zeigte eine rote Linie die Route an, die wir fahren wollten. Ein winziges Modell eines Fiat 500 hoppelte zwischen Kasachstan und China dahin. An diesem Morgen warf ich nur einen flüchtigen Blick darauf, um nicht all die Befürchtungen und Ängste, die mich in den letzten Tagen überkommen hatten, wiederzubeleben. Stattdessen griff ich den Rucksack, ging schnell in Gedanken die Liste der Dinge durch, die ich um nichts auf der Welt vergessen durfte, und stürzte hinunter in den Garten.

Dieser Morgen war genau wie alle anderen, die Luft war weder frisch noch prickelnd. Die Straßen waren bereits verstopft, und überall erklang das übliche Gehupe und Gefluche. Ich verabschiedete mich von allen, die sich vor dem Haus versammelt hatten. Sie hatten die Hoffnung aufgegeben; sie sahen ein, dass es zu spät war, mich von meinem Vorhaben abzubringen. Hinter mir in der Garteneinfahrt tuckerte Cinquinos Motor still vor sich hin. Dieses Geräusch hatte etwas Beruhigendes zu dieser Morgenstunde, wie das Blubbern einer Espressokanne auf dem Herd. Ich verstaute die restlichen Dinge und fuhr los.

Als ich bei Fabrizio ankam, hatte er gerade den Kampf mit seinem Rucksack beendet. Wir hatten wirklich an alles gedacht: leichtes und kompaktes Gepäck für den nicht gerade unwahrscheinlichen Fall, dass wir längere Strecken zu Fuß bewältigen mussten, alles Nötige zum Zelten, einen reichen Vorrat an Ersatzteilen und Gerätschaften für alle erdenkliche Unbill – vom Klappspaten für Schlamm und Sand bis zum Minikompressor, um den Reifendruck dem Straßenbelag anpassen zu können, dazu noch ein Elektrokocher für den Espresso und zwei komplette Sätze Reparaturwerkzeug.

»Reicht der für das Werkzeug?«, fragte mich Fabrizio und zeigte mir seinen Schulrucksack.

»Werkzeug?« In meinem Hirn breitete sich Leere aus. »Ach ja, das Werkzeug, das ist ... Ich hab's zu Hause vergessen ...«

Auch die besten Organisatoren machen Fehler, aber alle Schraubenschlüssel, Zangen und Schraubenzieher zu Hause zu lassen, das war heftig! Das hätte schlimm enden können.

Und so kehrte ich, nicht einmal eine Viertelstunde nachdem ich begleitet von guten Ratschlägen aufgebrochen war, nach Hause zurück. Wir nahmen das Werkzeug, das noch in Zellophan eingeschweißt war, und packten es zu dem übrigen Durcheinander in den Rucksack. Jetzt hatten wir wirklich alles ...

Wir glitten in den morgendlichen Berufsverkehr hinein. In den Augen der Autofahrer, die im Stau auf dem Weg zur Arbeit standen, blitzte kurz Neugier auf, dann verfielen sie wieder in die gewohnte Gleichgültigkeit. Schnell fädelten wir uns in die Umgehungsstraße von Bari ein, und los ging es! Vor uns lagen der ganze Tag und 600 Kilometer von Bari nach Urbino. Unsere erste Etappe.

Bis Urbino war es fast eine Spazierfahrt. Die breiten Straßen ohne Autos – wir waren in Hochstimmung, und auch unsere Körper gewöhnten sich an die Haltung, die sie in den vor uns liegenden Monaten im Fahrgastraum unseres Cinquino stundenlang würden einnehmen müssen. Diese 600 Kilometer dienten uns als erste Bewährungsprobe für das Auto. Dass wir unseren Fiat 500 erst am Abend zuvor aus der Werkstatt geholt und so noch keine Gelegenheit zu einer Probefahrt auf der Straße in beladenem Zustand gehabt hatten, gab uns ein bisschen zu denken. Möglicherweise hatten wir zu viel Gewicht auf die Vorderachse gelagert. Denn schon machten die dicken Geländewagenräder Probleme, die trotz der Erweiterung der Radkästen und dem Austausch der Federung mit der Lauffläche an manchen Stellen an der Karosserie scheuerten. Bereits am nächsten Morgen war der erste Korrektureingriff fällig:

Wir mussten alle Ersatzteile aus dem Kofferraum vorne unter der Haube nehmen und die schwersten davon in der Blechkiste auf dem Dachgepäckträger verstauen. An ihre Stelle packten wir leichtere Dinge: das Zelt, die Geschenke für die Kinder und einen leeren Wasserkanister.

Wir fuhren ein paar Stunden später als vorgesehen los. Die zwölf Stunden Fahrt vom Vortag waren nicht spurlos an uns vorübergegangen. Ich hatte heftige Rückenschmerzen, die mich im Hinblick auf die kommenden Monate beunruhigten, während Fabrizios linkes Knie beängstigend knirschte und ihn schmerzte, sobald er sich ans Steuer setzte. Was hatten wir denn erwartet? Zu dritt hatten wir 95 Jahre auf dem Buckel, Cinquino mitgezählt! Solange wir den Staatsstraßen folgten, war die Orientierung einfach, aber wenn man auf kleinen Gebirgsstraßen den Apennin überwinden will, hilft nur eine gute Landkarte, so eine, wie wir sie hatten.

»Die Karte …? Ich hab sie nicht.«

»Wieso? Hast du sie nicht mitgenommen?«

»Nein.«

»Aber gestern hattest du sie in der Hand, als wir das Werkzeug geholt haben.«

»Ich habe sie weggelegt …«

»Wie, weggelegt?«

»… auf die Bank neben der Garage. Hast du sie nicht eingesteckt?«

An einem Kiosk bei Fermignano kauften wir eine neue. »Stell dir vor, wir hätten die Karte von Kirgistan vergessen – die hätten wir kaum an einem Kiosk bekommen.«

Das Auf und Ab dieser gewundenen Sträßchen mit ihren sanften Steigungen und geschmeidigen Kurven, die sich langsam den ernstzunehmenden Passstraßen näherten, boten uns reizvolle und entspannende Aussichten. Mein Rücken schien sich langsam mit dem Sitz anzufreunden, und Fabrizios linkes Knie knirschte schon dezenter. Im Grunde mussten auch unsere Körper für dieses Experiment erst eingefahren werden.

Es war Sonntag und schönes Wetter. Auf den steilen Bergstraßen mussten wir ständig in den zweiten, manchmal auch in den ersten Gang schalten. Die neue Gewichtsverteilung, die wir am Morgen vorgenommen hatten, hatte die Situation kaum verbessert. Das Scheuern der Vorderreifen an den Radkästen war die Begleitmusik in jeder Kurve. Was würde nach Tausenden Kilometern passieren?

Wir gewannen nach und nach an Höhe, bis wir am Viamaggio-Pass fast 1000 Höhenmeter erreichten. Es herrschte dichter Nebel und war spürbar kälter. Von dort ging es langsam bergab, und unser Fiat 500 demonstrierte eine neue Schwäche: Er bremste zögerlich und stotternd, was sicher nicht ausreichen würde, um ihn im Notfall aus einer höheren Geschwindigkeit zum Stehen zu bringen. Auch in diesem Fall lag die Schuld allein bei der extremen Beladung. Doch weniger Gepäck war einfach nicht möglich gewesen, ohne den Erfolg der Reise aufs Spiel zu setzen. Und wir hatten noch zwei leere Benzinkanister dabei – einmal gefüllt, würden sie alles noch schwerer machen!

In Turin erwarteten uns am Abend Freunde, die uns beherbergen wollten. Wir waren einigermaßen spät dran, denn unsere Durchschnittsgeschwindigkeit beim Anstieg war ziemlich gering, aber vielleicht konnten wir etwas aufholen, wenn wir das »Rückgrat Italiens« einmal hinter uns hatten.

Kaum waren wir auf die Staatsstraße Nr. 1 eingebogen, änderte sich die Situation allerdings schlagartig. Ein nicht enden wollendes Wohngebiet zwang uns zu einer stundenlangen zermürbenden Fahrt von Ampel zu Ampel, Stoßstange an Stoßstange. Hunderte von Kilometern, ohne jemals den vierten Gang einzulegen, ein Verkehr, wie wir ihn so bis Peking nicht mehr erleben sollten. Nach einigen Stunden verbissenen Schaltens bereitete uns ein verdächtiges, lauter werdendes metallisches Kreischen so große Sorgen, dass wir unseren ersten Joker einsetzten: Wir riefen bei unserem Mechaniker an.

Unser unerschütterliches Vertrauen in Cinquino war von all denen angekratzt worden, die uns vor den vielen Schwachstellen von Motor, Mechanik und Elektrik gewarnt hatten. Wir hatten zwar ein paar Tage in der Werkstatt eines Freundes an manchen Teilen herumgewerkelt, aber sonst hatten wir wenig Ahnung von Mechanik. Eines Tages wollten wir uns deshalb von ihm zeigen lassen, wie man einen Ölfilter wechselt. Er hatte die Augen verdreht, erst geglaubt, wir machten Witze, dann hatte er geknurrt: »Der 500er hat keinen Ölfilter!« Dann hatte er den Kopf geschüttelt aus Enttäuschung über seine beiden schlechtesten Lehrlinge. Wir waren darauf eingerichtet, es mit ein paar kleinen Pannen aufzunehmen, die auftreten könnten, aber für einen wirklichen Langstreckentest blieb keine Zeit. Bei jedem kleinen, undefinierbaren Geräusch (und Geräusche gab es viele, allesamt undefinierbar) erfüllte eisiges Schweigen das Cockpit, wir sahen uns zögernd an, hielten die Luft an, und keiner hatte den Mut, als Erster zu fragen: »Was ist das?«

Eine Ferndiagnose war unmöglich: Das metallische Kreischen konnte unzählige Gründe haben, auch die katastrophalsten. Unsere Sorge steigerte sich, wir wähnten uns schon verloren und hatten keine Ahnung, was zu tun sei. Dabei hatten wir erst 900 Kilometer zurückgelegt!

Es gab zwei Möglichkeiten: warten, bis etwas Dramatisches passiert, oder sofort handeln. Wir wählten die erste. Aber entgegen all unseren Erwartungen passierte nichts, also mussten wir nachsehen. Während Fabrizio den Schaltknüppel bediente, legte ich mich unter Cinquino, um herauszufinden, woher das Geräusch kam. Ich sah eine Reihe von »Organen«, die sich bewegten (das musste normal sein), verteilte da und dort eine ordentliche Portion Schmierfett, und das Kreischen hörte auf. Dies ist die elementare Grundregel, wenn man, so wie wir, absolut keine Ahnung hat: Nicht zu viel fragen, solange alles gutgeht, beten, dass alles weiterhin funktioniert, und zuversichtlich weiterfahren.

Es war fast Mitternacht, als wir Genua passierten. Viele Kilometer quer durch die Langhe lagen noch vor uns, und wir rechneten damit, nicht vor dem nächsten Morgen in Turin einzutreffen. Wir riefen unsere Freunde an und baten sie, nicht auf uns zu warten und schlafen zu gehen.

Auf der Staatsstraße nach Asti ging es von neuem bergauf. Wir machten eine Kaffeepause, und eine Gruppe junger Leute näherte sich neugierig. Sie wollten wissen, wohin wir mit diesem seltsam zugerichteten Fiat 500 hinwollten. »Nach Peking!«, antworteten wir lässig. In der kleinen Gruppe brach Begeisterung aus, die Mädchen betrachteten uns voller Bewunderung wie tollkühne Abenteurer, und wir warfen uns stolz in die Brust.

Doch einem besonderen Schlaumeier aus der Gruppe gelang es, die Stimmung zu verderben. Er schüttelte den Kopf, und während er auf die großen Räder deutete, faselte er etwas – wir verstanden es nicht ganz – von übertriebenem Durchmesser, der das Verhältnis der Übersetzung vergrößerte und die Motorleistung schwächte, irgendetwas in der Richtung. Wir würden angeblich schon bei den ersten Steigungen auf den folgenden Kilometern Schwierigkeiten bekommen, und erst recht in China! Wir lächelten höflich, zogen die Brust wieder ein und machten die in südlichen Gegenden üblichen Gesten, um das Unheil abzuwehren.

Auf absolut freien Straßen ließen wir die Langhe schnell hinter uns, kamen aber dennoch erst mitten in der Nacht in Turin an. Es war tatsächlich die zweite Nacht unserer Reise, auch wenn wir offiziell noch gar nicht gestartet waren ... und wieder verbrachten wir sie im Auto! Aber um vier Uhr morgens wollten wir unsere Freunde wirklich nicht aus dem Bett holen. Wir parkten einfach vor ihrem Haus und machten in unserem Cinquino bis zum Morgen ein Nickerchen. Schließlich mussten wir uns daran gewöhnen: Wie viele Nächte unter solchen Bedingungen würden uns noch erwarten?

Mamma Fiat

Kälte und die ständigen Verrenkungen auf der Suche nach einer annehmbaren Position machten selbst die wenigen Stunden Schlaf zur Tortur. Dennoch, scheinbar erfrischt und ausgeruht, erschienen wir pünktlich zu unserer Verabredung im Design-Center von Fiat. Dort wurden die Abziehbilder auf dem Cinquecento angebracht, man gab uns ein paar Fiat-Sweatshirts und Turnschuhe mit Fiat-Schriftzug. Auf einem »türkischen« Klo, also einer Steh-Toilette, mussten wir uns umziehen und wurden dann den ganzen Tag bis zum Abend von einer Fotosession zur nächsten gescheucht.

Fabrizio und ich drängten sofort auf die verabredete Inspektion in der Werkstatt, die nach 1200 Kilometern mit einem neuen Motor fällig war. Diese Angelegenheit schien Fiat aber wesentlich weniger zu interessieren als die Fototermine mit den Journalisten. Wir erreichten immerhin, dass wir die Inspektion am übernächsten Tag in Mailand machen lassen konnten, als letzten Termin, bevor wir die Stadt verlassen würden. Das von der Marketingabteilung ausgeklügelte Programm beschränkte sich nämlich nicht nur auf Turin, sondern sah auch noch eine Tour zum Palazzo Reale in Mailand vor, wo eine Ausstellung über die wirtschaftliche und kulturelle Entwicklung im Italien der 50er-Jahre stattfand.

Um zwölf Uhr des nächsten Tages sollten wir uns also auf der Piazza del Duomo treffen, wo uns etwa 20 Journalisten und Techniker zu einer Reihe von Interviews erwarten würden. Aber an diesem Morgen hatten wir keine Lust, allzu früh aufzustehen; die lange Fahrt und die üble Nacht in unserem Cinquino steckten uns noch in den Knochen.

Wir ließen die Sache langsam angehen. Nach einem ausgiebigen Frühstück verabschiedeten wir uns von unseren Gastgebern und nahmen die Staatsstraße nach Mailand. Wie vorherzusehen war, herrschte mäßiger Verkehr, der nach und nach zunahm, je mehr wir uns der Metropole näherten. Gegen 11.30 Uhr erhielten wir einen ersten Anruf von einem der Organisatoren, der besorgt war, uns noch nicht zu sehen.

»Waren wir denn nicht für zwölf Uhr verabredet?«, antworteten wir. Und er: »Schon, aber es ist besser, wenn ihr etwas eher da seid. Es sind schon Leute da. Wo seid ihr?«

»Keine Sorge, wir sind im Anflug.«

Wir waren noch nicht einmal an Novara vorbei, hatten die 150 Kilometer also eindeutig unterschätzt.

Es war schon Mittag, als wir vor den Toren Mailands ankamen und die Anrufe immer häufiger wurden. Wir hatten ein schlechtes Gewissen wegen der vielen Leute, die auf uns warteten, und wussten nicht, was wir sagen sollten. Das war der Moment für eine Notlüge, zum Beispiel, dass uns die Polizei aufgehalten und wegen der nicht zugelassenen Reifen ein ziemliches Theater gemacht hätte, was uns viel Zeit gekostet hätte. Die Reifen waren tatsächlich nicht zugelassen, und das war eine unserer größten Befürchtungen. Bis zur Grenze hätte die Polizei unseren Fiat 500 ohne weiteres beschlagnahmen können. Als wir vor dem Dom ankamen, mit mehr als einer Dreiviertelstunde Verspätung, hatte sich die Geschichte, die wir am Telefon den Organisatoren aufgetischt hatten, irgendwie bereits bei den Journalisten herumgesprochen. Uns blieb nichts anderes übrig, als das Spiel mühsam aufrechtzuerhalten. Einer regte sich sogar über die imaginären Polizisten und ihre Pedanterie gegenüber diesem so besonderen 500er auf.

Nach ein paar Stunden hatten wir alle Interviews und Fotos erledigt und erinnerten daran, dass wir unbedingt noch die Inspektion in der Werkstatt machen und daher so bald wie möglich aufbrechen mussten. Geleitet vom GPS eines Lancia Thesis – wir dahinter im Cinquino – erreichten wir nach kurzen eineinhalb Stunden die große Fiat-Niederlassung ... gerade rechtzeitig zu Geschäftsschluss.

Wir hätten keine andere Wahl, wurde uns gesagt, als die Nacht in Mailand zu verbringen (womöglich wieder im Auto?) und unseren 500er am nächsten Morgen in die Werkstatt zu bringen. Nur dem Einsehen des Direktors der Mailänder Filiale war es zu verdanken, dass wir das Auto noch am selben Abend bis sieben Uhr überprüft wieder in Empfang nehmen und sofort aufbrechen konnten.

Alles in allem war es besser, die Straßen ins Veneto und dann nach Slowenien bei Nacht und ohne Verkehr in Angriff zu nehmen. Die Erfahrung von Urbino nach Turin hatte uns gereicht. Alle Verpflichtungen mit den Sponsoren lagen hinter uns, wir mussten nur noch fahren und versuchen, so viel Strecke wie möglich zurückzulegen, um vor Ablauf der Visa nach Zentralasien zu kommen. Besonders die Visa für Kirgistan beunruhigten uns. Wegen eines Irrtums des Reisebüros, das uns die Visa besorgt hatte, liefen sie bereits am 20. Mai ab. Das bedeutete, dass wir die ganze Ukraine, einen Teil Russlands und ganz Kasachstan in weniger als einem Monat hinter uns lassen mussten, und, einmal dort, darauf hoffen mussten, eine Verlängerung genehmigt zu bekommen, damit wir durch das Landesinnere weiter nach Usbekistan reisen konnten.

Aber wir waren Optimisten und außerdem erleichtert, endlich allein zu sein, unsere Zeit selbst einteilen und einen Zeitplan aufstellen zu können, ohne auf die Wünsche anderer Rücksicht nehmen zu müssen.

Um nicht am Steuer einzuschlafen, gingen wir mit lauter Stimme die Liste der Ersatzteile und der Kleinigkeiten durch, die wir dabei hatten. Zwischen Verteiler und Vergaser fiel uns auf, dass wir so ein lebensnotwendiges Teil aus schlichtem Gummi komplett vergessen hatten: den Ersatz-Keilriemen. Und das, obwohl ihn uns die Mechaniker so sehr ans Herz gelegt hatten. Es blieb uns nichts anderes übrig, als einen zu kaufen, bevor wir Italien verließen, denn im Ausland wäre es sicher unmöglich gewesen, die passende Größe zu finden.

Vom sonoren Brummen des Zweizylinders eingelullt, nickte Fabrizio ein, wobei er irgendwie im Beifahrersitz hängen blieb. Es regnete, seit wir Mailand verlassen hatten, und das hypnotisierende Hin und Her der Scheibenwischer trug nicht gerade dazu bei, mich wach zu halten. Als wir nach Stunden auf einer völlig verlassenen Straße ungefähr auf Höhe von Latisana waren, rollte ich langsam auf den Parkplatz einer geschlossenen Raststätte und gab mich meinen bleischweren Augenlidern geschlagen. Fabrizio merkte nichts davon.

Beim ersten Morgenlicht wachten wir beide steif vor Kälte auf und setzten unseren Weg fort. Ausgeruht waren wir in keinster Weise.

Rechtzeitig zum Frühstück erreichten wir Triest. Das morgendliche Verkehrschaos hatte die Stadt bereits erfasst. Ich konnte es kaum erwarten, nach Slowenien zu kommen und den italienischen Straßenverkehr hinter mir zu lassen. Fabrizio bestand aber darauf, einen Laden für Autoersatzteile zu suchen, um einen Keilriemen zu kaufen. Trotz meiner irrationalen Ungeduld stimmte ich schweren Herzens zu. Wir sahen uns in einigen Tankstellen um, aber keine hatte den Riemen in der richtigen Größe. Ich drängte darauf, es gut sein zu lassen, aber Fabrizio gab keine Ruhe, bis wir ihn schließlich im soundsovielten Laden aufgetrieben hatten. Wie dankbar würde ich ihm in ein paar Monaten dafür sein! Wie sehr hätte ich mich über meine Sorglosigkeit geärgert, wenn er an diesem Morgen nicht so stur gewesen wäre!

Kurz vor der Grenze klebten wir auf die hintere Motorhaube das weiße Oval mit dem Buchstaben I. Wir begingen diesen Moment mit ritueller Feierlichkeit; schließlich waren wir im Begriff, die erste Grenze zu überqueren, und vielleicht war es in Cinquinos dreißigjährigem Leben überhaupt das erste Mal, dass er ins Ausland kam.

In Slowenien fuhren wir sofort auf die erste Autobahn. Verkehr gab es praktisch keinen. Die langen Steigungen mussten wir im zweiten Gang und auf dem Sicherheitsstreifen zurücklegen. Wir fuhren in einem Rutsch durch, gönnten uns nur kurze Pausen beim Fahrerwechsel und damit sich der Motor ein wenig erholen konnte. Ehe wir's uns versahen, waren wir nach wenigen Stunden in Ungarn. Auch dieser Grenzübertritt ging ziemlich rasch, da wir noch nicht die Grenzen der Europäischen Union hinter uns gelassen hatten. Mit einer hohen Durchschnittsgeschwindigkeit kamen wir gut voran, dank der hervorragenden Straße, des Fehlens jeglichen Verkehrs und unseres wackeren Cinquinos, der gleichmäßig mit 80 Stundenkilometern fröhlich dahintuckerte.

Den Plattensee ließen wir in seiner ganzen Länge von mehr als 60 Kilometern links an uns vorbeiziehen, als wir durch die zahlreichen Badeorte an seinem Ostufer kamen. Melancholisch und verlassen lagen sie im grauen Licht des nachmittäglichen Nieselregens. Durch die vom regnerischen Klima der Jahreszeit üppige Vegetation konnten wir streckenweise die langen, glatten Strände erahnen. Die leeren Lokale entlang der Straße und die Schnellrestaurants boten ein Bild von Ungarn, das nichts mehr mit dem von vor ein paar Jahren gemein hatte.

Es war schon dunkel, als wir durch Budapest fuhren. Die ungarische Hauptstadt hat keine Umgehungsstraßen, und so mussten wir mitten in ihr Herz; wir durchfuhren das Zentrum und über die Kettenbrücke, die die beiden alten Städte Buda und Pest an den beiden Ufern der Donau verbindet. Von der Brücke aus genossen wir einen flüchtigen Blick auf die nächtliche Stadt, die Zitadelle, das Parlament. Wieder einmal erwies sich die späte Stunde als günstig. Wir schafften es in weniger als einer halben Stunde von einem Ende der Stadt bis zum anderen und zur Auffahrt der Autobahn M3.

Seit dem Morgengrauen saßen wir am Steuer bei Regen, der nur ganz selten etwas nachließ, und die Müdigkeit gewann langsam die Oberhand. An einer Tankstelle hatte man uns erzählt, dass es wenige Kilometer von dort in einem Dorf namens Füzesabony ein Hotel gäbe.

Wir fuhren von der Autobahn ab; das Dorf war winzig und in tiefe Dunkelheit gehüllt, die nur hier und da vom schüchternen Aufflackern einer nackten Glühbirne durchbrochen wurde. Von einem Hotel keine Spur. Wir drehten eine Runde zwischen den Häusern; das einzige beleuchtete Gebäude war die kleine Bahnstation. Wir gingen hinein und fragten, ob und wo es ein Hotel gäbe, aber man sagte uns, dass im Dorf keines existiere.

»Es gibt aber ein Gästehaus der Station, wenn Ihnen das recht ist«, fügte der Bahnbeamte hinzu.

»Gästehaus? Hm! Natürlich ist uns das recht!«

Die Hausmeisterin des grauen Gebäudes jenseits der Gleise sah das anders. Sie murmelte etwas Unverständliches auf Ungarisch und ließ uns nicht über die Schwelle. Wir kehrten zum Stationsvorsteher zurück, einem stattlichen Mann, der eingezwängt hinter seinem Schreibtisch in einem viel zu engen Stuhl saß, seine Dienstkleidung trug wie eine Paradeuniform und auf dem Kopf eine rote Mütze hatte. Er wühlte den Telefonhörer zwischen seinem Papierkram hervor und regelte alles: vier Euro pro Person die Nacht, und Cinquino konnten wir hinten im Hof parken. Das nenne ich Macht!

Wir genossen jeden Luxus, den uns die Örtlichkeit bot: eine warme Dusche, einen Kleiderwechsel und ein etwas zu kurzes und quietschendes Bett, in dem wir unsere Augen schließen konnten. Wir waren zwanzig Stunden gefahren, hatten zwei Landesgrenzen überquert und 750 Kilometer zurückgelegt. Das sollte unser absoluter Rekord bleiben.

2 Grand Tour durch die Ukraine

Wir wollten jedes Mal anhalten, wann immer wir Lust dazu hatten: eine Freiheit, die verlangte, dass wir unsere 18 Pferde ständig und genau unter Kontrolle hatten.

ELLA MAILLART

Die verschneite Puschtscha

Die Grenze zur Ukraine war an der langen Schlange von Sattelzügen zu erkennen, die sich einige Kilometer die Straße entlang zog. Deren Wartezeit für LKW konnte hier leicht 24 Stunden übersteigen. Die Schlange der PKW war glücklicherweise sehr viel bescheidener, und in einer knappen Stunde hatten wir es geschafft. Die ungarischen Kontrollen passierten wir in wenigen Minuten, dann begaben wir uns in die Hände der Ukrainer. Ein Grenzbeamter – er hackte mit den Zeigefingern auf die Tastatur eines Computers ein – fragte uns, wohin wir wollten. Hätten wir ihm bloß nicht »Peking« geantwortet! Er raufte sich verzweifelt die Haare – anscheinend war in dem Formular, das er ausfüllen musste, kein solch weit entferntes Reiseziel vorgesehen. Jede einzelne unserer Reisestationen wollte er wissen und begleitete jede mit einem betrübten Kopfschütteln.

Die Augen aller Zöllner waren allerdings auf die große grüne Kiste auf unserem Autodach gerichtet; es handelte sich dabei um ein militärisches Objekt, das wir aus zweiter Hand auf einem Jahrmarkt gekauft hatten und das tatsächlich sehr auffällig aussah. Der Grenzbeamte, ein untersetzter Kerl im Tarnanzug, war entzückt und rieb sich schon die Hände. Er winkte uns heraus, damit die Schlange weiterrücken konnte (im Allgemeinen ein schlechtes Zeichen, das auf lange Wartezeit hindeutet), ließ uns die Kiste öffnen und steckte gierig die Hand hinein. Er musste sich auf die Zehenspitzen stellen, konnte aber trotzdem nicht hineinsehen, und zog wie aus einer Lostrommel mit zufriedenem Lächeln Karten und ein bekritzeltes Blatt heraus. Er glaubte, uns auf frischer Tat ertappt zu haben. Was das sei, wollte er wissen, und es genügte ihm nicht, dass es sich dabei nur um Notizen zu einigen Teilstrecken unserer Reiseroute handelte. Nichts da! Stolz ging er mit seiner Beute in der Hand zum Bürocontainer. Ich kann mir nur ungefähr vorstellen, was seine Vorgesetzten gesagt haben mögen, als er mit einem bekritzelten Zettel und Straßenkarten von Gizimap daherkam, aber Tatsache war, dass er nach wenigen Minuten mit eingekniffenem Schwanz zurückkam und sie uns wieder aushändigte. Die Lust, in den anderen düsteren Geheimnissen unserer Militärkiste herumzustöbern, war ihm vergangen.

Am Ende aller Kontrollen konnten wir nach nur drei Stunden Aufenthalt weiterfahren, alles in allem keine schlechte Zeit. Die Grenze der Ukraine war die erste wirkliche Grenze seit unserer Abreise, in jeder Hinsicht. Nicht nur, weil man seit 2004 bis hierher gelangen muss, um die Europäische Union zu verlassen, sondern vor allem, weil die wirtschaftlichen Fortschritte in Ländern wie Ungarn durch die Investitionen in die Infrastruktur schon in früheren Jahren so rasant waren. So hat sich im vergangenen Jahrzehnt die Kluft zum östlichsten Teil Europas immer deutlicher aufgetan. Wer mit dem Auto diese Grenzen überschreitet, hat das klar vor Augen.

Der Zustand der Straßen änderte sich mit einem Schlag von Grund auf. Vom nagelneuen Asphalt in Ungarn, vor dem selbst die italienischen Autobahnen blass aussahen, ging es unversehens über in ein Mosaik zusammenhangloser Flecken, ein Patchwork aus Asphalt, auf dem Cinquino geräuschvoll dahinhopste. Wir mussten sofort die Geschwindigkeit drosseln und die Augen offen halten. Es begann schon dunkel zu werden.

Unsere Entscheidung, an einem kleineren Übergang auf der Staatsstraße 41 über die nächste Grenze zu fahren, statt auf der E573, trafen wir ganz bewusst. Dort vermuteten wir weniger Verkehr und eine entsprechend kürzere Wartezeit. Aus diesem Grund bewegten wir uns in Richtung Mukatschewe auf einer der Landstraßen, die auf der Karte gelb eingezeichnet sind und die man an manchen Orten besser meidet.

Mit Einbruch der Dunkelheit wird diese Art Straße zum Horror: Die tiefen Löcher sind da und dort verstreut ohne die geringste Vorwarnung, wahrscheinlich mit der bösen Absicht angeordnet, das Lenken besonders schwierig zu machen. Man erkennt sie erst, wenn sie sich unmittelbar vor den Rädern auftun. Hier war perfekte Lenkarbeit gefragt. Würden das die Straßen sein, die wir auf den nächsten Tausenden von Kilometern befahren würden?

Mukatschewe war zu dieser Tageszeit genau das, was man sich unter einem ukrainischen Provinzkaff vorstellt. In den dunklen, nur von wenigen schwachen Straßenlaternen beleuchteten Straßen streiften offensichtlich alkoholisierte Jugendliche in Schlappen und gefälschten Adidas-Trainingsanzügen umher, und eine unerklärlich hohe Anzahl von Taxis wartete auf eine Kundschaft, die es gar nicht gab. Wir parkten unseren Fiat 500 nahe der Fußgängerzone des Zentrums, wo wir angeblich ein Hotel finden würden, und kamen gerade rechtzeitig, um die Aufmerksamkeit zweier eifriger Streifenpolizisten auf uns zu ziehen: »Wagenpapiere, Führerschein und Pass!« Sie blätterten darin und taten so, als würden sie lesen und etwas verstehen. Unser gewinnendes Lächeln provozierte lediglich die strengen Blicke unserer Gegenüber. Wir parkten auf einem Platz, der für Taxis reserviert war, und die Strafe dafür betrug eigentlich 500 Hrywnja, aber da wir ihnen so sympathisch waren, sollte es nur 100 Hrywnja kosten, ohne Quittung versteht sich. Um uns hatte sich sofort ein Grüppchen neugieriger Tagediebe versammelt. Wir waren auf Forderungen dieser Art vorbereitet und blieben gelassen; wir wussten, dass wir an den zahlreichen Kontrollposten in der Ukraine ständig damit konfrontiert sein würden, erst recht in Russland und in Kasachstan. Also machten wir gute Miene zu ihrem bösen Spiel und erklärten uns bereit zu zahlen, allerdings hätten wir nur Kreditkarten, keine Hrywnja. »Mit Kreditkarte bezahlen? Wie soll das gehen?« Der strengere der beiden wühlte weiter in unseren Papieren und überlegte sich wohl die nächsten Schritte, während der andere sich mehr für das seltsame, regelwidrig geparkte Gefährt mit den vielen Rädern zu interessieren schien. Dann, völlig unvermittelt und mit einer höflichen Geste, händigte uns der Strenge die Dokumente wieder aus.

Nachdem alle Feindseligkeit gewichen war, ließ der Gutmütigere seiner Neugier freien Lauf: »Was ist das für ein Auto? Was macht ihr hier, und wo wollt ihr hin?«

»Zu dem Hotel da.« Wir zeigten drauf.

»Das ist aber sehr teuer, weil es direkt im Zentrum liegt. Das ist nicht das richtige für euch. Es gibt ein viel günstigeres und sehr sauberes, gleich zwei Blöcke weiter.«

Wer sagt's denn – man muss nur mit den Leuten reden!

Das günstigere Hotel hatte kein Schild, höchstens zehn Zimmer und lag im zweiten Stockwerk über einem Lebensmittelgeschäft. Einzig verfügbar war ein Dreibettzimmer, das mit einem gewissen *proféssor* geteilt werden musste, wie die Dame am Eingang betonte, offensichtlich bemüht, unsere Bedenken über die Gesellschaft zu zerstreuen.

Wir parkten im Hof eines Hauses genau gegenüber der Pension, wo uns ein Kerl in Unterhose und Unterhemd das Tor aufschloss. Dann gingen wir aus, um uns ein Abendessen zu organisieren.

Es herrschte stockfinstere Nacht, und die Bürgersteige waren voller Stolperfallen. Um diese Zeit ein geöffnetes Lokal zu finden war aussichtslos – es gab nur ein sogenanntes *magazin,* ein Lebensmittelgeschäft, das Tag und Nacht geöffnet hat und wo jeder Tresen über eine eigene Bedienung und eine eigene Kasse verfügt. Das bedeutet, man muss sich in eine Schlange stellen, um Brot zu erhalten und gleich zu bezahlen, in einer anderen gibt es Wasser, in wieder einer anderen Aufschnitt und so weiter. Ein Relikt aus der guten alten Zeit, wo einem die Rechnung noch mit einem hölzernen Rechenschieber gestellt wurde. Wir kauften Brot, Salami, eine Büchse Rindfleisch und Bier und zogen uns voller Vorfreude auf das kleine Abendessen ins Hotel zurück.

Wir aßen das Brot, den Rest warfen wir weg.

Als der *proféssor* spät nachts nach Hause kam, stellte sich dieser als junger Doktorand der Geschichte aus Lemberg vor. Er war zu Seminaren oder Ähnlichem in Mukatschewe. In holprigem Englisch erklärte er uns, er habe ein Bett in einem Dreibettzimmer genommen, weil das wesentlich billiger sei, und er sei glücklich, es mit zwei Ausländern zu teilen.

Er fragte uns, ob wir nach Kiew wollten, als wäre es das Naheliegendste der Welt. Klar.

»Dann kommt ihr ja ohnehin über Lemberg; es ist der einzige Weg. Aber ihr wisst schon, dass da Schnee liegt?« Wir wunderten uns. »Aber sicher, in den vergangenen Tagen hat es mächtig geschneit, auch in Kiew. Und dann müsst ihr übers Gebirge. Ich bin gestern die Straße gefahren – die ist wirklich in einem miserablen Zustand!«

Er erklärte uns, dass dies für die hiesigen Straßen die schlechteste Jahreszeit sei. Die strengen winterlichen Temperaturen hatten den Asphalt gesprengt und große Schlaglöcher verursacht, vor allem auf den Gebirgsstraßen. Schneefälle wie dieser verhinderten dann auch noch, dass mit den Reparaturen begonnen werden konnte, also müssten wir uns auf den übelsten Straßenbelag gefasst machen.

Steile Gebirgsstraßen, Schnee, riesige Schlaglöcher ... Mit einem Hauch von Sorge im Herzen schliefen wir ein. Würde Cinquino das schaffen?

Am nächsten Morgen holten wir ihn aus dem Hof des Unterwäsche-Mannes und stürzten uns in den spärlichen Verkehr des Ortes, wo drei Fahrzeuge auf einer Kreuzung schon einen Stau, ja sogar einen Unfall herbeiführen können. Eine emsige Dame, die einem von rechts kommenden Auto unbedingt die Vorfahrt lassen wollte, legte den Rückwärtsgang ein und rumste, ungeachtet Cinquinos schrillen Hupens, ihre schwere Stoßstange gegen unsere. Mit der gleichen ungeschickten Langsamkeit schaltete sie in den ersten Gang und zuckelte davon ... Glücklicherweise hatte Cinquino keinen Schaden genommen, weder an den Scheinwerfern noch an den Nebelleuchten!

Wir verloren etwas Zeit bei der Fahrt aus der Stadt, denn es gab keine Wegweiser. Bei jedem Stoß gaben die Vorderräder, die an den Radkästen schleiften, ein lästiges Pfeifgeräusch von sich. Vielleicht hing es damit zusammen, dass die von uns gewählten Straßen die Aufhängung wesentlich mehr beanspruchten. Wir sorgten uns, dass dieser ständige Verschleiß die Laufflächen beschädigen und die Reifen zum Platzen bringen könnte. Anscheinend war es tatsächlich keine so gute Idee gewesen, 13-Zoll-Reifen zu montieren.

Langsam gewannen wir an Höhe, und die Straße schlängelte sich über sanfte Hänge. Ab und zu, wenn uns ein Auto überholte (das heißt, sie überholten uns alle: PKW, Lieferwagen und sogar Laster) feuerten uns die Insassen hupend an und grüßten uns mit erhobenem Daumen. Was für einen Eindruck diese Blechbüchse wohl machte, die sich geräuschvoll die Karpaten hinaufquälte, mit uns beiden großen Sardinen darin!

Der weiße Puderzucker auf den Wäldern ringsum ließ nichts Gutes ahnen. Es war kalt, und obwohl wir dicke Kleidung anhatten, mussten wir das Ventil öffnen, das warme Luft direkt vom Motor in den Fahrgastraum leitet. Der Geruch von verbranntem Öl hüllte uns ein. Seit geraumer Zeit hatten wir nicht mehr den rechten Fahrstreifen benutzt und verfolgten eine Art Zickzackkurs zwischen den Spurrillen, die die Reifen der anderen Autos vorgezeichnet hatten. Wir begegneten großen Lastwagen, die uns mit ihrem Schlingerkurs oft zwangen, anzuhalten und sie passieren zu lassen. Nur äußerst langsam kamen wir voran.

Der Schnee, der die Landschaft bedeckte, verwandelte sich auf dem, was vom Asphalt übrig war, in schlammige Rinnsale. Mit vereinten Kräften – auch die Mitarbeit des Beifahrers war gefragt – wichen wir den Rissen aus. »Schlagloch!«, brüllte es von rechts, und der Fahrer rettete durch eine energische Drehung des Lenkrads oder eine scharfe Bremsung Cinquinos Räder und Halbachsen.

An manchen Streckenabschnitten hatten Arbeitstrupps, die anscheinend nichts von der Arbeit der jeweils anderen Trupps wussten, mit den mühsamen Ausbesserungsarbeiten begonnen, eine Arbeit, die den ganzen Sommer über andauern sollte, um dann im folgenden Winter wieder zunichte gemacht zu werden.

Vom Resultat dieser Arbeiten würden die Autofahrer erst in einigen Monaten profitieren können. Die Reparaturen gingen folgendermaßen vor sich: Ein erster Arbeitstrupp, der den anderen einige Kilometer vorausging, machte mit dem Presslufthammer die verschiedenen Vertiefungen, die sich während des Winters gebildet hatten, breiter und tiefer. Ein zweiter Trupp strich Bitumen darüber, und der dritte füllte sie mit Asphalt aus.

Es konnte einige Tage dauern, bis ein Trupp die Stelle erreichte, wo zuvor der andere gearbeitet hatte, mit dem Ergebnis, dass einige Kilometer lang die Straße ohne die geringste Vorwarnung mit regelrechten Fallen übersät war und dadurch noch gefährlicher wurde, als sie es ohnehin schon war. Wenn man in ein solch kantiges und tiefes Loch geriet, gingen im günstigsten Fall die Reifen kaputt, oder es geschah Schlimmeres. Außerdem waren die Straßenbauarbeiter mit ihren platzraubenden Maschinen mitten auf der Straße zugange, ohne dass irgendein Hinweisschild auf sie aufmerksam gemacht hätte.

Als wir vorbeidüsten, boten wir ihnen eine heitere Abwechslung an einem harten Arbeitstag. Verwundert begrüßten sie uns mit erhobenem Daumen und schenkten uns ein Lächeln, das noch nie im Leben einen Zahnarzt gesehen haben dürfte.

Unser Sponsor hatte uns gebeten, unsere Reise filmisch zu dokumentieren – das Material sollte später für die Werbung verwendet werden. Die Sache lag uns schwer auf der Seele. Wir hatten zwar mit unseren Qualitäten als Videoamateure geprahlt, waren aber mit der Videokamera nicht eben vertraut und von einer angeborenen Faulheit, was den Gebrauch des Gerätes betraf.

Im besten Falle fiel uns ein, sie aus dem Rucksack zu holen und die Straße im Vorbeifahren durchs Fester oder die Windschutzscheibe zu filmen. Aber ab und zu mussten wir doch etwas mehr Aufwand treiben. Dann hielt Fabrizio auf dem Schotter des Seitenstreifens an und ließ mich mit Stativ und Videokamera am Straßenrand stehen. Nun vollführte er mindestens zwei Wendemanöver: eines für die Aufnahme und das zweite, um mich und die Ausrüstung wieder aufzulesen. Und da das Stativ schon einmal ausgepackt war, schossen wir sogar noch eine Aufnahme von uns mit dem Selbstauslöser.

Wir brachten unseren Fiat 500 unbeschädigt die Karpaten hinunter, und das war keine Kleinigkeit. Als wir uns Lemberg näherten, wurde die Straße nach und nach etwas besser, abgesehen von unvorhergesehenen, auf ein paar Kilometer begrenzten »Minenfeldern«.

Von dieser wunderschönen Stadt mit polnischer Prägung sahen wir nur die äußerste Peripherie und die breiten Autobahnzufahrten zur M17. Wir konnten uns, so kurz nach dem letzten, keinen weiteren Aufenthalt leisten. Obendrein hatten wir für die Bergetappe einige Stunden gebraucht und rechneten nicht damit, noch im Laufe des Abends bis nach Kiew zu kommen. Also übernachteten wir in Riwne, der einzigen größeren geschlossenen Ortschaft an der Strecke.

Eigentlich sollte man auf Reisen nie unter Zeitdruck stehen. Auch wenn über uns das Damoklesschwert der Verspätung hing, mit der wir von Turin aufgebrochen waren, und uns der Gedanke an die im Visum eingestempelten Daten nicht losließ, hielten wir doch öfter an der Straße an. Eine besonders schöne Aussicht, ein menschliches Bedürfnis oder ein *kafe* an der Straße, wo man einen Tee trinken und sich die Füße vertreten konnte, waren immer auch günstige Gelegenheiten, Cinquino eine kleine Erholung zu gönnen.

Die Geschäftstüchtigkeit in dieser Gegend trieb merkwürdige Blüten. Der in einer steinernen Hütte steckende Rumpf eines Flugzeugs, dessen hinteres Leitwerk noch in den Himmel ragte, und ein paar Eisenbahnwaggons am Straßenrand zogen unsere Aufmerksamkeit so sehr auf sich, dass wir anhielten. Man kann es nicht anders sagen: ein perfekter Marketinggag! Die einfallsreichen Eigentümer des Gasthauses hatten einen halben Zug an den Steg eines kleinen Sees bringen lassen und ihn mit einigen Laufstegen versehen, die zu einem Wasserflugzeug führten, das nach viel Wasser, aber weniger nach Fliegen aussah.

In einem Land, das 13 Jahre nach seiner Unabhängigkeit von der UdSSR, möglicherweise erst heute seine erste wirkliche demokratische Wende erlebt, sind es solche Initiativen, die die Hoffnung auf einen wirtschaftlichen Wiederaufstieg nähren: In einem Dorf, eingekeilt zwischen den Karpaten und der großen Ebene der *puschtscha*, entstand eine Initiative ausschließlich aus individuellem Unternehmergeist. Wer sich hier von der Regierung immer noch Arbeit erhofft, kann nur verhungern.

An einer Tankstelle hatten wir uns eine sehr detaillierte Karte der Ukraine gekauft, um die Schwächen unserer uralten Karten auszugleichen (»Ja, habt ihr denn kein GPS?«, war eine der häufigsten Fragen vor unserer Abreise. Unsere Antwort darauf: »Wir werden zu Lande unterwegs sein. Nicht auf dem Wasser ...«).

Dank dieser Orientierungshilfe aus der Zeit, als es noch keine Satellitennavigation gab, fanden wir das Hotel *Myr* mitten im Zentrum von Riwne gleich neben dem Staatstheater.

Obwohl es noch nicht so spät war, dass wir unbedingt halten mussten, und auch noch hell genug, um weiterzufahren, wollten wir dort endlich mal wieder eine erholsame Nacht verbringen.

Die Liebenswürdigkeit der ersten Personen, mit denen wir zu tun hatten, vom Portier des Hotels bis zum dazugehörigen Parkwächter, versetzte uns in Hochstimmung. Dort, wo sonst keine Fremden hinkommen und auch keine erwartet werden, gibt es eigentlich immer eine spezielle Nachsicht in der Art, wie man einen ausländischen Touristen behandelt. Aber in unserem Fall war anscheinend noch etwas anderes im Spiel, und das verdankten wir sicher Cinquino, der sich so unbekümmert und harmlos gab, dass er einfach alle Sympathien auf sich zog.

Es war Freitag, und in den kühlen Abendstunden spazierte eine Menge junger Leute durch die Straßen des Zentrums und über den

Platz vor dem Theater. Sie trafen sich, plauderten und lachten, und das vermittelte von Riwne genau den Eindruck, den man von irgendeiner Stadt Europas an einem milden Freitagabend erwartet hätte. Sorglose junge Leute, mal gut, mal weniger gut gekleidet, die am Abend auf der Straße genau das taten, was Jugendliche ihres Alters überall auf der Welt tun.

Von solchen Eindrücken sollte man sich jedoch niemals täuschen lassen.

Das Durchschnittseinkommen in der Ukraine liegt immer noch bei 90 Euro im Monat, die Arbeitslosenquote steigt galoppierend an, die Lebenshaltungskosten sind beträchtlich, und die Auswanderungsrate nach Europa ist hoch.

Aber an diesem Abend wollten wir keine sozioökonomische Analyse des Landes erstellen; wir gönnten uns die verdiente Erholung. Seit Bari hatten wir bereits 3290 Kilometer in sechs Tagen zurückgelegt.

Kiew, Mutter aller russischen Städte

Spricht man mit Ukrainern über Kiew, hört man sehr oft, sie sei »die Mutter aller russischen Städte«. Wesentlich älter als Moskau, ist die ukrainische Hauptstadt eine Metropole mit zweieinhalb Millionen Einwohnern. Bei der Anreise mit dem Auto muss man daher zuerst durch die ausgedehnte Peripherie auf breiten, vierspurigen Straßen und durch Dutzende und Aberdutzende von riesigen Wohnanlagen in Fertigbauweise. Dieser Stolz des sowjetischen sozialen Wohnungsbaus soll seit den 60er-Jahren die Wohnungsnot einer Bevölkerung von 250 Millionen Menschen gelindert haben, da jeder eine Wohnung umsonst bekam. Trotzdem sind sie scheußlich und überall gleich, vom Baltikum bis zum Japanischen Meer, von Bratislava bis Ulan-Bator, von Berlin bis Wladiwostok; immer die gleiche gedrungene, etwas schiefe Gestalt, wie die Lego-Konstruktionen eines wenig sorgfältigen Kindes. Vermutlich sahen sie schon alt aus, bevor sie richtig fertig waren.

Heute wird ihr Äußeres noch zusätzlich verschandelt durch die geballte Anhäufung von Satellitenschüsseln an ihren Fassaden, angebracht zwischen rostigen Balkonen und Veranden. Auf einigen der fensterlosen Außenwände glorifizieren riesige futuristische Mosaiken die einstige Größe der Sowjets: ein breitbeiniger Arbeiter mit einem Presslufthammer, ein Kosmonaut (so nannte man dort Astronauten) zwischen Sternschnuppen und feurigen Raketen, eine Kolchosbäuerin auf dem Bock eines röhrenden Traktors. Zu den großen Leuchtreklamen, die für Handys und Autos werben, bilden sie einen schrillen Kontrast.

Es war kalt, und noch immer lag zusammengeschobener Schnee am Straßenrand und auf den Bürgersteigen. Wir brauchten eine Weile, um uns zu orientieren und einen günstigen Schlafplatz zu finden. Aus dem Internet hatten wir das wunderbare »Kyiv in your pocket« heruntergeladen, die ansprechende Ausgabe einer Serie von schlichten Reiseführern, die in Litauen publiziert wird und viele osteuropäische Städte behandelt. Offensichtlich waren im Laufe der letzten Jahre nach und nach alle billigen alten Hotels verschwunden und hatten einer Hotellerie für jene Besucher Platz gemacht, die in die Stadt strömten, um Geschäfte zu machen. Als günstige Unterkunft war nur das baufällige Hotel *Sankt Petersburg* mitten im Zentrum genannt. Bei unserer Ankunft ließen allerdings eine verrammelte Tür und ein Schild darauf schließen, dass in der Stadt in Kürze ein neues Luxushotel öffnen würde.

Nach vergeblichen Versuchen in diversen Studentenheimen, ja sogar in einem Krankenhaus (wir hatten es für ein Wohnheim gehalten), wichen wir in eine Herberge fern der Innenstadt aus.

Sonntag. Die Stadt wimmelte vor Menschen. Den Vormittag verbrachten wir damit, Cinquino auszuführen und Video- und Fotoaufnahmen von den schönsten Stellen Kiews zu machen. Wir drei müssen ein tolles Bild abgegeben haben, unser 500er, überzogen mit einer Schmutzschicht, und wir beide in Sweatshirt und Schuhen mit Werbeaufdruck, denn bald drängten die ersten Fans heran, um sich mit uns fotografieren zu lassen. Sogar die Polizei drückte beide Augen zu und ließ uns mitten in der Fußgängerzone direkt vor der Kathedrale St. Michael parken.

Kiew ist eine sehr alte, aber monumental wirkende Stadt mit großen Prachtstraßen, Parks und beeindruckenden Gebäuden. Genau genommen fehlt ein historisches Zentrum, wie wir Italiener es uns vorstellen, mit menschengerechten Straßen und Plätzen. Dagegen gibt es viele bemerkenswerte Ecken, die die Stadt schmücken und ihr eine noble und stolze Ausstrahlung verleihen. Wie es jedoch manchmal so geht, ist gerade das berühmteste Monument, das Goldene Tor, eigentlich enttäuschend: Das, was vom Haupteingangstor der Stadt übrig ist, ist heute eine klotzige Konstruktion aus roten Ziegeln, eingefasst von zwei ungepflegten und morschen Seitenflügeln aus Beton. Doch die himmelblauen Wände von St. Michael, die goldenen Kuppeln von St. Sofia und die Pracht von St. Andreas – an der der italienische Architekt Francesco Bartolomeo Rastrelli, einer der Baumeister von Sankt Petersburg, mitarbeitete – bilden auf dem Spaziergang vom Stadtzentrum zum Ufer des Dnjepr eine barocke Augenweide.

Gerade als wir in der Nähe des Goldenen Tors vor der auf dem Stativ montierten Kamera posierten, lernten wir Mario kennen, einen bedächtigen Italiener mittleren Alters, der sich seit mehr als zehn Jahren mit der Organisation von freiwilligen Hilfsprojekten in verschiedenen Staaten der ehemaligen Sowjetunion beschäftigt.

»Lasst euch nicht von Kiew blenden. Hier sind 90 Prozent des Reichtums der gesamten Ukraine versammelt, aber der Rest des Landes lebt in einem Zustand des Verfalls und des Elends«, sagte er mit schwacher Stimme. »Ihr werdet es merken, wenn ihr weiter nach Osten kommt, in Richtung Russland.«

Mario sprach ernüchtert über etwas, das er gut zu kennen schien. Er sprach es nicht aus, aber mir schien, als habe er sich mit der Erkenntnis abgefunden, dass seine humanitären Missionen sich wie ein Tropfen im postsowjetischen Ozean verloren.

»Für euch ist es mehr ein Spaß mit dem Fiat 500, so was wie Ferien, aber man gerät leicht in Schwierigkeiten. Hier herrschen Elend und Hunger und Kriminalität, überall. Sie erschießen dich hier wegen zehn Dollar. Wisst ihr, was ich gemacht habe, als ich die ersten Male herkam? Ich habe mein Auto in Polen gelassen und mir eines mit ukrainischem Nummernschild gemietet, um nicht aufzufallen. Damals sind hier Menschen verschwunden, von denen man nie wieder etwas gehört hat! Jetzt weiß ich mehr oder minder, wie ich mich verhalten muss, kenne die Lage besser ...«

Mario kannte auch die anderen Länder, durch die wir reisen würden, und interessierte sich für unsere Route.

»Von jetzt an müsst ihr aufpassen«, ermahnte er uns. »Die Straßen sind um diese Jahreszeit in übelstem Zustand, und es gibt immer weniger Wegweiser, je weiter ihr nach Osten kommt.« Er war schon mehrmals mit dem Auto in Kasachstan gewesen und beschwor uns, nie die Hauptverbindungswege zu verlassen. »Die Nebenstraßen sind buchstäblich bruchstückhaft, und man kann sich leicht verirren.«

Beim Abschied betrachtete er uns mit verlorenem Blick. Nochmals beschwor er uns aufzupassen, auf alles und jeden. »... und in Russland ist es noch viel schlimmer«, schloss er.

Kiews Hauptstraße *Kreschtschatik* war für den Verkehr gesperrt, aber von unzähligen Fußgängern belebt. In Grüppchen standen einige um eine Band herum, die »Smoke on the water« intonierte, andere um eine Gruppe Jugendlicher, die mit einem großen Radio auf dem Boden direkt vor dem Ausgang von McDonald's akrobatischen *break dance* vollführten. Westliche Atmosphäre. Aber die Ukraine ist noch meilenweit davon entfernt, den Lebensstandard zu erreichen oder sich ihm auch nur anzunähern, an den wir gewöhnt sind. Zudem weist sie auf politischer Ebene immer noch riesige Demokratiedefizite auf.

Nach einem kurzen Spaziergang den Kreschtschatik entlang erreichten wir *Majdan Nezaleshnosti,* den Platz der Republik. Er war Schauplatz der Orangenen Revolution, die im Dezember 2004 zum Sturz des Präsidenten Kutschma führte. Er hatte seit dem Zusammenbruch der Sowjetunion das Land regiert. Betrügereien hatten die Präsidentschaftswahlen zu Gunsten von Janukowitsch, dem Zögling Leonid Kutschmas während dessen letzter Amtsperiode, beeinflusst.

Mitgerissen von Viktor Juschtschenko, dem Oppositionsführer, dem der Wahlsieg anscheinend mit allen illegalen Mitteln geraubt worden war, waren die Kiewer auf den Platz geströmt. Die westlichen Medien präsentierten uns eine David-gegen-Goliath-Geschichte: der prowestliche Gute, von der Menge bejubelt, gegen den russlandtreuen Bösen, unterstützt von einem versteinerten und autoritären System. Absichtlich wurde das Schreckgespenst des Bürgerkrieges heraufbeschworen und das der Spaltung der Ukraine in zwei Lager: der Westen, ukrainischsprechend und am Westen orientiert, und der russischsprachige Osten mit den großen Bergarbeiterdistrikten, die in zweifacher Hinsicht von Russland abhängig sind. Alle Zutaten für eine gute Geschichte waren vorhanden, deren glücklicher Ausgang es auf die Titelseiten schaffte: das heitere Gesicht Juschtschenkos, verunstaltet von einem Giftanschlag mit Dioxin durch den Geheimdienst, und die schöne und entschlossene Parteigenossin Julia Timoschenko immer an seiner Seite auf der Bühne des Platzes der Republik.

Durch eine Entscheidung des obersten Gerichtshofes, den zweiten Wahlgang für ungültig zu erklären und zu wiederholen, kam der prowestliche Gute an die Macht, und die Ukraine erlebte ihre erste wirkliche demokratische Wende seit 1991, dem Jahr ihrer Unabhängigkeit von der Sowjetunion.

Aber es wäre eine Illusion zu glauben, die Orangene Revolution könne das Allheilmittel gegen jegliche Übel sein. Für manch enttäuschte Ukrainer war sie nichts anderes als ein weiterer Kampf um die Macht zwischen den üblichen Oligarchen: Julia Timoschenko ist die reichste Frau der Ukraine, sie hat mit sibirischem Gas ein Vermögen gemacht, und Juschtschenko selbst ist Bankier, der sein Vermögen mit Investitionen im Ausland erworben hat und zwar innerhalb des Systems von Kutschma. Ein unverblümter Artikel in der Zeitung *»Le Monde diplomatique«* behauptet, die Orangene Revolution sei seit 2002 von langer Hand von den Vereinigten Staaten von Amerika vorbereitet gewesen. Man habe absichtlich Druck auf die ukrainischen Nichtregierungsorganisationen ausgeübt, um eine Opposition zur Regierung zu bilden, und letztlich den Wahlkampf Juschtschenkos mit 65 Millionen Dollar finanziert.

Es war die gleiche Methode, die man erfolgreich in Georgien während der Rosenrevolution angewandt hatte. Die strategische Position der Ukraine als Schnittpunkt der enormen Gas- und Erdölpipelines aus Sibirien bildete den Hintergrund.

Auf allen Ebenen der Verwaltung macht sich die Korruption im Lande breit, und ein Clan-System beherrscht mit Mafiamethoden und Vetternwirtschaft die Produktion. Trotz der mehrfach beteuerten Absicht, Verhandlungen für den Beitritt zur Europäischen

Union aufzunehmen, ist nicht zu erwarten, dass die Ukraine früher als in 15 bis 20 Jahren dem Club wird beitreten können.

Auf dem *Majdan Nezaleshnosti* wird an zahlreichen Verkaufsständen orangefarbener Plunder feilgeboten: Fahnen, Becher, Schals und Tücher in der Farbe und mit den Slogans der Revolution. Vor kurzem las ich von einem Skandal, den die Nachricht ausgelöst hat, die Familie Juschtschenko habe sich die Symbole der Revolution als Markenzeichen eintragen lassen. Es geht das Gerücht um, die Idee dazu stamme vom ältesten Sohn des Präsidenten, um Kapital aus dem Handel mit diesem Krimskrams zu schlagen. Er wird es brauchen können, um den Porsche zu finanzieren, mit dem er durch die Gegend kurvt, sagen Schandmäuler.

Die Sonne war untergegangen, und es wurde empfindlich kalt. Wir suchten ein Internetcafé, um unsere Fotos vom Vormittag an Fiat zu senden und unsere Website auf den neuesten Stand zu bringen.

Am selben Abend bei einem Bier im *Art Club 44* und begleitet von einem örtlichen Rockduo aus Gitarre und Schlagzeug beratschlagten wir über unseren Zeitplan. Es war der 24. April, und bis zum 20. Mai mussten wir nach Kirgistan eingereist sein; uns blieb weniger als ein Monat, um den Rest der Ukraine, ein kurzes Stück von Russland und das ganze riesige Kasachstan zu durchqueren. Wir durften uns also nicht mehr als diesen Sonntag in Kiew gönnen und brachen am folgenden Morgen auf.

Östliche Ukraine (oder westliches Russland?)

Die Straße verlief schnurgerade, das Wetter war heiter, und im Autoradio steckte eine Kassette mit Musik von Pearl Jam.

Vor dem Aufbruch waren wir unentschlossen, ob wir über Charkiw fahren oder den Dnjepr überqueren, eine weiter südlich verlaufende Route nehmen und in Dnipropetrowsk haltmachen sollten. Nach Osten, Richtung Russland, mussten wir in jedem Fall. Das einzige Kriterium für unsere Entscheidung war der Klang der beiden Namen.

Wir entschieden uns, und sei es auch nur, weil es für uns wesentlich einfacher auszusprechen war, für Charkiw. Oder Charkow. In der Ukraine herrscht regelrechte Zweisprachigkeit: Es gibt eine beträchtliche russische Minderheit, aber jeder ukrainische Bürger spricht mit der größten Selbstverständlichkeit sowohl die eine wie die andere Sprache und oft beide gleichzeitig in ein und demselben Satz. Daher unterscheiden sich die Namen der Städte in Schreibweise und Aussprache je nachdem, ob man sie ukrainisch oder russisch bezeichnet.

Im östlichen Teil des Landes, jenseits des Dnjepr (auf Ukrainisch heißt er Dnipro), überwiegt die russischsprachige Bevölkerung. Und hier lebt auch der ärmere Teil, meist angestellt im Bergbau und in den großen Schwerindustrien, die das gesamte Gewässersystem der Region vergiftet haben und beängstigende Mengen toxischer Substanzen in die Luft abgeben. Es scheint, dass im ganzen Land das Trinkwasser knapp werden wird.

Die M19 entpuppte sich als optimale Straße im Vergleich zu dem, was wir aus der Ukraine gewohnt waren. Wir mussten nur die Augen offen halten, wegen gelegentlicher Schlaglöcher. Dennoch galoppierte Cinquino mit 80 Stundenkilometern fröhlich dahin. Ab und zu machten wir halt, um den Motor abkühlen zu lassen, der sich bei diesen Verhältnissen ziemlich schnell aufheizte.

Wir hatten verschiedene Kontrollstellen der Straßenpolizei ohne die geringsten Probleme passiert, was uns wunderte. Um das Außergewöhnliche dieses Phänomens zu verstehen, muss man bedenken, dass in der Ukraine wie in der gesamten GUS die außerstädtischen Strecken buchstäblich einer Besatzung unterliegen. An Ein- und Ausfahrt jeder Stadt und an jedem halbwegs bedeutenden Verkehrsknotenpunkt befinden sich feste Polizeiposten. Die Straße verengt sich auf eine Fahrspur, wenn sie vorher mehr als eine hatte, und man muss das Tempo bis auf Schrittgeschwindigkeit verringern. Unter den Augen einiger Polizisten fädelt man sich dann in einen engen Durchgang zwischen zwei Sperren ein. Das sind regelrechte Checkpoints.

Mit ausländischem Nummernschild gibt es kein Entkommen, und wir waren uns ziemlich sicher, dass unser Fiat 500 die Sache noch zusätzlich verkomplizieren würde. Aber genau hier vollbrachte Cinquino sein erstes Wunder. Nach den beiden Ordnungshütern, die wir in Mukatschewe stehengelassen hatten, hielt uns kein einziger Polizist mehr an. Es wurde sogar ein unterhaltsames Spiel: Wir beobachteten die Polizisten, wie sie, wenn wir langsam auf sie zufuhren, die Augen aufrissen und, wenn wir vorbeifuhren, fast ohnmächtig wurden und nicht mehr die Geistesgegenwart besaßen, diesen schwarzweißen Kegel hochzuhalten, den sie hier statt einer Kelle benutzen. Wir bekamen Übung darin und schlugen über die Stränge. Wir legten die unbequemen Sicherheitsgurte nicht mehr an und hielten uns auch nicht an die Geschwindigkeitsbegrenzung von 20 Stundenkilometern, und wenn wir an den vergitterten Verschlägen vorbeifuhren, winkten wir mit einem entwaffnenden Lächeln. Wir wurden sogar straffällig, als wir den einzigen Halt, der uns geboten wurde, ignorierten, an der erhobenen Handfläche des versteinerten Polizisten vorbeiflitzten und ihn dazu noch durch die Autofenster verspotteten.

Charkiw präsentierte sich am Abend ziemlich düster: Auf dunklen, verwahrlosten Straßen waren nur wenige Menschen unterwegs, und der einzige beleuchtete Fleck lag vor der Filiale von McDonald's. Eine Stadt mit eineinhalb Millionen Einwohnern, deren Zentrum schlampig und verwahrlost aussah und sich so leblos und trist präsentierte wie das einer armen Kleinstadt der Provinz.

Gegründet im 18. Jahrhundert und während des Zweiten Weltkriegs großteils zerstört, ist Charkiw heute nur noch ein riesiges Industriezentrum, kurzum, alles andere als einen Besuch wert. Nichtsdestotrotz beschlossen wir, am nächsten Vormittag ein paar Stunden umherzustreifen, und beruhigt, dass unser Cinquino auf einem bewachten Parkplatz untergebracht war, zogen wir uns in das kleine Hotel zurück, das wir ausfindig gemacht hatten.

Wir nahmen die U-Bahn. Den Fiat 500 wollten wir nicht in der Stadt benutzen, zum einen, um ihm Kilometer zu ersparen, zum anderen, weil wir ihn nicht auf unbewachten Plätzen abstellen wollten. Man hatte uns mehrfach vor der Geschicklichkeit und Schnelligkeit der Autodiebe gewarnt.

Auf dem großen, halbrunden Platz, der von den Universitätsgebäuden gesäumt wird, überragt mit strengem Blick das Standbild von Wladimir Iljitsch Uljanow – der sich den Kampfnamen Lenin gab – die bunten Attraktionen des zu seinen Füßen aufgebauten Rummelplatzes. Zwischen Piratenschiff und Geisterbahn weist er mit ausgestrecktem Arm auf die Errungenschaften des Sozialismus und hat an diesem Platz den Untergang der Sowjetunion und jetzt auch noch die Orangene Revolution überstanden. Der ganze Platz und die angrenzenden Anlagen wimmelten von jungen Studenten. Was für ein Unterschied zu dem etwas düsteren Eindruck des Abends zuvor!

Der Eingang zu den Universitäten der Sowjetunion war überwacht und ausschließlich Studenten vorbehalten gewesen; dieses System ist heute noch in vielen Ländern üblich, die ihr einmal angehört haben. Doch wir konnten uns in einem günstigen Moment am Pförtner vorbeischleichen.

Auf den weiten Gängen und in den überfüllten Hörsälen fiel uns eine beträchtliche Anzahl Studenten mit orientalischen Gesichtszügen auf. Das seien junge Leute aus Zentralasien und aus China, erklärte man uns. Sie hatten hier die Möglichkeit zu studieren und erhielten eine bessere Ausbildung als an den Universitäten ihrer Länder und das auch noch zu einem günstigeren Preis. Ein hier abgelegter technischer Studienabschluss zahlte sich aus und half ihnen, einen guten Posten zu finden, wenn sie wieder in ihre Heimat zurückkehrten. Diese Tatsache hing auch mit dem Weggang der russischen und ukrainischen Bürger aus den zentralasiatischen Ländern nach der Auflösung der UdSSR zusammen. Einst waren sie das Rückgrat der führenden und lehrenden Schicht, doch als sie fortzogen, beraubten sie diese Universitäten ihrer wissenschaftlichen Elite.

In der Sowjetunion war der Universitätssektor eine der tragenden gesellschaftlichen Säulen. Er erhielt weiterhin bedeutende Finanzmittel, als das Land von einer schweren wirtschaftlichen Krise erfasst wurde, die dann zum Zerfall des politischen Systems führte. In einem Wirtschaftssystem, das mehr als 60 Prozent des Bruttoinlandsprodukts für Waffen und Raumfahrt ausgab, war das nicht unerheblich. Ein derartiges Augenmerk auf die Qualität der Lehre zeigt sich auch heute noch in den Universitätsstrukturen, die manchmal effizienter und durchdachter erscheinen als die italienischen. Trotz einer sich auflösenden Wirtschaft und geringen Geldmitteln erhält jeder Student einen Platz in einem Studentenwohnheim, freien Zugang zu gut ausgestatteten Bibliotheken und ein ordentliches und günstiges Essen in der Uni-Mensa. Sicher, die Wände hätten einen Anstrich nötig, die Hörsäle neue Möbel, und die Waschräume der Studentenheime sind ein Graus, aber tatsächlich hat jeder, der sich keinen Platz in einem privaten Institut leisten kann, die Möglichkeit einer guten Ausbildung.

Wir ließen uns natürlich die Chance, die gute Mensa auszuprobieren, nicht entgehen, und mit vollem Bauch für nur 1,50 Euro machten wir uns dann wieder auf den Weg.

Auf der Straße nach Luhansk, der Hauptstadt der östlichsten Provinz des Landes. Als wir nach dem Mittagessen in Charkiw aufbrachen, hatten wir für die anstehende Etappe von 340 Kilometern ziemliche Verspätung, aber erstaunlicherweise erlaubte uns eine recht ordentliche zweispurige Straße eine gute Durchschnittsgeschwindigkeit.

Wir hielten bei jeder Gelegenheit, und während sich Cinquinos Motor eine verdiente Ruhepause gönnte, kauften wir Honig bei einem Bauern am Straßenrand, tranken Tee in einer Gastwirtschaft, machten ein paar Fotos von einem Kriegerdenkmal und vertraten uns die Beine.

In dieser Gegend hatten sich einige der verlustreichsten Schlachten des Zweiten Weltkriegs abgespielt. Vielleicht nicht genau auf diesen Straßen, aber in diese Richtung hatte die Wehrmacht bei der Operation Barbarossa ihren Vorstoß in das Herz Russlands unternommen. Heute stehen entlang der M19 zahlreiche Denkmäler, die an die heftigen Zusammenstöße der Truppen Hitlers mit der Roten Armee erinnern, oft mit einem Strauß Blumen, den eine alte *babuschka* zur Erinnerung dort niedergelegt hat. Das eherne Gesicht eines Soldaten, eine Fahne mit Hammer und Sichel in Stein gehauen und frisch mit roter Farbe lackiert, ein Panzer, der auf die Autos auf der Straße zu zielen scheint.

Auf einem kleinen Hügel links von der Straße erregte ein ungeheuer wuchtiges Mahnmal unsere Aufmerksamkeit: Über 15 Meter hohe granitartige Zementblöcke, asymmetrisch und kantig wie riesige Splitter, die irgendwie vom Himmel geregnet schienen, krallten sich in die Erde, während eine Soldatenschar aus Bronze in die Schlacht zu stürmen schien. Diese Orgie aus Beton, unzählige Kubikmeter grauer und düsterer Materie, herb und unharmonisch, stand in schreiendem Gegensatz zum Rhythmus der umliegenden Landschaft. Vielleicht konnte man inmitten dieser Felder den Horror des Krieges gar nicht besser darstellen. Anscheinend hatten die sowjetischen Künstler, die solche Werke entwerfen durften, eine Vorliebe für Beton, doch vermutlich haben sie ihre Werke so konzipiert, weil man sich um ihre Erhaltung wenig kümmern und nur der großzügige Einsatz von Beton und Metall dem Zahn der Zeit gewachsen sein würde.

Eine Gruppe von Kindern, die auf diesem so farblosen Platz spielte, pirschte sich voller Neugier an unseren Fiat 500 heran. Für solche Gelegenheiten hatten wir Spielzeug mitgenommen und verteilten nun welches im Tausch gegen ein sonniges Lächeln und ein artiges *Spasiba!* – »Danke!«

Seit ein paar Stunden fuhr ich über einen so glatten Asphalt, dass Fabrizio wie ein Fötus zusammengerollt (mehr aus Platzgründen denn aus freudschen Motiven) ein Nickerchen machen konnte, eingelullt von der unverwechselbaren Bandbreite an Geräuschen, die nur Cinquino von sich geben konnte und der unverzichtbarer Bestandteil unseres Alltags zu werden begann.

Mit einem Schlag war die Katastrophe da.

Ein plötzlicher Aussetzer, und der Motor wurde leise. Der Wagen reagierte nicht aufs Gas und verlangsamte sich unaufhaltsam. Ich versuchte es mit Schalten, aber Cinquino reagierte nur mit abruptem Geschwindigkeitsverlust durch die Bremswirkung des Motors.

Fabrizio, seines Wiegenlieds beraubt, schlug die Augen auf, sah sich verwirrt um und nahm zur Kenntnis, dass ich ohne erkennbaren Grund auf den Straßenrand zusteuerte. »Was ist los?«, brachte er ängstlich heraus. Er ahnte den Ärger.

»Er hat den Geist aufgegeben!«, erklärte ich, ohne Fabrizio auch nur einen Funken Hoffnung zu lassen.

Wir verharrten einige Minuten wie benommen und sahen uns an, als ob Cinquino es sich vielleicht anders überlegen und von selbst wieder anspringen würde, wenn wir so tun würden, als würden wir ihn gar nicht beachten. Es ist nicht einfach, sich von dem Glauben freizumachen, dass bei einer Panne die Mechanik und das Getriebe von selbst wieder anfangen könnten zu laufen, so wie sie zuvor von selbst stehen geblieben sind. Von dem Moment an, da unser Auto keine derartigen Anstalten machte und es schon anfing zu dämmern, beschlossen wir, uns die Finger schmutzig zu machen. Wir bemühten uns, die Kenntnisse in die Praxis umzusetzen, die wir in der Werkstatt unseres Freundes vor der Abreise erworben hatten.

Schritt 1: Finde heraus, ob es sich um ein Problem der Elektrik oder der Treibstoffzufuhr handelt. Baue die Benzinleitung aus, ziehe den Hebel des Anlassers, und sieh nach, ob die Benzinpumpe funktioniert. Wenn nichts rauskommt, ist kein Benzin in den Vergaser gelangt, wenn aber aus der Leitung Benzin spritzt, handelt es sich um ein elektrisches Problem.

»Zieh den Anlasserhebel!«

»Was passiert?«

»Es kommt was raus ...«

Schritt 2: Wenn es sich um ein Problem der Elektrik handelt, baue den Zündverteiler aus, und überprüfe die Bewegung der Kontaktstifte, indem du an der Keilriemenscheibe drehst.

»Was meinst du, bewegen sie sich?«

»Ja, schau doch hin, die bewegen sich richtig.«

»Und was machen wir jetzt?«

»Im Zweifelsfall austauschen?«

»Also gut: Tauschen wir sie aus ...«

Schritt 3: Sind die Kontaktstifte in Ordnung und der Motor springt immer noch nicht an, versuche, die Zündspule und den Kondensator zu ersetzen.

»Wo sind die Ersatzkondensatoren?«

»Keine Ahnung! Hast du sie nicht eingepackt?«

»Ich kann mich nicht erinnern ...«

»Vielleicht in der Kiste auf dem Gepäckträger?«

»Kann sein ...«

»Und die Spule?«

»Haben wir die nicht in Urbino umgepackt?«

»Na schön, dann räumen wir eben alles aus!«

Ein Handgriff hier, einer da, den Gurt lockern ... die wenigen Autos und die vereinzelten Lastwagen, die vorbeifuhren, rüttelten mit ihrer Druckwelle Cinquino durch.

»Haben wir einen Elfer-Schlüssel?«

»Schau im Rucksack nach.«

»Da ist ja die Spule. Hast du die andere ausgebaut?«

»Ja, hier.«

»Und die Kabel? Hast du angezeichnet, welches das linke und welches das rechte ist?«

»...«

»Dann stehen die Chancen fünfzig zu fünfzig?«

»Tja!«

»Sollen wir mal versuchen, ihn in Gang zu bringen?«

»Versuchen wir's.«

Stille. Es war schon dunkel, und langsam wurde es kalt. Wir arbeiteten mit einer Taschenlampe. Verschiedene Möglichkeiten gingen uns bereits durch den Kopf: Jemanden anhalten und uns abschleppen lassen, aber wohin? Oder vielleicht auf dem Feld zelten und den Morgen abwarten, aber wäre das sicher, so nahe an der Straße? Oder vielleicht wieder einmal die Nacht im Auto verbringen, aber mit defektem Motor hätten wir nicht einmal das Wageninnere heizen können.

»Hast du die Kondensatoren gefunden?«

»Ja, ich hab sie da hingelegt ... sie waren wirklich da ... Leuchte mir mal! Und hast du den anderen schon ausgebaut?«

»Ich habe es gerade probiert, aber der Schraubenzieher ist abgebrochen.«

»Das ist nicht dein Ernst?«

»Er war ein Sonderangebot im Baumarkt.«

»Dann versuch es mit der Zange ... Warte mal, Moment, leuchte mal mehr hierher.«

»Da sind doch die Kondensatoren!«

Fabrizio baut einen aus, lockert eine Schraube, befestigt einen Draht ...

»Lassen wir ihn mal an?«

»Probieren wir es ...«

Schritt 4: Springt das Auto auch dann nicht an, wenn Zündspule und Kondensator ausgetauscht sind, dann suche eine Werkstatt.

»Was machen wir jetzt?«, fragte ich verzweifelt. Mit abwesendem Blick richtete Fabrizio den Lichtstrahl der Taschenlampe auf den Motor.

»Was jetzt?«, beharrte ich, als ob er eine Antwort gewusst hätte.

Doch er hatte eine! Wortlos stürzte er sich kopfüber in den Fiat 500, im Dunkeln, und schien hinter dem Armaturenbrett herumzuhantieren.

»Jetzt probier's noch mal«, sagte er halb schuldbewusst, halb resigniert. Ich hatte schon verstanden, stieg ins Auto, zog den Zündhebel, und der Motor sprang an!

Der Schalter des Motortrenners, eine primitive Diebstahlsicherung, welche die Stromzufuhr zum Motor unterbricht, befindet sich unterhalb des Armaturenbretts, sehr nahe an den Füßen des Beifahrers, zu nahe! Es braucht nicht viel, um ihn versehentlich zu verstellen, im Schlaf vielleicht. Von wegen unschuldige Fötushaltung!

Mehr als eine Stunde hatten wir mit der Bastelei an Cinquino vertan und ihm schon Verrat vorgeworfen: Nach gerade mal 4000 Kilometern stehen zu bleiben! Die Hälfte des Gepäcks war ringsum verstreut und wir bis zu den Ellenbogen eingesaut … aber jetzt, wo er wieder funktionierte, lief er wunderbar. Um bei der Wahrheit zu bleiben, er hatte ja eigentlich gar nicht gestreikt! Wir sammelten unsere Siebensachen, die wir in Panik aus der Kiste und dem vorderen Kofferraum gezogen hatten, wieder auf und machten uns schleunigst auf den Weg. Luhansk war noch ganz schön weit entfernt, und es war zappenduster. Nachts zu fahren war nicht eben das Vernünftigste, aber wir hatten keine Wahl.

Noch ein paar Stunden fuhren wir die M19 entlang auf der Suche nach der Abzweigung, die uns auf der Höhe von Debalzewe zur M21 nach Luhansk bringen sollte. Die Beschilderung der Straße war ausgesprochen spärlich; es gab keinerlei Entfernungsangaben, nur ab und zu einen Pfeil, der einen Feldweg zu irgendeinem Dorf anzeigte. Von Reflektorstreifen auf der Fahrbahn ganz zu schweigen. Wir wussten nicht genau, wo wir uns befanden, aber Pi mal Daumen durften wir nicht weit von der Abzweigung zur M21 entfernt sein.

In der Dunkelheit sahen wir in einiger Entfernung die Lichter einer Tankstelle und erkannten beim Näherkommen die Umrisse eines *kafe,* wo wir uns die Hände waschen und Informationen einholen konnten. Auf dem Platz, aus dem drei Zapfsäulen ragten, plauderte im Halbschatten eine Gruppe von Frauen. Von unseren Scheinwerfern erleuchtet, breitete sich Erstaunen auf ihren Gesichtern aus, dass sie um diese Zeit so einer Klapperkiste begegneten. Wir fragten, ob es einen Waschraum gäbe und wir ihn benutzen dürften (man muss unbedingt ausdrücklich nach einem Waschraum und nicht allgemein nach der Toilette fragen, sonst wird man zu dem hölzernen Plumpsklo geschickt, das immer etwa 50 Meter entfernt in den Feldern liegt). Wir erklärten, dass wir vor ungefähr 100 Kilometern ein Problem mit dem Auto gehabt hätten und deshalb unsere Hände schwarz vom Schmieröl waren. Da zeigten sie uns den Waschraum.

»Seid ihr Rumänen?«, fragte uns eine von ihnen.

»Nein, warum ausgerechnet Rumänen?«

Da zeigte sie auf das römische Nummernschild unseres Autos.

»Ach so! Nein, wir sind Italiener – das da heißt Rom, *Rim*, unsere Hauptstadt.«

»*Italianec?!* Und was macht ihr hier? *Bísnis?*«

»Nein, wir sind Touristen«, antworteten wir, als wäre das völlig selbstverständlich. Daraufhin luden uns die Frauen, offensichtlich erfreut, zwei bizarre Fremde zu Gast zu haben, in ihre Bruchbude ein und boten uns Tee an.

Die vier waren rundlich und sahen sich untereinander sehr ähnlich. Wogende Üppigkeit mit breiten Gesichtern und roten Wangen. Vier Matrioschkas.

Sie fragten uns, wo wir hinwollten, und wir erzählten ihnen ein wenig über unsere verrückte Reise und dass wir die Nacht in Luhansk verbringen wollten.

»Aber die Straße nach Luhansk habt ihr verpasst, die ist vor 50 Kilometern abgebogen.«

Wir zogen die Straßenkarte heraus und ließen uns zeigen, wo wir uns befanden. Wenige Kilometer weiter gab es zwar eine Straße, die in den Norden nach Luhansk führte, aber das war wieder eines von diesen verdammten schmalen Sträßchen, die auf der Karte gelb eingezeichnet sind. Wir tranken unseren Tee, bedankten uns bei den vieren für ihre Gastfreundschaft und fuhren mit Vollgas wieder los.

Wir fanden eine Abzweigung, die aussah, als könnte sie die richtige sein; selbstverständlich gab es kein Schild nach Luhansk, aber wir mussten den Hinweisen auf eine Reihe von Dörfern folgen mit Namen wie Iwaniwka, Uspenka und so weiter. Sie stimmten nicht ganz mit denen auf unserer Karte überein, wir fanden Orte, die dort nicht verzeichnet waren, und umgekehrt. Sicher waren wir uns nicht, ob das die richtige Straße war.

In pechschwarzer Dunkelheit beleuchteten die Scheinwerfer eine Fahrbahn, die praktisch nicht existierte, sie bestand hauptsächlich aus Schlaglöchern, etliche Handbreit tief, und Steinen, die unter den Reifen hervorsprangen. Wir waren hundemüde, konnten kaum noch die Augen offen halten und uns auf die Straße konzentrieren. Mit weniger als 20 Stundenkilometern zuckelten wir im Zickzack dahin, mussten immer wieder scharf bremsen, wobei uns oft ein unverwechselbarer dumpfer Stoß klarmachte, dass wir wieder mal ein Schlagloch übersehen hatten.

Fabrizio war besonders besorgt und meinte, wir sollten umkehren auf die M19 und die 50 Kilometer bis zu der verpassten Abzweigung zurückfahren, aber ich mit der Karte vor mir und in der Gewissheit, dass es nicht mehr weit war, bestand darauf weiterzufahren.

Wir hatten mittlerweile auch die vier Nebelscheinwerfer eingeschaltet, aber unsere Geschwindigkeit war zu gering, als dass die Lichtmaschine genug Strom erzeugt hätte. Wir konnten zusehen, wie der Lichtschein allmählich schwächer wurde, also mussten wir sie ausschalten und nur mit den zwei Abblendlichtern weiterfahren. Für diese 22 Kilometer brauchten wir eineinhalb Stunden, aber zu guter Letzt kamen die Lichter der Stadt in Sicht.

Luhansk besteht nur aus einer Reihe von Gebäuden ein paar Kilometer entlang der M21 auf dem Weg nach Russland.

Wenige Autos waren auf der Straße, es gab kaum Beleuchtung, und nur der eine oder andere Betrunkene torkelte über die Bürgersteige des Zentrums. Wir waren noch nicht einmal an ein stehendes Taxi herangefahren, um nach einem Hotel zu fragen, als ein Auto mit abgedunkelten Scheiben neben uns auftauchte und erst nach einigen Minuten wieder von unserer Seite wich. Wer darin saß, konnten wir nicht erkennen, aber die Sache gefiel uns ganz und gar nicht: Man weiß ja nie, was für Gestalten man nachts an einem Ort wie diesem begegnet.

Wir fuhren die Straße weiter entlang, die sich vom Zentrum entfernte, immer in Begleitung des mysteriösen Autos, bis wir kehrtmachen mussten. Als wir nach links steuerten, beschleunigte der andere Wagen plötzlich, überholte uns und stellte sich quer vor uns. Uns blieb keine andere Wahl, als an die Seite zu fahren. Die Türen öffneten sich, und zwei stattliche junge Männer stiegen aus, die uns, als wäre es das Selbstverständlichste von der Welt, aufforderten auszusteigen. Sie lächelten zwar dabei, aber das mit einer gewissen Entschiedenheit. Wir waren fix und fertig: Ihre Aufdringlichkeit gefiel uns gar nicht.

Auf Reisen sollte man nicht generell die neugierigen Anwandlungen von Menschen, die schon seit ewigen Zeiten keinen Fremden mehr gesehen haben, abschmettern, aber sich allzu vertrauensselig gegenüber jemandem zu geben, der sich einem ohne große Höflichkeiten nähert, kann genauso verkehrt sein.

Wir stiegen also aus, stellten ein breites Lächeln zur Schau und streckten ihnen die Hand entgegen.

»Krass! Wo wollt ihr denn hin mit diesem krassen Teil?«, fragte der größere. Er konnte vor Aufregung kaum still stehen. Wir erklärten, dass wir Italiener seien und »mit diesem Teil« nach China wollten.

»Krass! Nach China? Das ist aber krass weit weg!«

Das wussten wir. »Schon klar, aber im Augenblick suchen wir ein billiges Hotel für die Nacht.«

»Billig? Wir bringen euch hin, Mann! Fahrt uns nach!«

Die beiden, sie hörten auf die Namen Dima (der Gesprächigere) und Aleks, entpuppten sich bald als ganz anständige Typen. Sie waren nur gelangweilt von der Eintönigkeit ihres Provinzlebens, aber nun umso begeisterter von der unerwarteten Sensation unseres Auftauchens. Das Handy am Ohr, stieß vor dem Hotel ein erster Freund zu uns und gleich danach noch einer.

Ich überließ es Fabrizio, sich den Fragen der Neuangekommenen zu stellen, und betrat mit Aleks das Hotel. Wir hätten es niemals gefunden: Nichts deutete auf die Unterkunft im zweiten Stock dieses Hauses hin, das gerade renoviert wurde. Dort mussten wir erst über Absperrungen klettern, dann durch einen heruntergekommenen Hausflur gehen und über dunkle Treppen hinaufsteigen. Der *administrator* hatte allerdings überhaupt keine Lust, zwei Fremde aufzunehmen, und schickte uns fort. Wir stiegen wieder in die Autos und zogen als Karawane weiter zu einem anderen Hotel. Diesmal ging Aleks alleine hinein, um nicht gleich zu verraten, dass das Zimmer für zwei Ausländer war, aber er kam nach wenigen Minuten kopfschüttelnd wieder heraus: »Viel zu teuer.«

Also zogen wir zum dritten Etablissement weiter, mussten aber feststellen, dass es schon seit einer Ewigkeit geschlossen war. Dima und Aleks waren ratlos, also beschlossen sie, dass der *administrator* des ersten Hotels uns bei sich schlafen lassen musste. Wir kehrten zurück, und diesmal gelang es Aleks, ihn zu überzeugen: »Aber nur für eine Nacht!«

Einer der Freunde bezahlte den Parkplatz für unseren 500er, und Dima kutschierte uns überall mit seinem Auto herum. Es war ein nagelneuer Hyundai, bei dem noch die Plastikfolie innen an den Türen klebte, und Dima war mächtig stolz darauf. Noch stolzer allerdings war er auf die besorgniserregende Stereoanlage, die unsere armen Ohren mit russischer Techno-Musik traktierte.

Wir landeten schließlich alle auf einen Drink in der einzigen Bar, die um diese Zeit noch offen hatte. Dimas Neugier war unerschöpflich, er wollte alles wissen über unser Land, auch die unwichtigsten Dinge: »Was kostet ein Handy? Wie viel das Benzin? Was verdienst du so? Wie viele Stunden am Tag arbeitet ihr? Gibt es bei euch auch Wodka? Und Nutten? Gibt es bei euch auch Nutten? Und was verlangen die so?«

»Keine Ahnung. Vielleicht 50 oder 100 Euro.« Da rissen sie alle die Augen auf, als stünden sie vor einem Koffer voll Gold.

Aber was ich eben gesagt habe, ist nicht ganz richtig: Dima interessierte sich nicht speziell für Italien, sondern für die gesamte westliche Welt. Für ihn gab es keinen Unterschied zwischen Italien, Spanien oder Norwegen; vor ihm standen zwei, die kamen aus der reichen Hälfte Europas, und er wollte alles von ihnen wissen.

»Bist du noch nie in Italien gewesen?«

Dima wandte den Blick mit einer gewissen Selbstgefälligkeit ab: »Ich war noch nicht einmal in Kiew. Ich bin noch nie aus Luhansk rausgekommen.« Aber in seinen Worten lag weder Scham noch Entbehrung, es war einfach so. Und schlecht schien es ihm dabei nicht zu gehen. Was für eine Arbeit hatte er eigentlich, dass er sich solch einen Wagen leisten konnte und um diese nächtliche Stunde noch auf den Beinen war?

Aleks mit seinem bedächtigeren Wesen wollte wissen, was man bei uns denn über sein Land so spricht. Bis vor wenigen Monaten hätte ich ihm geantwortet, dass die meisten Italiener die Ukraine nicht einmal im Atlas finden würden und dass es, alles in allem, niemanden interessierte, was dort geschah. Aber dann kam die Orangene Revolution Juschtschenkos, und die Ukraine rückte auf die Titelseiten der Zeitungen. Beim Namen ihres neuen Präsidenten schnitten beide eine verächtliche Grimasse und begleiteten diese mit eben solchen Sprüchen. Dima führte die Hände ans Gesicht, um die entstellte Haut des Präsidenten anzudeuten, und fügte hinzu: »Mafia! Juschtschenko ist ein verdammter Mafioso!« Das war auch eine Art, sich ohne viele Worte bei unserem kümmerlichen Russisch verständlich zu machen.

»Leonid Kutschma hat viel für uns im Westen getan, aber jetzt, wo der an der Regierung ist, was sollen wir da machen? Uns Russland anschließen?«, fragte Aleks und machte eine Kopfbewegung hin zum Eingang der Bar, als läge Russland genau dort, draußen vor der Tür.

Wir gingen sehr spät schlafen. Am nächsten Morgen erwarteten uns die russische Grenze und eine Etappe von ungefähr 500 Kilometern bis nach Wolgograd. Als wir uns mit dem Versprechen verabschiedeten, sie anzurufen, falls wir etwas bräuchten, blieb ein Zweifel unausgeräumt: War es ein Scherz, als sie sagten, der Freund, der unsere Parkgebühr bezahlt hatte, sei Zuhälter und hätte nichts dafür verlangt, wenn er uns ein paar »Mädchen« überlassen hätte? War es für sie tatsächlich so erstaunlich, dass wir ihr Angebot so hartnäckig abgelehnt hatten?

3 Russische Vorspeise

Man ist hier an so kleine Autos nicht gewöhnt; und so vollgepackt, wie unseres ist, muss man schon ganz nah rangehen, um sich zu überzeugen, dass es wirklich ein Auto ist.

NICOLAS BOUVIER

Willkommen in Russland!

Die Grenze von Donezk machte uns von Anfang an misstrauisch, seit wir auf der Suche nach einer Wechselstube über zehn Kilometer zurückfahren mussten, um eine bestimmte Steuer zahlen zu können. Wir hatten nämlich alle unsere Hrywnja vor der Ausreise aus der Ukraine ausgegeben.

Ein Schlagbaum, krummer als der Ast eines Olivenbaums, ein Graben mit trübem Wasser, durch den Cinquino aus irgendwelchen hygienischen Gründen durchfahren musste, einige ungepflegte Schilderhäuschen, große verrostete Scheinwerfer, wie aus Filmen über Gefangenenlager, und anmaßend auf und ab schlendernde Zöllner … *Deklaracija, registracija, strachowka* … Die unzähligen Dokumente und auszufüllenden Formulare für die Einreise mit dem Auto nach Russland machten dem Ruf der aus dem Sowjetsystem geerbten Bürokratie alle Ehre. Und immer gibt es irgendetwas auszusetzen.

Uns fehlte der Voucher, der Touristengutschein für die Hotelvorbestellungen.

»Wo ist der Voucher?«, wiederholte die Polizistin durch die vergitterte Öffnung ihres Kabuffs. »Ohne Voucher keine Einreise!«

Bei derartigen Verhandlungen war große Geduld vonnöten. Es half nichts, sich in Erläuterungen zu verlieren, sich auf Regeln oder den gesunden Menschenverstand zu berufen oder durchblicken zu lassen, dass man drauf und dran war, die Geduld zu verlieren.

»Wir haben keinen Voucher«, war unsere entwaffnende Antwort, die dazu führte, dass die Habgier der Zöllnerin sich umso hemmungsloser zeigte.

Ein zweiter Bulle mit ebenso strengem wie unglaubwürdigem Gehabe und einem Gesicht, das an einen Steinmarder erinnerte, streifte umher, kam heran, um zu lauschen, schüttelte den Kopf, als wolle er damit den Ernst der Lage noch unterstreichen, und zog sich dann hinter das Wrack eines Autobusses zum Pinkeln zurück.

Um sich die Wartezeit während der langen, von der Grenztruppe mit theatralischem Geschick inszenierten Pausen zu vertreiben, drehte sich Fabrizio eine Zigarette nach der anderen, und ich machte, unter den zustimmenden Blicken der beiden Beamten, gemütlich ein paar Aufnahmen mit der Videokamera.

Von Zeit zu Zeit rief uns die Beamtin, die unsere Pässe verwahrte, an das Fensterchen ihres Kabuffs, als gäbe es irgendwelche Neuigkeiten: »Ihr braucht Voucher. Ohne Voucher keine Einreise!«, wiederholte sie. Fabrizio schnaubte gelangweilt den Rauch in die Luft, ich lächelte sie an und wiederholte, dass wir absolut keine Gutscheine hätten. Wir müssen ziemlich unverschämt gewirkt haben, aber genau das war nötig.

An Grenzposten wie diesem scheint die Zeit bedeutungslos zu sein: Die Kontrollen werden mit trägen Gebärden durchgeführt, die Pässe von der ersten bis zur letzten Seite durchgeblättert und müde in den Visa und Stempeln herumgeschnüffelt, und zur Mittagszeit oder zur Teestunde erstarrt alles. Es ist völlig egal, ob eine Schlange von Lastwagen schon seit 48 Stunden dort steht. Niemand schien es an diesem Nachmittag eilig zu haben, nicht einmal wir, obwohl unsere Zeit knapp bemessen war, um nach Kirgistan zu kommen, aber wir hätten hier ewig warten können und länger. An Grenzposten wie diesem geht selten etwas glatt, und das Aufeinanderfolgen der Kontrollen – von einem Zollhäuschen zum nächsten hofft man, dass es nun endlich das letzte sein möge – vervielfacht die Plagen und Scherereien, die unweigerlich in zermürbender Zeitverschwendung enden.

Einige alte Mercedes oder auch mal ein UAZ-Lieferwagen kamen einzeln vorbei und passierten ohne Hindernisse. Mancher nahm sich sogar die Zeit, neugierig um Cinquino herumzustreichen, uns die eine oder andere Frage zu stellen (ja, er hat zwei Zylinder, Luftkühlung und verbraucht einen Liter auf 20 Kilometer) und sich schiefzulachen beim Gedanken daran, welche lange Strecke noch vor uns lag. Dafür, dass wir hier aufgehalten wurden und alle anderen schnell passieren konnten, musste es einen Grund geben, und den offenbarte uns die emsige Zöllnerin wenig später.

»Ohne Voucher könnt ihr nicht einreisen«, wiederholte sie zum x-ten Mal, »es sei denn, ihr habt ein Geschenk für mich.«

»Ein Geschenk?«

»Jawohl, ein Geschenk.«

»Welcher Art?«

»100 Euro!«

Als einzige Antwort zündete sich Fabrizio eine Zigarette an, und ich steckte eine andere Kassette ins Autoradio.

Bauern tuckerten mit ihren alten Ural-Motorrädern, schwer beladen mit Spaten, Reisigbündeln und allem Möglichen, an den Schlagbaum. Diese merkwürdigen Zentauren zeigten die Umschlagseite ihres Passes, fuhren dann einfach durch und ließen qualmende Schwaden aus verbranntem Öl hinter sich.

Ab und zu überschritt auch jemand die Grenze zu Fuß, meistens Frauen in den klassischen Wollröcken, mit Filzstiefeln an den Füßen und um den Kopf ein geblümtes Tuch gebunden. Was das für robuste Frauen waren! Wir sahen sie manchmal am Straßenrand entlanglaufen, vom Wind gezaust oder im dichten Nieselregen, der ihnen langsam, aber sicher bis in die Knochen dringen musste, inmitten einer gottverlassenen Gegend. Ihr Alter ließ sich überhaupt nicht einschätzen, Gesicht und Hände waren angeschwollen von einem Leben, das immer arm an Annehmlichkeiten gewesen war, heute mehr denn je. Auf einem improvisierten Markt an der Straße, die zwischen den hölzernen Bruchbuden ihres Dorfes durchführte, warteten sie bei Wind und Wetter geduldig darauf, dass ein Auto anhielt und ihnen jemand einen Strauß Kräuter oder Waldbeeren für ein paar Rubel abkaufte. Es sind immer die gleichen Frauen, vom Schwarzen Meer bis Sibirien, die das Wasser vom Brunnen holen oder eine Kuh mit Schlägen dazu bewegen, zurück in den Bretterverschlag zu gehen, und die dir die Frage in den Sinn kommen lassen: »Wo sind eigentlich die Männer?«

In Russland liegt anscheinend alles in den Händen der Frauen. Vielleicht ist es kein Zufall, dass die weibliche Arbeitskraft immer von vorrangiger Bedeutung war in einem stark militarisierten Reich, in dem bis zu 20 Millionen Männer in die Reihen der Roten Armee einberufen wurden. Ein System, das den Männern die, rein körperlich gesehen, schwersten Aufgaben überließ, aber den Frauen viele Rollen zugeteilt hat, die in unseren Augen nicht eben typisch weiblich sind. Der Mythos von der stattlichen Kolchosbäuerin, strahlend, eisern und dem Vaterland mehr ergeben als der eigenen Familie, hat Spuren hinterlassen. Frauen als Straßenbahnfahrerinnen oder Zugführerinnen der Untergrundbahn, Frauen auf Traktoren im Getreidefeld, Frauen an den Zapfsäulen der Tankstellen, Frauen in jedem Kiosk irgendwo auf dem Land, in jedem Büro, an jedem Schalter in jeder Fabrik. Millionen robuster, zupackender, unverwüstlicher Frauen, die ein buchstäblich in Auflösung begriffenes Land noch immer aufrechterhalten. Was wäre Russland ohne diese Frauen?

Unsere Frau in der olivgrünen Uniform rief uns zum Rapport an den Spalt im Fenster, durch das wir kommunizierten.

»Ohne Voucher …« Schon gut, das hatten wir verstanden! Sie machte es kurz: »Sagen wir 50 Euro …« Wir wurden schon seit drei Stunden hier festgehalten, aber Kapitulation kam nicht in Frage. Wir hatten noch viele Grenzen dieser Art vor uns, und wenn wir jetzt schon angefangen hätten zu zahlen, wären wir bald pleite gewesen.

Der Steinmarder-Polizist, der anscheinend Wert darauf legte, mit den Forderungen seiner Kollegin sichtlich nichts zu tun zu haben, schlich, kaum dass wir uns entfernt hatten, zum Wachhäuschen, um herauszubekommen, wie viel sie uns abgeknöpft hatte. Mit schlecht verborgener Wut machte er sich davon.

Die Sonne – es war ein kalter, aber freundlicher Tag gewesen – sank tiefer, unsere Schatten auf dem Kies wurden bereits länger, während wir die Zeit totschlugen. Dass wir vor der Abfahrt in Luhansk noch zu Mittag gegessen hatten, erwies sich als keine sehr gute Idee. Wolgograd war von hier noch 390 Kilometer entfernt und durch diesen Zeitverlust unmöglich bis zum Abend zu erreichen. Fabrizio machte (aus gutem Grund) den schüchternen Vorschlag, bei 20 Euro nachzugeben, aber ich beharrte darauf, standhaft zu bleiben. Ich konnte ein Sturkopf sein und wollte das unter Beweis stellen. Alle unsere Dokumente waren in Ordnung, und es war vernünftig, Trinkgelder für die Fälle (und die sollte es auch noch reichlich geben) aufzusparen, in denen tatsächlich irgendein Papier oder ein Stempel fehlte.

Unsere Pässe waren immer noch in Händen der Grenzbeamtin. Ihrer Aussage nach konnten wir nicht nach Russland einreisen, aber auch nicht in die Ukraine zurück, da unser Visum von den Zöllnern bereits entwertet worden war. Das Ganze war wenig glaubhaft, ihr Katz-und-Maus-Spiel inbegriffen.

Jetzt war es an uns, das Zollhäuschen aufzusuchen und Bewegung in die Sache zu bringen, die nun schon allzu lange stagnierte.

»Also?«, fragten wir. »Wie geht es jetzt weiter?«

Unsere Zöllnerin musterte uns einige Sekunden schweigend – sie hatte den Einreisestempel schon in der Hand – dann versuchte sie es noch einmal mit wenig Überzeugungskraft: »Nicht einmal 150 Rubel?« – »*Njet!*«

Der dumpfe Schlag des Stempels auf unsere Pässe hatte befreiende Wirkung; wir mussten zwar noch zur Registrierung unseres Fiat 500 und zur Gepäckkontrolle weiter vorne bei den anderen Kontrollpunkten, aber nachdem wir einmal diesen Stempel hatten, war das Wichtigste schon erledigt.

Während wir nach dieser Zwangspause Cinquino wieder in Gang setzten, lief der Marder-Polizist, der aus der Entfernung die ganze Angelegenheit beobachtet hatte, zur Zöllnerin und rieb sich die Hände; er wollte wissen, wie viel wir bezahlt hatten. Wütend stürmte er aus der Baracke und rief uns zurück, als das Auto sich schon in Bewegung gesetzt hatte. Er zwang uns, den Film, den ich einige Stunden zuvor vor seinen Augen gedreht hatte, zu löschen. Aus purer Rachsucht!

Nachdem die ganze Prozedur überstanden war, hatten wir zwischen diesen rostigen Containern mehr als fünf Stunden vertan.

Wieder einmal fuhren wir im Dunkeln, wieder trafen wir auf alptraumhafte, unbeschilderte Straßen und nach nicht einmal zehn Kilometern auf die erste Straßensperre der habgierigen Verkehrspolizei. Irgendeine billige Ausrede wegen der Papiere, ein kaputtes Bremslicht, die Forderung nach Rubel und dann die gierigen Blicke auf das Päckchen Tabak von Fabrizio: Im Grunde geben sie sich mit wenig zufrieden.

Willkommen in Russland!

Wir trauerten bereits der ukrainischen Polizei nach, aber ich war schon immer der Meinung, man sollte den ersten Eindrücken nie trauen.

Mit Mühe fanden wir die M4, die von hier direkt nach Moskau führt und auf der wir ein kurzes Stück nach Süden fahren mussten, bevor wir wieder auf die M21 trafen und scharf nach Osten abbogen. Die kleinen Orte entlang der Strecke machten einen dunklen und schaurigen Eindruck. Ein Hotel war dort mit Sicherheit nicht aufzutreiben. Außerdem hatten wir nicht einen einzigen Rubel in der Tasche. Wir waren todmüde und kaum noch fahrtüchtig. Endlich fanden wir die Straße, die wir suchten, und die Lage besserte sich. Auch der Verkehr nahm zu.

Selbst wenn wir die Geschwindigkeit erhöhen konnten, bis Wolgograd würden wir es auf keinen Fall schaffen, wenn wir nicht die ganze Nacht durchfahren wollten. Was hätte es aber für einen Sinn gehabt, morgens in einer Stadt anzukommen und sich dann zum Schlafen in ein Hotel einzuschließen? Wir machten häufige Fahrerwechsel; unsere Kondition hatte ziemlich nachgelassen, und es reichte schon eine Stunde am Steuer, dann begannen die Scheinwerfer der entgegenkommenden Autos vor den Augen zu tanzen. Der Kopf wurde immer schwerer, zu schwer, um ihn am Steuer aufrecht zu halten. Aber dann ... ein Motel, dort an der Straße! Genau das, was wir jetzt brauchten: 450 Rubel die Nacht, wenig mehr als zwölf Euro, im Erdgeschoss ein *kafe,* wo man sich etwas zwischen die Zähne schieben konnte (wir hatten seit Mittag nichts gegessen), und auch ein Innenhof mit solidem Gitter, in dem unser 500er sicher untergebracht war.

Aber wie sollten wir bezahlen? Von unseren Euro wollte die Geschäftsführerin, die *administrator,* nichts wissen. Uns eine kleine Summe schwarz eintauschen? Kommt gar nicht in Frage! Wir hatten nicht die geringste Absicht, uns wieder ans Steuer zu setzen, und wie jedes Mal, wenn wir nicht weiterwussten, warteten wir erst einmal ab.

Fast immer trägt Geduld Früchte; ein Kunde trat in das leere *kafe,* und wir baten ihn, uns 20 Euro zu wechseln. Zunächst zögerte er etwas, doch dann erklärte sich der Typ einverstanden, uns in echter Wuchermanier einige Rubel zu geben, aber uns war es recht. Vom letzten Tisch in der Ecke aus beobachteten die Geschäftsführerin, ein Zimmermädchen und ein vierschrötiger Kerl mit Bulldoggengesicht die Szene.

Mit unserer Beute in der Tasche sicherten wir uns ein Zimmer und bestellten ein bescheidenes Abendessen: Borschtsch, Reis und Kotelett. Es braucht nicht viel, und die Welt sieht schon ganz anders aus!

Keine zehn Minuten später machte sich unser Gelegenheitsgeldwechsler mit Bier, Wodka und drei Gläsern an unseren Tisch heran: »Darf ich?« Klar doch. Wir unterhielten uns fröhlich, kramten alles hervor, was unser spärlicher russischer Wortschatz hergab. Er schenkte ständig Wodka nach und begleitete jeden Schluck mit einem Trinkspruch auf uns, auf Russland, auf Italien und auf Gott weiß was alles …

»Schaut her, das ist mein Pass, das mein Personalausweis und für was der andere Ausweis ist, weiß ich nicht … Kann ich mal eure Pässe sehen?«

Bitte schön. Er sah sie nicht einmal an.

»Ihr wisst, dass es in Russland verboten ist, schwarz Geld zu tauschen?«

Das wussten wir wohl, aber glücklicherweise hatte er uns ja mit den 20 Euro geholfen, erklärten wir lächelnd. Er aber lächelte nicht mehr. Das kommt davon, wenn man zu viel trinkt und keinen Alkohol verträgt: Unvermittelt schlug der freundliche Zeitgenosse auf unsere Pässe und erhob die Stimme. Er benahm sich jetzt nicht mehr besonders freundschaftlich. Wir versuchten, die Sache herunterzuspielen, aber er war nicht bereit, uns die Pässe wiederzugeben und gestikulierte immer wilder damit herum. Er sagte irgendetwas von Polizei, zog einen Haufen anderer Ausweise heraus, redete aufgeregt… Wir verstanden nicht mehr, was er eigentlich wollte, und die Situation entwickelte sich in eine Richtung, die uns nicht gefiel. Ich saß neben ihm und versuchte, ihm die Pässe heimlich abzunehmen, aber er stieß mich mit Gewalt zurück.

Auf Reisen ist der Pass das Wichtigste: Verliert man Geld, kann man sich von zu Hause wieder welches schicken lassen, Kreditkarten lassen sich sperren ebenso wie Travellerschecks, aber geht der Pass mit allen Visa verloren, bleibt einem nichts anderes übrig, als umzukehren. Unsere beiden hatte der Kerl jetzt fest in der Hand, und er war betrunken und hegte eindeutig keine guten Absichten. Wir waren kurz davor, Panik zu bekommen, aber die Frau *administrator,* die die Szene beobachtet hatte, sprang uns bei: »Sind Sie müde? Wollen Sie schlafen gehen?«, fragte sie uns, als sie an unseren Tisch kam.

Mit schmachtenden Blicken stimmten wir zu. Sie gab dem Vierschrötigen, der mit ihr hinten im Saal saß, ein Zeichen. Der erhob sich und ließ seine Muskeln spielen. Das allein reichte aus, dass unser Tischgenosse ihr schweigend unsere Pässe für die Registrierung übergab. Damit wir auch wirklich unbesorgt schlafen konnten, begleitete uns dann die zahme Bulldogge zum Parkplatz hinaus und ließ uns durch eine Hintertür wieder hinein. So mussten wir dem lästigen Gast, nun allein mit seinem Wodka, nicht noch einmal über den Weg laufen. Da sage noch einer, Körperbau sei nicht wichtig!

»Wolga, Wolga, wahre Mutter«

Seit Bari hatten wir genau 5000 Kilometer zurückgelegt, und falls es uns gelänge, ein ähnliches Tempo beizubehalten, wären wir mit ziemlicher Wahrscheinlichkeit rechtzeitig in Kirgistan. Wir waren nun an einem Ort angekommen, den wir für ein wichtiges Etappenziel hielten.

Wolgograd hat seit seiner Gründung ein besonders schweres Schicksal gehabt.

Dreimal hat die Stadt ihren Namen geändert, und ebenso oft ist sie Schauplatz von Kämpfen gewesen. Nicht eines der tragischen Ereignisse, die dieses Land bei seiner Entwicklung vom zaristischen Russland bis hin zur Sowjetunion erlebt hat, ist Wolgograd erspart geblieben. Gegründet wurde sie unter dem Namen Zarizyn, der aus dem Tatarischen kommt, der Sprache dieser Gegend, und sie sollte als befestigter Vorposten die südlichen Reichsgrenzen verteidigen. Dennoch wurde die Stadt im 17. und 18. Jahrhundert mehrfach von den Kosaken erobert. Dann, während des Bürgerkriegs, in dem sich die Bolschewiken und die Weißen heftige Kämpfe lieferten, gelang es Letzteren, sie fast zwei Jahre lang zu halten, bis die roten Truppen sie wieder zurückeroberten und ihr drei Jahren, verspätet den Sturm der Oktoberrevolution aus Sankt Petersburg brachten.

Als Folge der Rückeroberung durch die neu gegründete Sowjetunion erhielt die Stadt im Jahre 1925 den Namen, mit dem sie tragischerweise für immer in Erinnerung bleiben sollte.

Stalingrad bedeutete wörtlich »die Stadt Stalins« und symbolisierte die Anerkennung für die entscheidende Rolle, die der Genosse im Bürgerkrieg gespielt hatte. Lenin war seit einem Jahr tot und der schnauzbärtige Georgier bereits an der Spitze des Landes. Er unternahm die ersten Schritte hin zu jenem Personenkult, der in den folgenden Jahrzehnten die Grenzen des Grotesken erreichen, ja überschreiten sollte.

Aber als tragische Ironie des Schicksals sollte dieser Name für immer mit einer der schmerzlichsten kriegerischen Episoden seit Menschengedenken verbunden bleiben.

Die Schlacht von Stalingrad war eine der blutigsten und vielleicht die einzige dieses Ausmaßes in der Menschheitsgeschichte. Sie tobte 199 Tage zwischen den Trümmern der Stadt und forderte zweieinhalb Millionen Tote auf beiden Seiten. Dabei handelt es sich, zumindest auf sowjetischer Seite, um unzureichende Schätzungen, denn das Regime weigerte sich jahrelang hartnäckig, die Verluste zu beziffern, aus Angst, den Wert eines Sieges zu schmälern, den Stalin sich uneingeschränkt als eigenes Verdienst anrechnete. Es gibt also auch keine gesicherte Zahl der Gefallenen unter der Zivilbevölkerung der Region. Es heißt, allein in Stalingrad sollen es mindestens 40 000 gewesen sein und in der Region noch wesentlich mehr. In diesen wenigen Tagen verloren die Achsenmächte ein Viertel ihrer Männer an der Ostfront. Damit begann der Niedergang von Nazideutschland, von dem es sich nicht mehr erholen sollte.

Die Stadt wurde durch massives Bombardement der Luftwaffe zu 80 Prozent dem Erdboden gleichgemacht. Übrig blieb ein gespenstisches Ensemble rauchender Trümmer, das zu einem regelrechten Schachbrett wurde, auf dem Hitler und Stalin Zug um Zug das Schicksal Europas ausspielten. Die Truppen des Dritten Reichs gerieten während ihres siegreichen Vorstoßes hier an den Punkt, an dem es nicht mehr weiterging und von dem aus dann ihr unheilvoller Rückzug seinen Anfang nahm. Hier begann die sowjetische Gegenoffensive, mit der die Rote Armee zur Befreiung ganz Osteuropas von der Besatzung durch die Nazis ansetzte.

Für meine Generation, die das Glück hat, keinen Krieg erlebt zu haben, jenen Kampf Mann gegen Mann, ist es kaum möglich, sich das Ausmaß der menschlichen Tragödie, die sich hier abgespielt hat, auch nur annähernd vorzustellen. In einem fatalen Spiel historischer Überlagerungen ist das Schicksal dieser Stadt zurückgetreten hinter Ereignisse jener Jahre, die für das Menschengeschlecht ebenso beschämend sind: die Shoah, Hiroshima und Nagasaki.

Zwischen den Gerippen dessen, was einmal eine Stadt war, wurde buchstäblich um jedes Haus gekämpft: Die Frontlinie wurde in Metern angegeben, und die Eroberung einer Bresche oder einer Mauer von der einen oder der anderen Seite wurde als Erfolg angesehen. Russische und deutsche Soldaten waren sich manchmal so nah, dass sie den Atem des anderen hören konnten. Die deutschen Soldaten prägten den Begriff »Rattenkrieg« für diese Art der Kriegsführung. Irgendjemand mit einem merkwürdigen Sinn für Humor scherzte: »Wir haben gerade die Küche erobert, aber wir kämpfen noch um das Esszimmer.«

Die Lebenserwartung eines russischen Soldaten, der gerade seinen Einsatz an der Heimatfront begonnen hatte, betrug nur wenige Stunden. Stalin ordnete die Erschießung der Truppen an, die zurückwichen, und gut 13 000 Soldaten wurden mit dem Vorwurf der Feigheit vor dem Feind vor das Erschießungskommando geschickt. »Nicht einen Schritt zurück!« war die Parole.

Während der russischen Gegenoffensive befand sich die sechste Armee der Wehrmacht isoliert in einem Kessel jenseits der Frontlinie im Norden der Stadt und versuchte wacker, dem Mangel an Verpflegung und Medizin zu trotzen. Eine Luftbrücke für den Nachschub wurde organisiert, aber nur zehn Prozent der Transporte gelang es, die sowjetische Luftabwehr zu durchbrechen und den Bestimmungsort zu erreichen. Die Piloten, die innerhalb der Enklave gelandet waren, berichteten, die Soldaten seien derart entkräftet gewesen, dass sie nicht einmal in der Lage gewesen waren, die Lebensmittelvorräte abzuladen.

Auf dem Hügel von Mamajew Kurgan erreichte die Schlacht ihren Höhepunkt. Diese strategische Stellung, von der aus die gesamte Stadt kontrolliert werden konnte, wurde von beiden Seiten mehrfach erobert. Beim Versuch, sie wieder in russischen Besitz zu bringen, wurden die 10 000 Mann der 13. Division am Tag ihrer Ankunft an der Front sofort in die Schlacht geschickt; noch am selben Tag waren fast alle tot.

Heute erinnert in den Straßen Wolgograds nichts mehr an Stalingrad. Nach dem Krieg wurde die Stadt mit allen Segnungen der sowjetischen Städtebaukunst völlig rekonstruiert; sie wurde zu einem wichtigen Industriezentrum und erhielt ihren heutigen Namen im Jahr 1961 im Zuge der Entstalinisierung des Landes durch Nikita Chruschtschow. Wolgograd ist auf Knochen gebaut; noch nach mehr als 60 Jahren kann man kein Loch in die Erde graben, ohne auf die sterblichen Überreste der Opfer zu stoßen.

Wie die Kaiser-Wilhelm-Gedächtniskirche in Berlin oder die Genbaku-Kuppel in Hiroshima ist in Wolgograd eben der Mamajew Kurgan ein Ort der Erinnerung, wo mancher Gebäuderest genau so belassen wurde, wie er am Tag nach der Schlacht aussah, und so an die Schrecken jener Tage erinnert.

Der Komplex ist riesig. Sein Zentrum bildet eine gigantische, 80 Meter hohe Allegorie auf Mutter Russland, die ihre Söhne zum Opfer antreibt, indem sie ein Schwert schwingt, das noch weitere elf Meter über ihren Kopf hinausragt. Das Mahnmal ist derartig übertrieben groß, dass es von jedem Punkt der Stadt aus zu sehen ist.

Endlich einmal waren wir am frühen Nachmittag in einer Stadt angekommen und hatten also Zeit, einen Rundgang zu unternehmen. Es nieselte, und ein unangenehmer Wind pfiff und spritzte meine Brillengläser voll. Es war der 28. April, und die ganze Stadt war mit großen Plakaten und Spruchbändern zur Feier des 9. Mai geschmückt.

Pobeda, »Sieg«: dieses Wort genügt, um an die Kapitulation der Nazis vor den sowjetischen Truppen 1945 zu erinnern. *Pobeda* ist heute der größte Nationalfeiertag in Russland und in vielen Ländern der ehemaligen UdSSR. Wolgograd ist zum Symbol dafür geworden, und hier finden auch die ergreifendsten Feierlichkeiten statt, aber eine solche Parade hätten wir in jeder einzelnen Stadt auf unserem Weg erlebt, und es hätte kein Geschäft gegeben ohne ein *Pobeda*-Plakat in der Auslage. Keine Straße und kein Platz ohne die Darstellung der *Rodina Mat,* der Mutter Russland von Mamajew Kurgan, oder ohne eine hymnische Parole zum Sieg der UdSSR.

Die Feierlichkeiten zum 60. Jahrestag waren besonders eindrucksvoll. Entlang der großen Freifläche, die sich auf der *Ulica Mira* direkt vor unserem Hotel erstreckte, war eine Installation aus Metallplättchen angebracht, die glitzernd im Wind schaukelten, mehr als 100 Meter lang und als Hintergrund für die Parade gedacht. Darüber prangten die Ehrenmedaille des »Großen vaterländischen Krieges« (so nennt die sowjetische Geschichtsschreibung den Zweiten Weltkrieg), rote Sterne, hymnische Lobpreisungen des Sieges und das Kürzel CCCP. Uns fiel auf, dass die russische Trikolore vollständig fehlte, überhaupt hatte das Ganze einen sehr rückwärtsgewandten, nostalgischen Anstrich.

Nostàlgija ist genau das richtige Wort, um das Einer-großen-Vergangenheit-Nachtrauern der Russen zu bezeichnen, in der die Sowjetunion eine Weltmacht war. Dieses Gefühl verbreitet sich immer stärker in bestimmten Schichten der Bevölkerung und scheint in vieler Hinsicht von manchen Ebenen der öffentlichen Verwaltung geteilt zu werden, denn in vielen Städten stehen immer noch Lenin-Statuen, tragen Straßen seinen Namen oder den der Oktoberrevolution, des Sowjet oder der Roten Armee. An einigen Orten erstehen sogar die Bildnisse wieder auf, die nach dem Zusammenbruch der UdSSR entfernt worden waren.

Fernsehsender, die die prähistorischen sowjetischen Nachrichtensendungen wieder ausstrahlen, schießen wie Pilze aus dem Boden, und die Nachfrage nach Internetseiten mit der Adresse *».su«*, der alten Top Level Domain der UdSSR, wächst ständig. Die Zigaretten der Marke Prima, seit drei Generationen der Tabak der Russen, gibt es am Kiosk auch in einer Nostalgie-Version mit dem Bildnis Stalins auf der Packung.

Irgendwo, als wir uns über die völlig unveränderten Ortsnamen und die zahlreichen Statuen von Helden der Revolution wunderten, die die Arbeiterklasse feierten, bekamen wir zur Antwort: »Unsere Stadt steht zu ihrer Vergangenheit und ist nicht eine von denen, die ihr Fähnchen nach dem Wind hängen!«

In den meisten Städten, die wir besuchten, erlebten wir diese Haltung.

Und das war kein Zufall: Die Großartigkeit, mit der die Feiern zum 9. Mai begangen werden, die Fernsehstationen, die ununterbrochen verherrlichende Dokumentationen ausstrahlen, und die Wiederentdeckung alter Allegorien und Bilder aus der Propaganda der Vergangenheit sind die Antwort auf die Diskussion über die nationale Identität, die nach dem Zerfall der Sowjetunion entbrannte.

Die Erinnerung an die Oktoberrevolution ist verblasst, die Parade zum 1. Mai abgeschafft, nun soll also das Fest des Sieges ein einendes Moment schaffen für ein Volk, das seine Ideale verloren und keine Bezugsgrößen mehr hat. Die Frage der nationalen Identität hat in den vergangenen Jahren auch die gebildete Schicht des Landes ergriffen, gleichzeitig aber die Regierung Putin hellhörig werden lassen, die wegen der Unabhängigkeitsbestrebungen der sibirischen Gebiete und des Fernen Ostens ohnehin sehr beunruhigt war. Und so gewann *Pobeda* von Jahr zu Jahr immer mehr an Bedeutung und übernahm die Charakteristiken der abgeschafften Feste: Die Paraden ähneln denen des 1. Mai, und diese Feier gehört mehr der Geschichte der Sowjetunion als der Russlands an.

Ein kurzer Spaziergang über die breiten, baumbestandenen Prachtstraßen *(promenade)*, den *Lenin Prospekt* und die *Sowjetskaja Ulica,* und schon gelangten wir an das Ufer der Wolga. Von einem Gebäude aus blickte ein von Neonlicht eingerahmter Lenin streng über den Horizont. Das Gewimmel der Menschen im Zentrum ebbte plötzlich ab, die vom Regen glänzenden Stufen waren breit und leer. Eine junge Frau führte ihre Bulldogge spazieren, beide ließen sich von Wind und Regen nicht beirren, nicht weit von ihr kämpfte eine Dame mit ihrem bunten Regenschirm.

Die Architektur dieser Uferanlage hatte etwas Prunkvolles und erinnerte mich mehr an einen Tempeleingang oder an den Vorplatz einer Kirche. Die Besonderheit war, dass ihre mächtigen Stufen nicht verehrend aufwärts führten, sondern abwärts zur Wasserlinie, die von Granitwänden und zwei weißen dorischen Säulenreihen eingefasst war. Für einen Augenblick rief mir das Ganze die prächtigsten *ghat,* die heiligen hinduistischen Badestellen von Varanasi, ins Gedächtnis: Wie der Ganges ist auch die Wolga auf ihre Art ein heiliger Fluss. Sie ist von einer heidnischen, animistischen Heiligkeit, geweiht dem Andenken und der klassischen russischen Tradition, die sich in den Oden an die Erde und den Volksliedern ausdrückt: »Wolga, Wolga, wahre Mutter, o Wolga, du russischer Fluss«.

Die ganze Anlage war eine Art monumentales Stadttor, das nicht in die Stadt, sondern auf den Fluss hinausführte, so dass sie wie eine Bühne erschien, bei der der Fluss die Kulisse bilden sollte. Sein Bett war so breit, dass wir, obwohl wir an einer seiner schmalsten Stellen standen, in diesem Nieselregen das andere Ufer nur mit Mühe erkennen konnten.

Mit ihren 3500 Kilometern ist die Wolga der längste Fluss Europas. Der Überlieferung nach ist sie die Wiege Russlands. Hier trafen die protobaltischen und slawischen Völker auf die Turkmenen; die ersten Ansiedlungen, die ersten Kontakte und Handelsgeschäfte entstanden entlang der Wasserstraße. Zur Zarenzeit lieferte das fruchtbare Flusstal die notwendige Nahrung für eine ständig wachsende Bevölkerung, und ihr Delta verwöhnte die Gaumen des Adels und des höheren Bürgertums mit dem besten Kaviar der Welt. Heute ist die Wolga das Herz des am weitesten ausgedehnten schiffbaren Flussnetzes in Europa, mit einem Wassereinzugsgebiet von 1,3 Millionen Quadratkilometern. Ein System von Kanälen ermöglicht es, vom Weißen Meer zum Schwarzen Meer, von der Ostsee bis zum Kaspischen Meer zu schippern. Ihre Wasser treiben die Turbinen der größten Wasserkraftwerke des Landes an und transportieren eine so große Menge an Giftstoffen, dass die gesamte Fischerei und die reiche Kaviarindustrie Astrachans in Gefahr sind. Nicht zufällig hat sich an ihren Ufern die am dichtesten besiedelte Region ganz Russlands gebildet, und in allein vier Städten mit mehr als einer Million Einwohnern ballen sich enorme Mengen an Schwer- und chemischer Industrie.

Diese Uferanlage war eine Insel der Ruhe, doch im Rest der Stadt herrschte ein Verkehrschaos, das der Regen noch lästiger machte. Die Menschen hatten es eilig, die Geschäfte waren entweder überfüllt (die billigen) oder gähnend leer (die der Luxuswaren und der großen Modemarken). Manches nagelneue Auto der Luxusklasse rollte angeberisch zwischen den heruntergekommenen, qualmenden Rostlauben hindurch, die dennoch ein Luxus waren, den so mancher gerne gegen kilometerlange Fußmärsche, Autobusse und die U-Bahn eingetauscht hätte.

Kursänderung

Das Hotel *Wolgograd* liegt äußerst zentral direkt an der *Ulica Mira,* der Straße des Friedens, und nur ein paar Blocks vom Flussufer entfernt. Es war wie für uns geschaffen. Mit seinem verstaubten Luxus, seiner weißen Marmortreppe, seinen monumentalen Kandelabern aus Messing und Kristall und seinen russischen Preisen gehörte es zu den seltenen guten Hotels mit angemessenen Preisen. Wir nahmen das günstigste Zimmer.

Der Portier des *Wolgograd* sagte uns, es gebe keinen bewachten Parkplatz, aber die Gäste ließen ihre Autos bedenkenlos direkt vor dem Hoteleingang stehen.

»Na ja«, fügte er hinzu, während er den Vorhang am Fenster zur Seite schob, um sich unser Auto zu anzusehen, »es wäre vielleicht besser, wenn Sie über Nacht das ganze Gepäck abladen ...«

»Das ganze Gepäck abladen«, das bedeutete, die Blechkiste vom Dach herunterzuholen, den 20-Liter-Kanister und auch die Reserveräder. Abgesehen von der Mühe und dem Zeitaufwand, sollten wir das etwa alles mit aufs Hotelzimmer nehmen? Doch Hotelportiers sollte man vertrauen, sie kennen ihre Stadt besser als jeder andere, mit Ausnahme der Taxifahrer vielleicht. Für 30 Rubel bewahrte er unsere Sachen in dem kleinen Abstellraum hinter der Lobby auf. Wir mussten sie nur von der großen Drehtür am Eingang durch die Empfangshalle mit den Sofas schaffen, also die 50-Kilo-Kiste und den ganzen Rest, verdreckt von 5000 Kilometern auf der Straße, über den roten Teppich schleifen. Aber wird man auf Reisen nicht etwas verwegener, was die Umgangsformen betrifft?

An diesem Abend im Hotelzimmer, die Karte ausgebreitet zwischen Aschenbecher und Schmutzwäsche, beratschlagten wir, welche Straßen wir in den folgenden Tagen nehmen wollten.

Trunkenheit. Nur so kann ich dieses Gefühl beschreiben: Mit einem Blick umfängt man Millionen von Quadratkilometern, lässt die Spitze des Zeigefingers auf den bunten, krummen Linien mit der Geschwindigkeit dahingleiten, die man für die Aussprache der klangvollen Ortsnamen braucht. Unter der Fingerkuppe macht das Papier ein Geräusch, ähnlich dem Pfeifen des Windes. Nicht zu wissen, wo man morgen sein wird, ist ein Vergnügen, das uns die moderne Art des Reisens genommen hat, mit ihren Vorbestellungen und Reiseprogrammen samt Vollpension.

Nach dem vorläufigen Reiseplan, den wir vor unserer Abreise ausgearbeitet hatten, wollten wir die Wolga entlang südwärts bis Astrachan fahren. Von dort hätten wir die Grenze nach Kasachstan überschritten und zwei Varianten zur Auswahl gehabt: Wir hätten entweder die große Kaspische Senke durchqueren und nach Norden zum Aralsee fahren können, bevor wir den Weg nach Tschimkent nehmen (und dort hätten entscheiden können, ob wir über Almaty oder direkt nach Kirgistan weiterwollten). Oder wir hätten den Aralsee südlich durch das usbekische Karakalpakistan umrunden können, um von dort nach Bischkek vorzustoßen.

Diese zweite Möglichkeit verwarfen wir sofort wieder, sie barg zu viele Unwägbarkeiten, sowohl was den Zustand der Straßen und die Versorgungsmöglichkeiten betraf als auch im Hinblick auf die Passierbarkeit des Grenzübergangs zwischen Kasachstan und Usbekistan (damit nämlich der Bürger eines dritten Landes ihn benutzen kann, muss ein solcher Grenzübergang als international eingestuft sein, andernfalls ist er nur für die Bürger der beiden aneinandergrenzenden Länder offen). Aber auch die erste Option überzeugte uns nicht mehr. Eine Kostprobe vom Zustand der Nebenstraßen hatten wir schon bekommen, und uns klangen noch die Worte von Mario in Kiew im Ohr. Uns standen etwa 2000 Kilometer, der größte Teil davon auf kleineren Straßen, bevor, und es lag nur eine einzige größere geschlossene Ortschaft am Weg. Auf den Strecken mit schlechtem Asphalt, dem Auf und Ab und den Schlaglöchern hatte unser Fiat 500 bereits gezeigt, dass er nicht in bester Verfassung war: Zusammengedrückt unter der unverhältnismäßigen Beladung, gab er jeden Schlag auf die gesamte Karosserie und die Mechanik weiter, und die Vorderräder schleiften immer öfter an den Innenseiten der Radkästen. Wir mussten uns wohl einen dritten Weg suchen, um Cinquino weniger Belastungen zuzumuten.

Beim Blick auf das gesamte Zentralasien ergab sich nur eine Alternative: die Wolga aufwärts und auf russischem Gebiet an der Grenze von Kasachstan entlangzufahren. Außer auf einem kleinen Teilstück schien die Straße besser, und sie führte durch zahlreiche Städte. Wir hätten dieser Linie, die sich bis nach Sibirien zog, folgen können bis zur A343, die nach Süden abbog und durch die kasachische Steppe nach Almaty führte. Die Visa legten uns das nahe, aber wir hätten auf den Aralsee und den Schiffsfriedhof in der Wüste verzichten müssen. Wir stimmten ab: eins zu eins – was vorhersehbar war. Also warfen wir ein Zwei-Rubel-Stück in die Luft ...

Wir begriffen langsam, dass es wesentlich einfacher war, in russische Städte hineinzufahren, als aus ihnen herauszufinden. Das Schicksal hatte bestimmt, dass wir nach Norden sollten, Richtung Saratow, Toljatti, Samara, aber es fehlte jeglicher Hinweis auf die Staatsstraße. Also erkundigten wir uns bei Fußgängern oder Taxifahrern, aber wir kamen nie weiter als bis zur nächsten Kreuzung, wo wir wieder fragen mussten. Im günstigsten Fall stimmten die Informationen überein, so dass man sich Stück für Stück ein Mosaik zusammensetzen konnte, das die richtige Straße ergab. Manchmal allerdings schickte uns die von einem Taxifahrer angegebene Richtung dorthin zurück, wo uns an einer Bushaltestelle ein Passagier erklärt hatte, wir müssten von dort immer geradeaus weiter. Es konnte auch geschehen, dass ein einsames Schild, aus welch nobler Absicht auch immer dort angebracht, die richtige Richtung anzeigte, wir aber in einem Chaos von Kreuzungen und Abzweigungen landeten, in dem es keine Beschilderung mehr gab. Der dichte und gnadenlose Verkehr machte die Sache nicht einfacher.

Diesem Umstand verdankten wir es, dass wir noch einige unschlüssige Runden um Mamajew Kurgan drehen durften, bevor wir Wolgograd wirklich verlassen konnten. Auf den Stufen, die zum höchsten Punkt des Hügels führten, lautete eine frisch lackierte Inschrift: »Unserer sowjetischen Heimat! CCCP«.

Gäbe es einen nationalen Wettbewerb, das schwarze Trikot der Straße ginge ohne den geringsten Zweifel an Saratow. Seit drei Tagen begleitete uns ein dichter Dauerregen, und die Straßen waren überschwemmt, weil der Boden diese Mengen an Wasser gar nicht aufnehmen konnte. Jede Pfütze konnte möglicherweise ein Schlagloch sein, in den meisten Fällen war sie es auch, und wir waren kaum in die Stadt gekommen, da mussten wir schon mit einer Bekanntschaft machen. Sie war so breit, dass sie Cinquino komplett schluckte. Beim Hineinfahren hörten wir, wie seine Ölwanne mit einem fiesen Kreischen an etwas schleifte, und aus dem kochenden Auspuffrohr stieg eine Dampfwolke. Wir fuhren vorsichtig mit minimaler Geschwindigkeit weiter – das war unser Glück, sonst wären wir sicher darin hängen geblieben.

Die Windschutzscheibe war beschlagen, die zarten Ärmchen der Scheibenwischer mit nur einer Geschwindigkeitsstufe kämpften erfolglos gegen den Regen an. Die spärliche Beleuchtung und die Schwierigkeit, sich in einer neuen Stadt ohne Hinweisschilder und Stadtplan zu orientieren, machten den Slalom zu einer anstrengenden Angelegenheit. Wir versuchten, uns mit ein wenig Intuition ins Zentrum vorzuarbeiten, auf der Suche nach dem Hotel, das man uns genannt hatte, das *Gostiniza Evropa.*

Fabrizio rackerte sich redlich mit Steuerung und Bremse ab, während ich bei geöffnetem Fenster versuchte, auf die Schnelle die kyrillischen Schilder an den Straßenecken zu entziffern, ein Auge stets auf die Straße vor der Schnauze unseres Fiat 500 gerichtet.

Aber unsere ganze Vorsicht half nicht, das Schlimmste zu verhindern: Ein tückischer Abgrund lauerte unvorhersehbar genau unterhalb der Bordsteinkante. Cinquino bekam einen heftigen Stoß, und schon steckte er drin. Ich knallte mit dem Kopf an die Windschutzscheibe, Fabrizio krallte sich am Lenkrad fest. Dabei hatten wir nur 20 Stundenkilometer drauf!

Jetzt war alles hin, davon waren wir überzeugt. Eine beschädigte Halbachse, womöglich gebrochene Radlager – damit war alles zu Ende, nach nicht einmal 6000 Kilometern.

Langsam und mit ein wenig Schub gelang es uns, unseren 500er aus dem mit Wasser gefüllten Krater zu holen (wir konnten es uns nicht verkneifen, diesen zwei Tage später zu fotografieren), wir fuhren ein paar Meter weiter und spitzten die Ohren nach verdächtigen Geräuschen, dann schauten wir unter die Karosserie und hinter die Räder. Unglaublicherweise sah es so aus, als hätte Cinquino keinen großen Schaden erlitten. Allerdings mussten wir noch bis zum nächsten Tag warten, um ihn bei Tageslicht zu inspizieren.

Unter Schock, doch immerhin mit einem Seufzer der Erleichterung, setzten wir unsere Hotelsuche fort, aber irgendetwas stimmte nicht: Ich bemerkte, dass Fabrizio Schwierigkeiten hatte, den Gefahrenstellen auszuweichen.

»Was ist los?«, fragte ich.

»Die Bremse, es ist was am Bremspedal, es lockert sich ...«

Cinquino bremste kaum noch. Fabrizio trat das Pedal vollständig durch und brachte den Wagen nur mit Mühe zum Stehen. Hatte das etwas mit dem Loch von vorhin zu tun? Was konnte passiert sein? Ratlos hielten wir am Straßenrand an, um ein wenig nachzudenken, genau vor einem prächtigen eisernen Vordach, das an den Eingang eines Hotels der Jahrhundertwende erinnerte; ich blickte nach oben über den Eingang und las: »*Gostiniza Evropa*«.

Unser Zimmer im Hotel *Evropa* ähnelte fast einer Suite: ein kleiner Eingangsbereich, ein kaputter Kühlschrank und zwei durch eine Zwischenwand abgetrennte Zimmer. Es gab zwar kein Bad, aber immerhin einen Fernseher, der allerdings auch defekt war. Ein Palast für 500 Rubel die Nacht. Und dann dieses wunderbare Jugendstil-Treppenhaus, ganz aus Schmiedeeisen, zwei monumentale Aufgänge mit einem hölzernen, über die Jahre vom ständigen Gebrauch polierten Handlauf, allein das war schon den Preis des Zimmers wert.

Bei unserer Ankunft hob Irina, die Geschäftsführerin, an: »*Inostrancy*? Ausländer? Kommt gar nicht in Frage! *Njet!*« Doch die Faszination des Fremden ist universell, und so überredeten wir sie mit einer weisen Mischung aus Lächeln, übertriebener Höflichkeit und Unverschämtheit.

»Aber morgen bis spätestens um neun sind Sie wieder weg!«, fügte sie hinzu und blickte fragend zum Zimmermädchen der Etage. Dieses war eine kleine, nervige Frau, breit wie hoch, Typ Pitbull. Ihre Zustimmung klang wie ein Knurren.

Von dieser Reise kehrte ich mit vielen Fragezeichen und wenigen Sicherheiten zurück. Eine davon: Es gleicht einer regelrechten Eroberung, wenn ein Reisender in einem Hotel niedriger Kategorie in Russland ein Zimmer ergattert. Aus Erfahrung entwickelt man immer neue Strategien und Taktiken, man schärft die Sinne, um die geringsten Stimmungsschwankungen des Gegners wahrzunehmen, man lernt, sich selbstsicher und resolut zu geben und jeden Zweifel hinsichtlich Visa, Registrierungen, Gründen für den Aufenthalt und so weiter auszuräumen. Aber die Frage, ob sie uns bleiben lassen, war eine beständige Gratwanderung. Und nie kann man seines Sieges sicher sein, bevor man nicht bezahlt und den Zimmerschlüssel in den Händen hat.

Manchmal gibt es kein Zimmer, ein anderes Mal keine Lizenz, die es gestattet, Ausländer zu beherbergen. In den meisten Fällen aber wird in dem betreffenden Hotel gerade eine Etage umgebaut, und die Geschäftsführerin wird mit allen möglichen Ausflüchten versuchen, die Gäste in einem Luxuszimmer unterzubringen. Dann empfiehlt es sich, ein wenig Mitleid zu heischen und den Mangel an Geld ins Spiel zu bringen (ein Argument, für das die Russen sehr viel Verständnis haben). Es wird funktionieren.

Bis hierher ist alles noch ganz leicht zu verstehen. Einmal wagten wir eine *administrator* bei einer Seifenoper zu stören, und wir mussten uns sagen lassen: »Warum wollen Sie denn ausgerechnet in dieses Hotel? Sehen Sie denn nicht, wie ungepflegt es ist? Gehen Sie doch in das auf der anderen Straßenseite, das ist viel besser!«

Im *Gostiniza Evropa* hatten wir mit der Erlaubnis, eine Nacht bleiben zu können, also nur einen Teilsieg davongetragen, falls Cinquinos Zustand es uns nicht erlauben würde, am nächsten Tag weiterzufahren.

Überpünktlich um halb acht Uhr am nächsten Morgen wurden wir, noch schlaftrunken, von einem Getümmel vor unserer Tür geweckt. Ich drehte mich noch einmal auf die andere Seite. Während der Schlaf sich endgültig verabschiedete, wurde der Krach immer entschiedener. Energisch klopfte es an der Tür.

»Wer da?«, rief Fabrizio aus den Tiefen seiner Kissen.

»Sie müssen das Zimmer räumen!«, antwortete eine Stimme. Es war der Pitbull: »Bis neun Uhr müssen Sie weg sein!«

»Ist ja schon gut!«, antworteten wir und legten uns noch einmal schlafen.

Die Ruhe dauerte nur ein paar Minuten, dann hämmerte sie wieder gegen die Tür, sie schlug mit aller Gewalt dagegen, bis sie von drinnen ein Geräusch hörte.

»Okay, okay, wir gehen ja gleich!«, rief ich ungeduldig.

»Sie sollten um neun Uhr das Zimmer geräumt haben!«, und wieder donnerte sie gegen die Tür. Da stand ich auf, um zu öffnen. Der

Pitbull hatte sich unverrückbar auf ihren untersetzten Beinen aufgebaut: »Um neun Uhr!«

»Aber es ist doch erst halb acht!«, erwiderte ich ihr und hielt mir den Kopf. »Bitte, ich habe schreckliche Kopfschmerzen.«

Sie verschwand, und ich schloss die Tür. Sollte der billige Trick sie wirklich zur Aufgabe gezwungen haben?

Mitnichten, denn nach nicht einmal 15 Minuten ging sie erneut zum Angriff über, sie gab so schnell nicht auf und begann, mit den Fäusten die Tür zu bearbeiteten. Fabrizio wollte aufmachen; das war die einzige Chance, um ihr Einhalt zu gebieten. Aber der Schlüssel klemmte, und je mehr sie trommelte, desto heftiger erzitterte die Tür. Fabrizio schaffte es nicht aufzuschließen. Es schien, als wollte sie das ganze Gebäude niederreißen. Als dann endlich das Schloss aufging, streckte sie die Hand mit einem Aspirin herein, und ohne eine Antwort zuzulassen, sagte sie: »Packen Sie Ihre Sachen, und verlassen Sie das Zimmer.«

Wir arbeiteten einen Notfallplan aus: Von Schlaf konnte keine Rede mehr sein, also sammelten wir unsere Sachen zusammen und packten in Ruhe die Rucksäcke. Dann zogen wir am streng blickenden Pitbull vorbei und stellten das Gepäck neben den Tisch der Frau *administrator* im unteren Stockwerk. »Wir gehen das Auto holen und laden dann hier unten ein«, erklärten wir. Dann, so sah es unser unfehlbarer Plan vor, traten wir auf die Straße hinaus und frühstückten in einem Café. Nach einem Stündchen kehrten wir mit betrübten Gesichtern zurück und etwa folgender Geschichte: Das Auto springt nicht an, *kaputt,* wir müssen es reparieren lassen, wir können nicht weg – können wir noch eine Nacht bleiben, nur eine einzige?

Irina war geschmeidiger als das Zimmermädchen und zeigte Verständnis. Sie ermahnte uns aber, dass es am nächsten Morgen keine neuen Geschichten geben dürfe: Um neun Uhr sei Abmarsch! Der

Pitbull bewachte das obere Stockwerk, ihr Reich. Als sie uns mit den Rucksäcken auf der Schulter und der Quittung für die nächste Nacht in der Hand wieder heraufkommen sah, musterte sie uns grimmig, ballte die Fäuste und murmelte etwas vor sich hin. Sie wollte uns zeigen, dass sie ein harter Hund war. Das hatten wir uns fast schon gedacht ...

Mit einem 30 Jahre alten Fiat 500 mit defekten Bremsen in einer russischen Stadt am Vorabend zweier Feiertage würde sich eigentlich jeder aufmachen und eine Werkstatt suchen, oder? Wir allerdings spazierten an diesem Vormittag mit Fotoapparat und Videokamera durch die Stadt und machten uns keine Gedanken über unseren im Hof geparkten Cinquino, der auf eine Reparatur wartete.

Es nieselte, und wir hatten wirklich keine Lust, uns bei dem Regen die Hände schmutzig zu machen, schon gar nicht nach einer solchen Weckaktion. Und wer weiß, wenn man ihn ein Weilchen sich selbst überließ, vielleicht funktionierte er plötzlich wieder, wie es sich gehörte.

Der Reiseführer »Lonely Planet« beschreibt Saratow als eine Stadt mit mehr als 800 000 Einwohnern, gegründet im 16. Jahrhundert, mit »charakteristischem deutschem Einschlag (vor allem wegen der Touristen und einer ansehnlichen deutschen Minderheit, die hier lebt)«.

Touristen? Deutsche? Hier? Mag sein, dass jetzt nicht gerade Hauptsaison war, aber von deutschen Touristen in kurzen Hosen und mit Fotoapparat um den Hals haben wir keine Spur gesehen. Was die Deutschen betrifft, so habe ich mich schlau gemacht: Es handelt sich um eine Volksgruppe germanischen Ursprungs, die sich »Wolgadeutsche« nennt und die man überall in der Gegend antrifft. Es sind die wenigen Nachkommen einiger bäuerlicher Kolonien, die Katharina II. aus Deutschland hierher eingeladen hatte, um das Land zu kultivieren. Ihnen wurde ein besonderer Status zugestanden, der für lange Zeit den Erhalt von Traditionen, Sprache und Religion garantierte. Zwischen 1924 und 1942 wurde auf Initiative Stalins sogar eine Unabhängige Sozialistische Sowjetrepublik der Wolgadeutschen geschaffen mit der Hauptstadt Engels (die damals Pokrowsk hieß), direkt gegenüber von Saratow auf der anderen Seite des Flusses. Zu Beginn des Einmarsches der Nazis war es dann Stalin selbst, der aus Angst vor Kollaborateuren diese Republik auflöste und fast alle ihrer Bewohner nach Sibirien deportieren ließ.

Die überwiegende Mehrheit von ihnen hat sich in Sibirien zerstreut oder ist dank der Regelungen für Spätaussiedler in den 80er-Jahren nach Deutschland zurückgekehrt. Heute beläuft sich ihre Zahl wahrscheinlich nur noch auf wenige tausend Personen. Sie sprechen oft kein einziges Wort Deutsch, und ihre staatsbürgerliche Anerkennung wird immer problematischer. Sie sind Russen seit Generationen und bilden heute lange Schlangen vor den deutschen Konsulaten. Mit unzähligen Papieren in der Hand hoffen sie, einen Passierschein für den Westen zu bekommen.

Abgesehen von dieser Besonderheit ist Saratow eine vollkommen russische Stadt mit einem ansprechenden Zentrum, das durch zwei Verkehrsadern, die zum Fluss hinführen, unterteilt ist: die *Moskowskaja Ulica,* die belebte Straße der Banken und Geschäfte, und die *Ulica Kirowa,* die hübsche Fußgängerzone, wo man zwischen Bars und Cafés herumschlendern kann. Im Hintergrund explodieren die Farben der Utoli-Moja-Petschali-Kapelle, ein Beispiel für den russischen Eklektizismus, der die kirchliche Architektur zwischen dem 16. und 18. Jahrhundert bestimmte, und einige Gebäude mit Giebeldächern und neugotischen Turmspitzen.

Eine offensichtlich gesunde Stadt, freundlich, reich an Farben und Formen, die sich aber wenige Schritte vom Zentrum und vor allem nachts in eine verlassene Landschaft mit gespenstischen taumelnden Gestalten verwandelt.

Wir hatten genug von den Berichten, wie gefährlich russische Städte bei Nacht seien, unser Reiseführer war voll mit wichtigen Verhaltensmaßregeln und Warnungen vor den Risiken: Nachts nie zu Fuß unterwegs sein, vor allem nicht in Parks, den Kopf gesenkt halten und versuchen, keine Aufmerksamkeit auf sich zu ziehen, ganz besonders in Gegenwart von Betrunkenen. Lauter Ratschläge, die wir im Laufe unserer Reisemonate ständig in den Wind schlugen.

Es ist nicht unbedingt eine gute Angewohnheit, auf Reisen den gesunden Menschenverstand auszuschalten. Man kann sehr schnell gefährliche Situationen heraufbeschwören, wenn man die Orte und die dortigen Gewohnheiten nicht gut kennt, wenn man keine Antennen dafür hat, einen harmlosen Spaziergänger von einem üblen Subjekt zu unterscheiden, oder wenn man allein durch sein anderes Aussehen die Blicke und die Aufmerksamkeit aller auf sich zieht. Aber es ist ebenfalls falsch, eine primitive Angst vor dem Anderen, vor dem Fremden mit sich herumzuschleppen, die von den massiven, alarmierenden Ratschlägen und Warnungen in den Reiseführern für Hinterhofreisende oder, schlimmer noch, den Terror-Bulletins aus den Botschaften angeheizt wird. Es ist unsinnig, bei jedem Schritt, bei jedem menschlichen Kontakt, bei jedem Blick Gefahr zu wittern. Alle Verhaltensweisen sollten vom gesunden Menschenverstand geleitet werden: Er hält die Balance zwischen Engstirnigkeit und Provinzialismus, die jedes natürliche Verhalten bremsen, auf der einen und Unverantwortlichkeit, die unmittelbar in die Gefahr führt, auf der anderen Seite.

Wir bummelten den ganzen Vormittag herum und suchten nach einer Möglichkeit, ins Internet zu gehen, aber vergeblich. Man hatte uns ein Lokal genannt, das genau in einer Straße zwei Blocks weiter rechts von hier sein sollte. Mit dem Blick nach oben suchten wir nach einem Schild oder einem Hinweis, liefen herum und bemühten uns auf die Schnelle, die kyrillischen Buchstaben zu entziffern. Auf dem Schild der Straße, die man uns genannt hatte, lauteten sie in etwa so: Сакко и Ванцетти.

Irgendwie klang mir das, was da kyrillisch geschrieben stand, vertraut, als ich es laut aussprach: Sacco und Vanzetti! Wir waren überrascht, hier auf eine Straße zu stoßen, die nach zwei Italienern benannt war, die in den 20er-Jahren Opfer der amerikanischen Justiz geworden waren. Wie viele italienische Städte mag es geben, die eine Straße haben mit ebendiesen Namen?

Die Geschichte von Nicola Sacco, Apulier wie ich, und Bartolomeo Vanzetti aus dem Piemont, empörte in jenen Jahren die aufgeklärte Öffentlichkeit der halben Welt und führte quer über den Atlantik zu einer großen Protestwelle.

Die beiden Arbeiter wurden, ohne dass konkrete Beweise vorlagen, angeklagt, während eines Raubes zwei Männer erschossen zu haben. Der gesamte Prozessverlauf gegen die beiden als radikale Aktivisten bekannten Italiener stand im Zeichen politischer Verfolgung von Regierungsgegnern und wurde noch geschürt durch die Propaganda vom »roten Terror«. Ganz im Sinne der Anklage wurden sie von einem Geschworenengericht zum Tode verurteilt. Nach sieben Jahren wurde das Urteil vollstreckt. Nicola Sacco und Bartolomeo Vanzetti wurden 1927 auf dem elektrischen Stuhl hingerichtet.

Mit einem schlechten Gewissen, weil wir Cinquino mit kaputten Bremsen im Hof hatten stehen lassen, sahen wir ihn uns noch am selben Nachmittag an. Die Räder auf der rechten Seite, die den Aufprall in dem Schlagloch abbekommen hatten, mussten abmontiert und die Muffen der Bremsleitungen inspiziert werden. Vielleicht musste man sogar die Naben aufmachen, um sicherzugehen, dass die Dichtungen der Bremszylinder nicht beschädigt waren und einen Druckverlust im Bremskreislauf verursachten. Aber zuallererst musste der Stand der Bremsflüssigkeit im Ausgleichsbehälter kontrolliert werden.

»Und wo schaut man da nach?«

»Ist der nicht vorne unter der Haube, neben den Sicherungen?«

»Ah!«

»Da müsste so eine Plastikwanne sein.«

»Warum haben wir die eigentlich nie kontrolliert?«

»Das hätten wir vielleicht tun sollen ... «

»Hätten wir?«

»Hätten wir wohl ...«

»Da, sie ist trocken, völlig leer.«

Während 5300 Kilometern hätten wir wohl tatsächlich mal ein Auge darauf werfen sollen. Jetzt blieb uns nichts anderes übrig, als unseren 500er mit dem Wagenheber aufzubocken und uns an die Arbeit zu machen. Wir nahmen die im Auchan-Baumarkt erstandenen Sechskantschlüssel, die noch originalverpackt waren, suchten den Neunzehner aus und versuchten, die Muttern des rechten Vorderrades zu lösen. Das Werkzeug war fehlerhaft, es konnte die Mutter nicht greifen. Wir hatten aber in weiser Voraussicht zwei gleiche Sätze gekauft. Der zweite Neunzehnerschlüssel passte perfekt auf die Sechskantmutter: Handbremse angezogen, ein Eisenrohr für eine ausreichende Hebelwirkung und ein energischer Ruck, um die erste Mutter zu lösen. Ohne sie auch nur einen halben Millimeter zu bewegen, verbog sich der Schlüssel, als wäre er aus Blech. Ein kompletter Reinfall! Unser Werkzeug erwies sich als absolut ungeeignet, um mit einer Notsituation fertig zu werden, der Wagenheber wackelte gefährlich unter Cinquino, die Schraubenschlüssel aus dem Sonderangebot im Baumarkt waren weich wie Butter, damit hätten wir nicht einmal einen platten Reifen wechseln können, geschweige denn eine Achswelle ausbauen!

Wir sahen uns betrübt an, das Werkzeug noch in der Hand und unser 500er auf dem Wagenheber schwankend, dann warfen wir alles zurück in den Rucksack. Klappe zu, Affe tot! Unser Selbstvertrauen versuchten wir in einem *kafe* auf der *Ulica Kirowa* wieder aufzubauen.

Sieben Uhr morgens. Wenige Stunden Schlaf. Die Tür unseres Zimmers schepperte und schwankte unter den mächtigen Faustschlägen des Pitbulls. Damit war zu rechnen gewesen.

Es nützte nichts, sich unter die Bettdecken zu verkriechen, denn die Schläge unseres erklärten Feindes dröhnten im ganzen Zimmer, liefen in dumpfen Vibrationen die Wände entlang, erreichten das Bettgestell und drangen bis in die Tiefen des Geistes, der nach dem kurzen Schlaf noch sehr empfindlich war. Es gab kein Entrinnen.

Wir schafften es nicht aufzustehen, wir hatten nicht die Kraft, uns dieser Schikane entgegenzustellen, konnten weder fliehen noch hoffen, wieder einschlafen zu können: Es war ein ungleicher Kampf.

»Aufmachen!« Bumm! Bumm! »Sie müssen weg!« Bumm! Bumm! »Machen Sie sofort auf!« Ihre Stimme schien auch unsere Ohren mit Fäusten zu traktieren.

Fabrizio fand irgendwie die Kraft, vom Bett herunterzurollen und dieser besessenen Furie aufzumachen, warf sich aber sofort wieder auf seine Matratze. Der Pitbull stürmte mit Wucht ins Zimmer und pflanzte sich auf ihren stämmigen gespreizten Beinen vor uns auf. Ohne die Tür, an der sie ihren Groll auslassen konnte, war sie für einen Moment unentschieden, was sie tun sollte, aber nur für einen Moment. Dann stürzte sie sich auf Bettdecken und Laken, zog sie von den Betten und gab vor, das Zimmer schnellstmöglich wieder herrichten zu müssen. Aber waren wir nicht die einzigen Hotelgäste gewesen? Wir hatten nicht den Eindruck gehabt, als stünden die Kunden Schlange nach einem frei werdenden Hotelzimmer.

Sie hatte gesiegt. In Unterhosen, schlaftrunken und schwankend packten wir unsere Rucksäcke mit den zusammengerollten Klamotten und versuchten, dem Pitbull aus dem Weg zu gehen, die so tat, als hätte sie im Zimmer zu tun. Wir beschlossen, sofort nach Samara aufzubrechen, selbst mit defekten Bremsen.

Es war der erste Mai und Ostern. Durch einen merkwürdigen Zufall fiel das christlich-orthodoxe Fest mit dem Tag zusammen, an dem seit Jahrzehnten einer der wichtigsten Festtage des sowjetischen Sozialismus gefeiert wird. An jeder Ecke, in jedem Winkel standen Polizisten in leuchtfarbenen Westen, die jedes motorisierte Wesen anhielten. Fast alle Geschäfte waren geschlossen, für einen Sonntag ungewöhnlich, denn er ist in Russland ein Tag wie jeder andere für Ladeninhaber und Handwerker. Sie können nicht auf einen Tagesverdienst verzichten. Aber dieser heilige Festtag ist zu bedeutungsvoll, als dass man an ihm arbeiten würde.

Wir kurvten ausgiebig durch die Stadt und suchten die Bundesstraße 228 nach Syzran. Keine einzige Polizeistreife ließ uns vorbei, ohne uns für eine flüchtige Kontrolle der Papiere anzuhalten; in Wirklichkeit nur ein billiger und unschuldiger Vorwand für ihr Interesse an Cinquino. Ein Beweis dafür war die Tatsache, dass man uns innerhalb von ein paar Stunden an die zehnmal kontrolliert hatte, ohne dass ein einziger Beamter uns nach dem internationalen Führerschein gefragt hatte, der für Russland immerhin obligatorisch ist. Wir tasteten uns weiter vorwärts ohne jegliche Beschilderung, irregeleitet durch ebenso bereitwillig erteilte wie voneinander abweichende Informationen, und kamen etliche Male an denselben Straßensperren vorbei. Es dauerte ein paar Stunden, bis wir ungefähr die richtige Richtung gefunden hatten: wenige kurvenreiche Kilometer, stotternd zwischen einem erzwungenen Halt und dem nächsten, mit Bremsen, die kaum noch funktionierten.

Als wir endlich die Straße gefunden hatten, die aus der verwirrenden Peripherie von Saratow hinausführte, waren wir nicht einmal 20 Kilometer gefahren, und das Bremspedal fiel komplett durch. Es zeigte nicht mehr die geringste Wirkung. Wir hatten bei unserem Herumirren in der Stadt nach einer geöffneten Werkstatt gesucht, doch welcher Mechaniker wollte schon an Ostern arbeiten? In diesem Zustand aber konnten wir nicht mehr weiterfahren, wir hielten eine Geschwindigkeit von 20 Stundenkilometern und benutzten die Handbremse, aber auf der Bundesstraße hätten wir so keinesfalls weitermachen können. Was wäre passiert, wenn wir einen der üblichen GAZ mit schadhaften Bremslichtern vor uns gehabt hätten oder wenn uns ein Kamas, so ein russisches Ungetüm mit Sechsradantrieb, den Weg abgeschnitten hätte. Und wenn wir in das *Gostiniza Evropa* zurückgekehrt wären? Besser Auge in Auge mit einem Kamas, als in Pitbulls finstere Miene zu blicken?

Da half kein Trödeln mehr, wir mussten zurück ins Hotel und abwarten, bis das Fest, inklusive Ostermontag, vorbei war, und dann Cinquino zu einem Mechaniker bringen. Schon der Weg zurück bis in die Stadt ohne Bremsen war eine Qual ...

Bei einer Geschwindigkeit, bei der sich die faule Tachonadel nicht mal einen Hauch anhob, fragten wir uns, wo eigentlich die vielen Deutschen waren, von denen im Reiseführer die Rede war. Die hielten sich doch nicht auch alle an das orthodoxe Osterfest? Hatte nicht wenigstens einer von ihnen eine Autowerkstatt aufgemacht? Aber das waren alles nur Wunschvorstellungen, ein Streiten um des Kaisers Bart. Unser Problem war sehr real und handfest und würde uns wahrscheinlich zwei wertvolle Tage unseres Reiseplans kosten – im günstigsten Falle.

Die Straße war übersät mit Schlaglöchern, als wäre ein Bombenteppich dort niedergegangen, doch während wir allmählich zu den äußersten Randgebieten der Stadt vordrangen, fiel sie uns plötzlich

Ein seltsames Gasthaus in der Ukraine

Das Goldene
Tor in Kiew

Ansicht von Chabarowsk

Lenin zwischen
den Karussells
von Charkiw
in der Ukraine

Einfahrt nach Kiew

Irgendwo auf dem Land zwischen Ulan-Ude und Tschita

Kurz bevor man uns für Spione hält

Die kasachische Steppe

Letzter Schultag
in Nowosibirsk

Tanken in Russland

Gedenkstätte *Rodina Mat* in Wolgograd

In den Karpaten der Ukraine

Noch ein Kriegerdenkmal bei Wolgograd

ins Auge: eine offene Werkstatt! Warum war sie uns vorher nicht aufgefallen? Und warum hatte sie nicht geschlossen? Schnurstracks steuerten wir in die Einfahrt und brachten Unruhe in das Grüppchen von Männern, das dort herumhing. Wir stürzten uns auf sie, um ihnen unser Problem zu schildern. Ihre Gesichter waren bei genauer Betrachtung sehr ähnlich: dunkle Haut, schwarze Bärte, pechschwarze Augen und ein extrem falsches Goldzahnlächeln. Sie waren Türken und hatten daher an Ostern geöffnet.

In ihren Blaumännern und mit ihren ölverschmierten Händen waren sie ein Geschenk des Himmels. Sage noch mal einer, es gäbe nur einen Gott!

Der Chef, ein spritziges Nervenbündel mit Hakennase, nahm die Zügel in die Hand; er rief seinen Leuten Kommandos zu wie der Kapitän eines heruntergekommenen Segelschiffes seiner Mannschaft, jeder auf seinem Posten. Er ließ sich das Werkzeug reichen (eine halbe abgeschnittene Plastikflasche und ein Gummiröhrchen), hantierte hinter Cinquinos Rädern herum, und innerhalb von einer Stunde und für 300 Rubel übergab er uns unseren 500er, als hätten dessen Bremsen nie gestreikt.

Mittag war schon lange vorbei, und wir fühlten uns, die wenigen Stunden Schlaf noch in den Knochen, nicht mehr in der Lage, nach Samara weiterzufahren. Obwohl Cinquino wieder wie eine Eins funktionierte, versuchten wir, eine weitere Nacht in Saratow zu verbringen.

In Anbetracht des Festtages wäre es ungehörig gewesen, mit leeren Händen im Hotel *Evropa* anzukommen. Also kauften wir einige *kulitsch,* die typischen Ostersüßigkeiten mit Zuckerguss und Pralinen, und inszenierten einen theatralischen Auftritt auf der Gusseisentreppe des Hotels. Die drei Megären (Irina, der Pitbull und das Zimmermädchen der anderen Etage) waren gerade auf dem Höhepunkt des geselligen Beisammenseins an einem Tisch versammelt, auf dem sich Überbleibsel von Gurken, Fettreste, ein Haufen Krümel und einige leere Flaschen türmten. Das Tischtuch bot mit seinem ausgeprägten Durcheinander und der alkoholisierten Gleichgültigkeit der Tischgenossinnen ein Abbild des zeitgenössischen Russland.

Sie empfingen uns mit solcher Freundlichkeit, dass wir die Geschichte, die wir uns zu unserer Entschuldigung überlegt hatten, gar nicht erst vorbringen mussten. Unsere *kulitsch* nahmen sie an, zogen aus dem Chaos auf dem Tisch zwei schmutzige Gläser hervor und gossen sie mit Wodka voll. Wir ließen die Gläser klingen, und die drei Megären spornten uns an, auf Ex zu trinken, genau wie sie. Und von hier bis zu dem Moment, in dem wir den Zimmerschlüssel in Händen hielten, war es nur noch ein kleiner Schritt. Unglaublich, was diese farblose Flüssigkeit hier für Wunder vollbringt.

Woda ist das russische Wort für Wasser, und »Wodka« klingt wie seine Verkleinerung, also Wässerchen. Solch ein unschuldiger Kosename eignet sich gut, um das größte soziale Übel dieses Landes herunterzuspielen. Selbst wenn man die erschreckenden Zahlen der Statistiken über die Toten, die verlassenen Minderjährigen und die durch Trunkenheit verursachten Unfälle außer Acht lässt, die verhängnisvolle Auswirkung dieser Plage auf das Leben aller Russen ist dennoch für alle deutlich sichtbar. Der Wodka ist billig und überall zu haben. Es gibt Lebensmittelläden, die rund um die Uhr geöffnet haben, dort kann man ihn kaufen, und immer stehen am Tresen die Leute Schlange. Im *magazin,* wo es nur eine einzige Sorte graues und raues Toilettenpapier gibt und man nur Wasser ohne Kohlensäure in Flaschen kaufen kann (Wozu Wasser ohne Sprudel kaufen? Es kommt doch so aus dem Hahn!), steht ein ganzes Regal voller Wodkaflaschen, angefangen bei 15 Rubel. Die Penner, die sich das nicht leisten können, kaufen an den Kiosken Fläschchen mit Kölnisch Wasser. Das ist noch billiger, richtet aber noch größeren Schaden an.

Im Wodka findet alles seine Daseinsberechtigung und seinen Sinn. Man trinkt ihn, bevor man sich an den Tisch setzt, während Mittag- oder Abendessen, bei jeder Gelegenheit, um mit jemandem anzustoßen, vor allem jeden Abend. In einem Land, in dem man Bier in Zwei-Liter-Plastikflaschen verkauft, verdient es nur der Wodka, Alkohol genannt zu werden. Er wird einem ständig und bei jeder Gelegenheit angeboten; ablehnen ist zwecklos. *Tschut tschut!* Wenig, wenig! Und dann füllen sie dir ein Wasserglas bis zum Rand, trinken ihres in einem Zug aus und drängen dich, es ihnen nachzumachen. Du willst es schnell hinter dich bringen und begreifst genau in dem Moment, dass das ein Fehler war, weil sie dir sofort dein Glas wieder auffüllen. Es gibt kein Entrinnen: Wenn du nicht trinkst, wirst du sie nicht los, und wenn du trinkst, füllen sie beständig dein Glas auf, und alles geht von vorne los. Schiebst du eine Migräne vor, dann wird ihr Wodka einer von der guten Sorte sein, keiner, der Kopfschmerzen macht; klagst du über Bauchschmerzen, wird ihr Wodka dein Heilmittel sein. Wenn du behauptest, Abstinenzler zu sein, schenken sie dir einen Blick, als wollten sie sagen: »Mir machst du doch nichts vor!« Und wieder füllen sie das verdammte Glas, *tschut tschut!* Die Flasche wird geleert, ohne Wenn und Aber, und wenn nötig, macht man gleich die nächste auf und leert auch die wieder bis auf den letzten Tropfen. Man genießt nicht, trinkt nicht in kleinen Schlucken, nein, man schüttet alles hinunter und wartet darauf, dass die Glut die Eingeweide verbrennt und den Kopf benebelt, Glas für Glas.

Wir hatten uns eingebildet, dass wir mit ein paar wodkagetränkten *kulitsch* den Pitbull bis zum nächsten Morgen bei Laune halten könnten. Von wegen! Nach dem üblichen Prozedere hatten wir innerhalb einer halben Stunde unsere ganze Habe unten auf dem

Bürgersteig. Es war Ostermontag, und es blieb uns nur der Aufbruch nach Samara.

Zwischen zwei Kontinenten

»Weißt du, warum der Shiguli serienmäßig eine heizbare Heckscheibe hat?«, fragt einer. »Damit man beim Anschieben nicht an den Händen friert!«

Der Lada Shiguli, der im Westen unter dem Namen VAZ bekannt ist, ist nichts anderes als ein Fiat 124. Er wurde (und wird noch) hier in der Nähe gebaut, in dem ungeheuren Fabrikgelände von Toljatti. Der Industriekomplex wurde 1966 auf Beschluss des Ministerrats der UdSSR gebaut und ist eines der größten je realisierten Projekte der Sowjetunion. Er hat kolossale Ausmaße, mit Montagestraßen von insgesamt mehr als 270 Kilometer, und beschäftigt heute noch 180 000 Menschen. Schon während des Baus der Fabrik wurde die Produktion aufgenommen, und in den goldenen Jahren lief dort alle 22 Sekunden ein Auto vom Band.

Die eigentliche Produktion begann 1970 mit dem Shiguli.

Um den schlechten Straßenverhältnissen zu widerstehen, wurde der sowjetische Fiat 124 mit höheren Aufhängungen ausgestattet, außerdem verwendete man für seine Karosserie dickere und robustere Bleche. Die ersten Modelle waren sogar mit einer Anlasserkurbel zum Handstart versehen für den (nicht seltenen) Fall, dass das sibirische Klima die Batterie lahmlegte.

Der Bau dieser Anlage war ein ausgesprochener Erfolg für die italienische Industrie, die damit gleichzeitig die französische Konkurrenz von Citroën aus dem Felde schlug. Es ist nicht auszuschließen, dass für das Gelingen auch die engen Beziehungen der Sowjets mit einigen italienischen Politikern verantwortlich waren. Der Standort für die Fabrik wurde einige Kilometer von Stawropol gewählt. Die

Stadt war zerstört worden, als die Wolga wegen des Kuibyschewer Staudamms über die Ufer getreten war. Um die Fabrik herum wurde die Stadt völlig neu aufgebaut, und man gab ihr den Namen Toljatti, zu Ehren von Palmiro Togliatti, dem italienischen Generalsekretär der zu jener Zeit größten nicht regierenden kommunistischen Partei in Europa, des Partito Comunista Italiano.

Der Shiguli hat den *homo sowjeticus* motorisiert. Wer einen haben wollte, musste aber trotz der imponierenden Produktionszahlen einige Jahre darauf warten. Die technische Qualität des Produktes war ohnehin nicht auf dem höchsten Stand, veraltete im Laufe der Jahrzehnte zudem rapide, etwa mit der gleichen Geschwindigkeit, wie die Zahl der Witze über das Gefährt anstieg: »Weißt du, wie du den Wert deines Shiguli verdoppeln kannst?« – »Wie denn?« – »Du brauchst ihn nur vollzutanken!«

Die Sonne stand noch hoch am Himmel, als wir zu vorgerückter Stunde durch die verrußte Vorstadt von Toljatti fuhren. Vollgestopft mit Autos, wirkte sie noch heruntergekommener und unordentlicher, als sie tatsächlich war. Die lange Brücke über die Wolga direkt am Eingang der Stadt war wegen einer Baustelle halbseitig gesperrt, und man kam auf nur einer Spur sehr langsam voran. Ein Haufen brüllender und wild gestikulierender Polizisten dirigierte den Verkehr. Alle 100 Meter hielten sie uns an.

Toljatti war eigentlich nur eine Durchgangsstation auf dem Weg nach Samara, wo wir übernachten wollten. Aber der Weg dorthin gestaltete sich dornig. Die Bundesstraße 228 hatte sich trotz der hochtrabenden Bezeichnung als eine schmale Asphaltdecke erwiesen, die unter dem Verkehr der Kamas zerbröselte und die wohlvertrauten Risse bildete. Etwa 100 Kilometer nach Saratow hatten die Bremsen, die uns der Türke repariert hatte, schon wieder gestreikt und wenig später – wir waren ein kurzes Stück auf einer anscheinend eben erst fertig gestellten Autobahn gefahren – befanden wir uns plötzlich auf einem Stück Straße, das sich im Nichts der Felder verlor. Dafür, dass wir uns eine Etappe von 500 Kilometern vorgenommen hatten, war das wirklich zu viel.

Wir hatten die Nacht in einem Motel in der Umgebung von Syzran verbracht. Die Bezeichnung Motel ist vielleicht etwas hoch gegriffen, es handelte sich um einen Gasthof, den ein unternehmungslustiger Usbeke aufgezogen hatte, ein großer Kerl mit dichtem grauem Haar und orientalischen Augen. Daneben hatte er so etwas wie zwei Bungalows mit Blechdach und auf Holzbrettern ausgebreiteten Matratzen hingestellt. Rustikal, aber für uns genau am richtigen Ort.

Nilufar, so hieß der Usbeke, hatte uns mit einem strahlenden Lächeln in seiner unternehmerischen Kreation aufgenommen. Er führte uns zuerst durch das Gasthaus, in dem seine beiden Töchter bedienten, und zeigte uns voller Stolz die Baracke, in der wir schlafen sollten: »Damit habe ich das gebaut«, sagte er und streckte uns seine Handflächen entgegen. Er war ein tüchtiger Geschäftsmann und wir viel zu müde: für 400 Rubel überließ er uns die Hütte, der Parkplatz für Cinquino kostete 100 Rubel, und für das Abendessen berechnete er weitere 200 Rubel – alles gegen Vorkasse und ohne Rabatt.

Am nächsten Morgen hatte sich das Problem mit den Bremsen ebenso wenig verflüchtigt wie unsere Müdigkeit. Wir suchten einen Mechaniker in einigen Kilometern Entfernung auf, den uns Nilufar empfohlen hatte, aber der schüttelte nur den Kopf und gab zu, er wüsste überhaupt nicht, wo er anfangen sollte. In Syzran hatten wir mehrere Werkstätten gefunden, die Ladas in Serie auseinander- und wieder zusammenbauten, aber es war nichts zu machen: Der eine hatte keine so schmale Hebebühne für einen Fiat 500, ein anderer war zu sehr damit beschäftigt, Backgammon (man nennt es hier *nard*) mit einem Jungen aus der Werkstatt zu spielen, und wieder ein anderer hatte uns geraten, uns an einen Spezialisten zu wenden. Ein Spezialist für einen Fiat 500? Hier?!

Das war ziemlich paradox, vor allem weil wir nur einen Steinwurf von der weltgrößten Fabrik für Fiats – vom gleichen Typ wie unser Cinquino – entfernt waren und nicht einen Mechaniker auftreiben konnten, der sich mit den Teilen auskannte.

Uns quälte die Vorstellung, schon so früh aufgeben zu müssen, noch dazu wegen eines höchstwahrscheinlich durch eigene Unvorsichtigkeit verschuldeten Schadens. Der Moment war gekommen, an dem wir unsere vorhergegangenen ungeschickten Reparaturversuche wettmachen und beweisen mussten, dass wir im Ernstfall wussten, wo wir Hand anzulegen hätten; in Saratow hatten wir uns einen anständigen Schraubenschlüssel für die Räder gekauft.

Unvermittelt fiel uns ein, dass wir das Reparaturhandbuch für unseren Fiat 500 dabeihatten (wir hatten es von einer französischen Internetseite heruntergeladen). Beim Lesen entdeckten wir dann, dass der Bremskreislauf, wenn er völlig entleert und neu befüllt wurde, entlüftet werden muss, »wie in Abbildung A und B«. Da hätten wir auch schon vor drei Tagen drauf kommen können!

Im Grunde handelte es sich um genau die gleiche Operation, die der Türke an einem Hinterrad vorgenommen hatte, nur musste man das an allen vier Rädern tun. Wir standen auf dem Vorplatz einer Tankstelle, bastelten mit der Beschreibung in der Hand da und dort herum und stellten fest ... es funktionierte: Das Pedal hatte wieder Festigkeit, und Cinquino bremste wieder!

Und nun waren wir also eingekeilt auf der Brücke nach Toljatti, glücklich, dass wir die Fahrt mit unserem vor Gesundheit strotzenden Cinquino wieder hatten aufnehmen können. Die Stadtgrenze war mit der üblichen monumentalen Zementtafel markiert, mit Buchstaben von mindestens eineinhalb Metern Höhe, darüber prangten Hammer und Sichel. Wir entschlüpften schnell dem fürchterlichen Gewühl und steuerten direkt die M5 nach Samara an. Die *awtomagistral,* die Autobahn, verlief entlang einer der am dichtesten besiedelten Gegenden von ganz Russland und führte mitten durch alle Ortszentren. Das bedeutete zweierlei: Systematisch wurden wir an jeder Absperrung von der Straßenpolizei angehalten, vor und nach jeder Stadt, und wir verloren kostbare Zeit durch die unzähligen Runden auf dem vielen Kreisverkehr, wo die Beschilderung widersprüchliche und irreführende Hinweise gab.

Es wurde dunkel. An einer Tankstelle belagerten uns einige betrunkene Jugendliche. Sie waren nicht feindselig, aber wir hatten noch das Beispiel des Geldwechslers nach der Grenze im Kopf. Einer von ihnen zog aus dem Kofferraum seines Wagens einen Baseballschläger heraus ... er nuschelte etwas, das wir nicht verstanden. Sie wollten alle abwechselnd einmal im 500er sitzen, wir amüsierten uns und gaben ihrem Wunsch nach. Aber dann wollten sie uns nicht mehr fortlassen – wir müssten unbedingt mit ihnen etwas trinken gehen ... Jedesmal, wenn wir ablehnten, wurden sie wütend. Es gelang uns nicht, einzusteigen, und selbst wenn, wohin hätten wir uns mit Cinquino vor ihren Autos flüchten können? Eine halbe Stunde verbrachten wir damit, den nüchternsten der Gruppe zur Vernunft zu bringen, was die Gemüter beruhigte, aber von Wegkommen war noch keine Rede. Der mit dem Baseballschläger schwang diesen ab und zu vergnügt. Als ein anderes Auto mit Mädchen ankam, nutzten wir die Ablenkung der Gruppe, sprangen ins Auto und machten uns davon. Ein paar Faustschläge gegen die Fenster und Fußtritte gegen die Rücklichter prasselten auf Cinquino nieder, aber sie verfolgten uns nicht. Zum Glück! Erst nach vielen Kilometern, als es ziemlich unwahrscheinlich war, dass sie noch nach uns suchen würden, fühlten wir uns wieder sicher.

In Samara logierten wir in der billigeren Dependance des *Gostiniza Shiguli* (klingt wie der Name des hässlichen Vetters von Frankenstein): Der Eingang lag in einem separaten Gebäude, die Zimmer im ersten Stock waren an kleine Gewerbetreibende vermietet – Friseur, Schuster, Elektriker – ein raubeiniges Zimmermädchen und ein Fernseher mit Handbetrieb erwarteten uns. Das war es, was wir suchten.

Wir hatten wegen der Geschichte mit den Bremsen unnütz viel Zeit verloren, und die Gültigkeitsfrist des kirgisischen Visums saß uns im Nacken, also brachen wir am Morgen praktisch sofort auf, und nahmen uns gerade noch die Zeit, an der Hauptpost einen Luftpostbrief an meine Freundin aufzugeben. Das nächste Ziel war Ufa.

Von Samara aus wandten wir uns wieder nach Osten und kamen in das Gebiet des Ural. Die Bergkette, die diese Bezeichnung nur in ihrem südlicheren Teil verdient und hier kaum mehr als eine sanfte Folge von Höhenzügen ist, markiert traditionell die Grenze zwischen Europa und Asien. Ich habe mich immer gefragt, was diese Teilung für einen Sinn hat. Bei Kilometer 1777 der Transsibirischen Eisenbahn markiert ein kleiner Obelisk den Übergang von einem Kontinent zum anderen; aber der Zug fährt immer noch weiter durch Russland, noch mindestens 7000 Kilometer, und es wird auch immer noch Russisch gesprochen, und russisch ist auch die Mehrzahl der Gesichter, denen man begegnet. Man sieht auch weiterhin das Fernsehen aus Moskau, isst *borschtsch* und *pelmeni,* hört russische Musik und betet zu einem christlichen Gott. Nur wenige Kilometer weiter im Süden würde man auf breitere Gesichter mit Mandelaugen treffen, unbekannte Sprachen hören und auf die merkwürdigsten Schriftzeichen stoßen.

Und doch ist an dieser Grenze etwas Wahres dran. Wir ließen langsam die städtischen Ballungsgebiete hinter uns, von denen eines dem anderen entlang der Straße folgt (genau wie überall in Europa); die geschlossenen Ortschaften lichteten sich, und die Natur begann die Hauptrolle im Panorama zu übernehmen. Die Landschaft weitete sich, begrenzt von einem fast geradlinigen Horizont. Ihre Eintönigkeit wurde nur ab und zu von einem Betonschild unterbrochen, das den Beginn einer neuen Provinz oder Region ankündigte, wie das, welches uns anzeigte, dass wir gerade nach Tatarstan einreisten. Wir schauten es uns auf der Karte genau an und stellten fest, dass es sich dabei nur um eine schmale südliche Landzunge der Selbständigen Tatarenrepublik handelte. Nach ein paar Kilometern kündigte dann schon ein Schild Baschkortostan an.

Plötzlich eine Absperrung, nicht ein normaler Posten der Straßenpolizei, wie es Hunderte dort gibt, sondern eine regelrechte Grenze: bewaffnete Garden in schusssicheren Westen, Absperrgitter, Kameras, Passkontrolle und Registrierung, eine andere Fahne wehte auf dem Wachhäuschen.

Uns erstaunte, wie Cinquino den Ural hinaufkletterte. Wir hatten wirklich das Gefühl, in ein anderes Land einzureisen, und das Prozedere erinnerte stark an eine Zollkontrolle. Die Beamten wollten den Inhalt der Blechkiste überprüfen – ihr Aussehen weckte das Interesse jedes Zöllners –, aber wir meinten, das sei unnötig, es wären nur Ersatzteile drin. Dann verlangten sie, dass wir den Kofferraum öffneten, und zeigten dabei auf das Heck. Als sie darin den kleinen Zweizylindermotor sahen, brachen sie in Gelächter aus. Die Anspannung löste sich, und mit Lächeln und Händeschütteln wurden wir verabschiedet. Nicht einen Rubel hatten sie von uns verlangt.

Baschkortostan, oder Baschkirien, ist eine selbständige Republik und Teil der Russischen Föderation. Hier, wie in Tatarstan, bilden die Russen nur eine kleine (aber bemerkenswerte) Minderheit, während der Großteil der Bevölkerung aus Nachfahren der Ethnien zusammengesetzt ist, die dieses Land vor der Ankunft der Russen bewohnten. Es ist ein regelrechtes Stammesmosaik: Außer Tataren und Baschkiren gibt es dort die Tschuwaschen, die Koriaken, die Mordwinen sowie 60 weitere Volksgruppen.

Zugegeben, Fabrizio und ich hatten wenig Ahnung: Wir befanden uns in Russland, hatten aber offensichtlich eine Landesgrenze überschritten; wir reisten gerade offiziell nach Asien ein, aber die Luft schmeckte noch nach Europa. Wir wussten, dass die Baschkiren eine türkische Rasse und muslimischen Glaubens sind, aber mehr auch nicht.

Der polnische Autor Ryszard Kapuscinski, der 1991 dort durchkam, hatte in seinem Buch »Imperium – Sowjetische Streifzüge« ein besorgniserregendes Bild gezeichnet. Er verglich die russische Einheit mit der Oberfläche eines Sees, unter der ein Vulkan der Unabhängigkeitsbestrebungen schlummert, bereit zum Ausbruch. Er sagte damit nach dem Zerfall der UdSSR auch das Auseinanderbrechen der Russischen Föderation voraus. Eine katastrophale Hypothese, die auch von anderen Autoren geteilt wurde. Das einzige verbindende Element, das sie in der sowjetischen Abschottung sahen, war das Gemisch der Rassen, die die UdSSR bevölkerten. Und diese Mixtur war bereit, auseinanderzufallen am Tag nach dem Zusammenbruch der Sowjetunion, ähnlich wie es in Jugoslawien geschehen ist.

Wie sah die Situation nun gut eineinhalb Jahrzehnte danach aus? Die Sache machte uns neugierig, und jetzt, da Cinquino uns direkt in die baschkirische Hauptstadt, Ufa, brachte, wollten wir uns ein eigenes Bild davon machen.

»Setzt euch doch, trinkt! Hier, probiert mal diese Tomaten, die habe ich eingemacht ... Soll ich euch was Warmes machen? Es ist auch Salat da. Nur zu, Wodka ist auch noch da!« Viktor sprach mit gedämpfter Stimme, um seine Frau und seine Tochter nicht aufzuwecken, die im Nebenraum schliefen, aber mit Nachdruck. Er konnte nicht stillstehen, lief zwischen der Küche und dem Wohnraum hin und her und füllte den gläsernen Couchtisch vor dem Sofa mit allem, was er um zwei Uhr morgens auftreiben konnte. Ruslan saß uns gegenüber und rauchte.

Wir hatten die beiden erst vor ein paar Stunden kennengelernt, einfach so, als wir sie auf der Straße um eine Auskunft baten. Wir waren in Ufa angekommen, und es war mitten in der Nacht, auch weil wir wegen des Wechsels der Zeitzone unsere Uhren um zwei Stunden vorstellen mussten. Die beiden hatten uns sofort zum Hotel begleitet, für uns verhandelt, uns geholfen, Cinquino auf einem bewachten Parkplatz abzustellen, und uns dann auf ein gemeinsames Bier und einen Plausch zu Viktor nach Hause eingeladen.

Viktor war 22 Jahre alt, bedächtig und hatte lebhafte Augen; er studierte an der Luftfahrtakademie in Ufa.

Ruslan war Baschkire, hatte ein breites Gesicht, hervortretende Wangenknochen und orientalische Augen.

Die beiden waren der Inbegriff von Gastfreundlichkeit.

»Zwischen Russen und Baschkiren gibt es große Unterschiede. Auch zu den Tataren. Wir sind doch verschiedene Völker?« Ruslan wollte unsere Neugier mit wenigen Worten befriedigen.

»Schon, aber letztlich sind wir Bürger von Baschkirien und von Russland«, erläuterte Viktor.

»Zum Beispiel die Sprache ... Du merkst an der Sprache sofort, dass es zwei unterschiedliche Dinge sind ... zum Beispiel ›Danke‹: Auf Russisch sagt man *spasiba,* auf Baschkirisch *rachmet.* Siehst du, es ist völlig anders«, fuhr Ruslan fort.

»Stimmt, die Sprachen sind sehr verschieden, auch das Tatarische ... Aber wer spricht heute denn noch Baschkirisch? Wir alle sprechen Russisch, haben die gleichen Gewohnheiten, besuchen dieselbe Universität ...«

Scheinbar wollten die beiden, in aller Gelassenheit, zwei gegensätzliche Vorstellungen unter einen Hut bringen. Zwischen einer eingelegten Tomate und einem Glas Wodka begriffen Fabrizio und ich allmählich, dass dem, was wir gelesen hatten, zum Trotz beide die gleiche Sache vertraten, dass nämlich die mehr als drei Jahrhunderte dauernde Russifizierung einen starken Einfluss auf die eingeborene Bevölkerung ausgeübt hatte, der sich in allen Aspekten des Zusammenlebens widerspiegelte. Die russische Präsenz wurde in den Gebieten nicht als fremd wahrgenommen, und die baschkirische und tatarische Mehrheit schien von den Russen auch nicht als ein die nationale Einheit spaltendes Element betrachtet worden zu sein. Anscheinend hatte sich die entschiedene ethnische und kulturelle Identität, die man deutlich spürte, (noch?) nicht zu einer spaltenden Kraft entwickelt und auch nicht zu einer Diskriminierung geführt, wie wir es in anderen Ländern der ehemaligen UdSSR hatten erleben müssen.

»Aber sicher, unsere Freunde sind Russen, Baschkiren, Tataren, Armenier ... Wir sind alle hier geboren, auch unsere Eltern ... Baschkirien ist Russland, aber trotzdem eine selbständige Republik.«

Viktor forderte uns auf, den Russischen Salat – hier nennt man ihn Hausmachersalat – vom Mittag aufzuessen. Er wollte auch unbedingt, dass wir das Glas mit den eingelegten Tomaten ins Hotel mitnahmen und keinen Tropfen Wodka übrig ließen. Er selbst trank wenig, weniger als Ruslan. Mit großer Mühe, gelang es uns, gegen drei Uhr morgens fortzukommen, mit dem festen Versprechen, uns am nächsten Tag wieder zu treffen, nachdem sie sich ihrer Verpflichtungen in Akademie und Universität entledigt hätten. Sie bestanden darauf, uns zu Fuß zum Hotel zu begleiten, das nur zwei Häuserblocks entfernt war: »Nachts ist es sehr gefährlich! Da treiben sich jede Menge Banditen herum!« Im Treppenhaus des bescheidenen Wohnhauses mussten wir über einen Penner steigen, der sich mit einer Flasche im Arm auf einen Treppenabsatz hingekauert hatte. Viktor schimpfte ruhig, aber mit Nachdruck mit ihm, so dass er mit uns auf die Straße hinaustorkelte.

Die Nacht war hell und die Luft angenehm frisch. Die Hauptstraße von Ufa lag verlassen da, nur wir vier waren unterwegs und der Penner, der sich draußen vor den Hauseingang hockte. Viktor und Ruslan verließen uns in der Hotelhalle erst, nachdem sie uns zum hundertsten Male das Versprechen abgenommen hatten, dass wir sie am nächsten Nachmittag anriefen. Dann machten sie sich auf dem breiten Bürgersteig auf den Heimweg.

Ufa ist eine geordnete Stadt mit breiten, geometrischen Prachtstraßen, dennoch wirkt sie eintönig und unpersönlich. Diesseits der Brücke, die über den gleichnamigen Fluss führt, entwickelt sich das Zentrum, modern und gleichmäßig; auf der anderen Seite erhebt sich die Vorstadt mit ihren vielen Holzhäusern mit Giebeldächern vor den Umrissen der großen petrochemischen Industrieanlagen. Am linken Flussufer liegen die Paläste der Macht: der Sitz der örtlichen Duma, die baschkirische Regierung, die Ministerien. An allen öffentlichen Gebäuden sind zweisprachige Schilder angebracht, Baschkirisch und Russisch.

Den Vormittag hatten wir faul im Bett vertrödelt, jetzt suchten wir einen Internetanschluss, um zu sehen, ob es Nachrichten aus dem Hause Fiat gäbe: Das letzte Mal hatten wir ihnen geschrieben, um etwas aus China zu erfahren, falls wir die Verabredung an der Grenze verpasst hätten, und nun warteten wir auf Antwort. Mehr als einer von denen, die wir fragten, schickte uns in das nagelneue Handelszentrum, das uns schon Viktor und Ruslan stolz genannt hatten, mit dem beschwörenden Namen »Hof der Gäste«. Wir fanden dort keinen Internetanschluss, aber der Besuch des Zentrums war dennoch interessant: Es gab dort so gut wie alles, und das kostete sehr viel mehr als in den anderen Geschäften auf den Straßen. Alltägliche Konsumgüter stiegen hier in den Rang von Luxuswaren auf, wurden in mit Spiegeln und Messing reich geschmückten Vitrinen zwischen einer Plastikpflanze und dem Preisschild ausgestellt. Eigentlich war es nicht viel anders als auf jedem x-beliebigen Markt, wo man die gleichen westlichen Produkte von den *babuschkas* angeboten bekommt. Es war alles nur ein wenig durcheinander, und es gab keine Rolltreppen.

Am Ausgang des »Hofs«, auf einem weiten Platz voller Kioske, an denen am Abend *schaschlik* gebraten wurde, begrüßte uns ein riesiges Plakat. Mortasa Rachimow, der baschkirische Präsident, schüttelte darauf mit strahlendem Lächeln die Hand von Wladimir Putin. Er hatte allen Grund zum Lächeln! Mortaza Ghöbäydulla uly Räximev, so lautet sein exakter Name auf Baschkirisch, ist seit mindestens 20 Jahren unangefochten an der Macht: erst als Chef des obersten Sowjets von Baschkirien, nach dem Zusammenbruch der UdSSR dann als mit einem DDR-mäßigen Ergebnis gewählter Präsident. 2003 wurde er für seine dritte Amtszeit wiedergewählt, in einem von Betrug und Einschüchterungen triefenden Wahlklima, wie die OSZE (die Organisation für Sicherheit und Zusammenarbeit in Europa) anprangerte. Seine Familie und die Clans, die ihn unterstützen, kontrollieren praktisch die gesamte vom Erdöl abhängende Industrieproduktion. Tröstlich ist da nur, dass er eine empfindsame Seele hat: Auf der offiziellen Internetseite der baschkirischen Regierung erfuhr ich, dass Rachimow Musik und Literatur liebt und aktiv verschiedene Sportarten betreibt.

Die Frage nach Autonomie und ethnischer Identität dient wieder einmal nur als Alibi, hinter dem sich die einträglichen Geschäfte der Reichen verbergen, ein Alibi, mit dem man wohldosiert die Stimmung der Bevölkerung besänftigen oder aufheizen kann, je nachdem wie der Wind steht. Und solange die Lage der Zustände einem kleinen Kreis von Oligarchen an der Macht in den Kram passt, wird sich keine der düsteren Prophezeiungen von Kapuscinski erfüllen.

In der Zwischenzeit lebt die Stadt, die aus Leuten wie Viktor und Ruslan besteht und keine Machtbestrebungen verfolgt, weiter wie bisher, ohne allzu großes Gewicht auf den Schnitt der Augen oder die Art, »Danke« zu sagen, zu legen.

Am Abend kam Viktor und holte uns vom Hotel ab. In seinem extrem klapprigen bordeauxroten Lada saß auch Artëm, ein neunjähriger Junge. Er war Hockeyspieler in der Jugendmannschaft von Ufa, Fan von AC Mailand und wild darauf, unseren Cinquino zu sehen, von dem ihm Viktor schon so viel erzählt hatte.

Wir gingen zum Parkplatz. Während Artëm im Fiat 500 herumguckte, hakte Viktor mich und Fabrizio unter und sagte: »Freunde, vor zwei Tagen ist die Mutter von Artëm gestorben. Entschuldigt, wenn ich euch Umstände gemacht habe, aber ich wollte dem Jungen ein wenig Ablenkung bieten. Jetzt gehen wir zu Timur, seinem älteren Bruder, um ihm ein bisschen Gesellschaft zu leisten. Ihr kommt doch mit, oder?«

Und so fanden wir uns im Haus von Timur und seiner Frau Olga wieder, zusammen mit Artëm, Viktor, Ruslan, einem Hund, einer Katze und einem weiteren Dutzend Freunde, deren Namen ich mir nie werde merken können, um an der wahrscheinlich seltsamsten Totenwache unseres Lebens teilzunehmen.

In der Dreizimmerwohnung herrschte das totale Chaos. Da es Brauch ist, sich in russischen Häusern an der Haustür die Schuhe auszuziehen, hieß uns am Eingang ein übel riechender Haufen wild übereinandergeworfener Schuhe aller Art willkommen. Wir legten unsere dazu. Hausherr Timur war ein wohlgenährter junger Mann von herzlichem und direktem Wesen. Seine Frau sahen wir den ganzen Abend zwischen dem Gerümpel, das jede Ecke des Hauses ausfüllte, mit einem Lappen in der Hand herumrennen, mit dem sie mal eine Pfütze von Hund oder Katze, mal den Wodka, den ein torkelnder Gast verschüttet hatte, vom Boden aufwischte. In weniger als zehn Minuten waren unsere Socken zum Wegschmeißen versifft. Jede verfügbare Fläche war bedeckt mit schmutzigen Tellern, getrockneten Fischen, Gurkengläsern, öltriefenden *kolbasa*-Würsten, Schweinefett, schmierigen Gläsern, Schachteln mit Kalbsleber-*paschtet* und vor allem Wodkaflaschen. Es waren Dutzende offen, etliche schon leer, manche noch halb voll, und stetig kamen neue hinzu. Es gab keine Möglichkeit, dem Druck standzuhalten, der von allen Seiten kam: Wir mussten trinken, und zwar viel.

Ich weiß nicht, ob dieser bunte Haufen Timur und Artëm ein paar unbeschwerte Stunden schenken konnte, aber der Krach, den sie alle machten, hat uns unheimlich Spaß gemacht.

Natürlich standen wir bei unserem Auftritt sofort im Mittelpunkt des Interesses. Ein dritter Bruder Timurs mit Baritonstimme begann mit theatralischen Gesten Arien zu schmettern, um uns sein Können zu zeigen. Der Dümmste der Gruppe hatte, fast volltrunken, Fabrizio und mich umarmt und ließ nicht zu, dass er uns mit jemand anders teilen musste.

»Wohin fahrt ihr mit dem Auto?«

»Seid ihr verrückt oder was?«

»Was arbeitet ihr?«

»Wie viel verdient ihr?«

»Seid ihr verheiratet?«

»Zahlt euch Fiat diese Reise?«

»Gefällt euch Ufa? Ist doch schön, oder?«

»Sucht ihr euch eine Frau in Russland?«

»Was ist euch denn lieber, eine Russin, eine Tatarin oder eine Baschkirin?«

»Trinkt ihr in Italien auch Wodka?«

»Wie geht dieses schöne italienische Lied ... ›*Besame mucho*‹?«

»Adriano Celentano, lebt der noch? Und der Kommissar Kattani aus ›Allein gegen die Mafia‹? Und der Schnulzensänger Pupo?«

Wir kamen uns vor wie eine Zirkus-Attraktion!

Nachdem wir ein paar Stunden dort waren, hatte die hinuntergekippte Menge Wodka alle etwas gesprächiger gemacht, bis auf den lästigen Betrunkenen, der im Stehen eingeschlafen war und dabei einen großen Bärenkopf umarmte, der irgendwo herausragte. Der Hund hatte die soundsovielte Flasche umgeworfen, während die Katze zwischen den leeren Flaschen auf dem Tischchen balancierte, um an den getrockneten Fischen zu lecken, die später noch gegessen wurden.

Viktor, der nichts trank, schien uns mit Blicken inständig um Entschuldigung zu bitten für dieses Tohuwabohu.

Im Fernsehen lief das Fußballspiel ZSKA Moskau gegen den FC Parma, und es herrschte hemmungslose Begeisterung für die Russen. Sie machten sich über uns lustig, da Parma verlor. Schließlich griff sich Olga noch die Videokamera und filmte uns wie Kuriositäten vom Jahrmarkt, während der Bruder von Timur versuchte, uns die alte Jungfer der Gruppe anzudrehen: »Schaut doch bloß, was die für Titten hat!«

Wir brachten keine zwei sinnvollen Worte mehr zusammen (noch ein Wodka, *tschut tschut!*), und ich glaube wir fingen an, Russisch und Italienisch zu vermischen: »Wenn ihr diese Flasche ganz austrinkt, dann sprecht ihr wirklich wie echte Russen!«

Vom Balkon aus, auf den man zum Rauchen hinausging (die Wohnung war zwar dreckig, das Rauchen darin aber trotzdem strengstens verboten), tanzte vor unseren vom Alkohol wässrigen Augen ein wunderbares Panorama der Stadt, die sich zum Fluss hin neigte. Man konnte auch das Reiterstandbild von Salawat Julajew erkennen, des baschkirischen Helden schlechthin, glaube ich wenigstens. Ich erinnere mich nur dunkel.

Wir verloren jedes Zeitgefühl. Sie füllten uns mit Wodka, *samogon* – der schreckliche Schwarzgebrannte – und mit Gott weiß was noch ab.

Gegen vier Uhr morgens schlief mehr als die Hälfte der Gesellschaft, dort, wo sie Platz gefunden hatte, auch Timur. Viele von ihnen würden den kurzen Rest der Nacht dort verbringen.

Nach einem weiteren Stündchen schafften wir es, uns abzuseilen: Wir mussten am nächsten Tag abreisen, aber Viktor wollte unbedingt, dass wir noch in Ufa blieben, wenigstens bis Sonntag. Dann könnten wir aufs Land fahren, in seine Datscha, und dort in die Sauna gehen und *schaschlik* zubereiten. In seiner unbändigen Gastfreundschaft verstand er nicht, warum wir es mit der Abreise so eilig hatten. Bei unserer beharrlichen Weigerung, auch nur einen Tag noch länger zu bleiben, verzog er das Gesicht zu einer enttäuschten Grimasse.

Bevor wir loskamen, füllte uns Olga eine große Tüte mit getrocknetem Fisch, nachdem sie zuvor die Katze davon weggescheucht hatte, und schenkte uns zwei Büchsen Honig: »Den hat ein Freund von uns gemacht, das ist ein guter!«

Ich erinnere mich nicht mehr, wie wir ins Hotel zurückkamen, ich weiß nur noch, dass Viktor uns bis aufs Zimmer begleitete und dabei um noch einen weiteren Tag unserer Gesellschaft bettelte. Fabrizio, violett im Gesicht, nuschelte immer wieder: »Nein, es geht wirklich nicht!« Ringsum drehte sich alles … dann fiel ich ins Bett.

Unser Bradt-Reiseführer »Russia & Central Asia by road« empfahl ungefähr Folgendes: »Vermeiden Sie das vollständig vergiftete Tscheljabinsk, und machen Sie Station in der angenehmeren Stadt Kurgan.«

Also entschieden wir, in Tscheljabinsk Station zu machen und das Wochenende dort zu bleiben. Die Etappe war überraschend einfach: 411 Kilometer in acht Stunden auf einer ausgesprochen guten Straße, verglichen mit dem, was wir gewohnt waren. Cinquino gab keinen Anlass zur Sorge, die Bremsen funktionierten gut, der Motor schnurrte vertrauenerweckend, nur der Zustand der Vorderachse war nicht optimal. Die Reifen schabten mittlerweile fast ständig an den Radkästen, und die Räder waren aus der Spur, da die Blattfedern sich wegen der schweren Ladung verformt hatten. Die Sache schien aber keinen Schaden anzurichten, außer einem unangenehmen Geräusch, an das wir uns allmählich gewöhnten.

Wir kurvten an den äußersten Ausläufern des Ural entlang und vor uns tat sich eine malerische Landschaft auf: Kiefernwälder, weißstämmige Birken, unzählige Flüsse und Wasserläufe. Wie üblich aßen wir in einem Gasthof zu Mittag. Dieser war in einem alten Eisenbahnwaggon untergebracht. Es gab einen Teller *plow* (Reis mit Hammelfleisch), schwarzen Tee und einen Schokoriegel.

Die drei Bedienungen – etwas übertrieben für drei Tische und zwei Gäste – und der Koch wollten unbedingt, dass wir Fotos mit ihnen machten, und wir mussten uns verpflichten, sie ihnen nach unserer Rückkehr nach Italien zu schicken. Sie betrachteten uns voller Bewunderung und setzten sich an unseren Tisch, fragten uns ein Loch in den Bauch über die Gründe unserer Reise. Sie begriffen aber nicht, dass die Reise an sich der Grund war. »Und dann schreibt ihr ein Buch?«, wagte einer sich vor. Sie bestanden darauf, einen Blick in die Karte zu werfen und uns einige Ratschläge hinsichtlich der Straßen mit auf den Weg zu geben. Dann, als wir Cinquino starteten, lachten sie herzlich, und wir düsten davon und überließen sie wieder der Stille und der Langeweile.

Jedes Mal, wenn wir in einem der Orte an der Straße anhielten, hatten wir das Gefühl – besser gesagt die Gewissheit –, eine sympathische Abwechslung in der Eintönigkeit eines harten, manchmal auch grausamen Lebens zu sein, ein bisschen wie ein Wanderzirkus oder eine Gauklertruppe.

Fast immer begleitete uns ein Lächeln und herzliche Neugier, manchmal auch eine zur Schau getragene Gleichgültigkeit, die nur einen verständlichen Neid verbergen sollte, auf die, die nichts anderes im Sinn hatten, als um die halbe Welt zu reisen.

Wir machten oft halt und wechselten uns am Steuer ab, um die Nachwehen des Besäufnisses und die drei Stunden Schlaf zu kompensieren. Es gab nur wenige geschlossene Ortschaften, aber die Straßenränder waren oft von Händlern, die sich aus den nahen Dörfern hierherwagten, oder von Bauern bevölkert, die auf ihren Traktoren oder Motorwägelchen unterwegs waren. Und immer, wenn wir auftauchten, rissen die Menschen die Augen auf und öffneten die zahnlosen Münder in belustigtem Staunen. Die flinkeren – fast immer die Kinder – begrüßten uns verzückt.

Jeder Polizist – zu Fuß, im Auto oder an einer Straßensperre – hielt uns an, indem er sein Signal mit den schwarzen und weißen Streifen schwenkte, schaute sich um, ließ sich sagen, woher wir kamen, fragte uns vielleicht, ob er sich mal auf den Fahrersitz setzen dürfte, lächelte und ließ uns mit den besten Wünschen ziehen.

Wir verließen Baschkortostan. Nun waren wir östlich des Ural, also in Asien, aber die einzige asiatische Sache, die wir zu Gesicht bekamen, war ein Kamel in den Wappen der Region, der Provinz und der Stadt Tscheljabinsk. Die Tage waren deutlich länger geworden, vor allem wegen der künstlichen Unterteilung in Zeitzonen, und wir erreichten unser Ziel, als die Sonne noch hoch stand, obwohl es bereits später Abend war.

Nach dem rosigen Intermezzo in Ufa gestaltete sich hier die Suche nach einem günstigen Hotel wieder als schwierig: Wir waren anspruchsvoll, suchten immer ein Hotel in zentraler Lage, damit wir unseren 500er parken konnten und so wenig wie möglich öffentliche Verkehrsmittel benutzen mussten. Was Tscheljabinsk an Hotels zu bieten hatte, war für unseren Geldbeutel entschieden zu teuer.

Nach mehreren erfolglosen Versuchen gelang es uns schließlich, die *administrator* des *Ushny Ural,* direkt am Leninprospekt gelegen, zu überzeugen, uns ein Zimmer ohne Bad zu geben – aber nur für eine Nacht!

Auf den ersten Blick sah das Zentrum von Tscheljabinsk gar nicht schlecht aus. Der Leninprospekt war ein breiter Boulevard, eineinhalb Kilometer lang, der sich direkt vor unserem Hotel zu einem rechteckigen Platz öffnete, dem *Ploschtschad Rewoljucii*. Hier standen das Opernhaus und einige monumentale Paläste, an denen Spruchbänder zum 60. Jahrestag des Sieges hingen, und die unvermeidliche Statue von Wladimir Iljitsch in einem vom Wind gebauschten Mantel.

Kaum hatten wir ein paar Schritte vor die Hoteltür gesetzt, da machten wir schon die Bekanntschaft von Andrej und Elena, zwei jungen Leuten aus Tscheljabinsk, auf Urlaub in ihrer Heimat: Der Erste studierte seit einigen Jahren in London und sprach ein tadelloses, Oxford-Englisch, die Zweite verbrachte längere Perioden in den Vereinigten Staaten und sprach ein breites amerikanisches Englisch. Sie verbrachten eine Woche in der Stadt und waren sehr überrascht, dort zwei Italiener zu treffen. Was zum Teufel wir in Tscheljabinsk wollten? Sie luden uns sofort ein, den Abend mit ihnen zu verbringen, davor in einem *magazin* etwas zu trinken zu kaufen, dann bei Freunden und danach sonst wo zu feiern. Der Strudel russischer Gastfreundschaft hatte uns voll erwischt.

Die Gesellschaft war das genaue Gegenteil von der in Ufa.

Dima, der Hausherr, führte uns über einen heruntergekommenen Treppenabsatz und durch zwei schmucklose Eisentüren in eine frisch renovierte Wohnung. Hier herrschte Ordnung: zwei Fernsehapparate, eine gut ausgestattete Küche und Platz, viel Platz für eine russische Wohnung. Ich glaube nicht, dass sie reich waren, aber sicher hatte keiner von ihnen große wirtschaftliche Probleme. Russen verstehen es, sich als wohlhabend darzustellen; sie geben gern ihr ganzes Geld für schöne Kleidung und die Wohnungseinrichtung aus.

»Ach ja, ich habe euch heute gesehen! Das wart doch ihr, die in der Stadt mit so einem komischen Gefährt herumkutschiert sind?«, meinte einer der jungen Leute, als wir ihm ein Foto von Cinquino zeigten.

Es war ihnen nicht verständlich zu machen, warum wir mit dieser Blechkiste aus Italien ausgerechnet nach Tscheljabinsk gekommen waren.

»Aber hier ist doch nichts los – das habt ihr doch gesehen, oder? Alle hauen ab und gehen ins Ausland!«, ereiferte sich Andrej.

»Es ist widerlich hier!«, pflichtete Elena ihm bei. »Nicht wie in Amerika ... Schaut euch doch bloß an, was für Autos hier rumfahren, wie die Leute hier rumlaufen; sie sehen alle aus, als kämen sie vom Land!«

Dima war weniger drastisch: »Okay, aber so ist Russland eben, da kann man nichts machen. Und so schlecht ist es nun auch wieder nicht.«

Innerhalb kurzer Zeit standen nicht mehr wir und unsere Beweggründe im Mittelpunkt des Interesses, sondern die Frage: bleiben oder gehen, zwischen jenen, die die Möglichkeit hatten, sich ein besseres Leben im Ausland aufzubauen, und den anderen, die sich mit den hiesigen Gegebenheiten arrangieren mussten.

»Ich sage euch, wenn ich in London bin, fehlen mir der Dreck und die Unordnung dieser Stadt überhaupt nicht. Was mir fehlt, ist nur die Küche, die fehlt mir wirklich, wie etwa dieses exquisite Fleisch in Aspik!«, bekannte Andrej lachend und steckte sich ein Stück Aspik mit Fleisch-Atomen darin in den Mund.

»Fürchterlich, du widerst mich an! Du kommst mir vor wie ein ungehobelter Russe! Redest nur vom Essen!«, machte Elena ihn an.

»Ach, entschuldige!«, blaffte er zurück. »Reden wir doch lieber von deinen Millionen – die interessieren sicherlich alle!«

Sie piesackten sich weiter wie zwei alte Jungfern und machten daraus eine Art Running Gag, über den sich alle anderen amüsierten. Beide liebten es, im Mittelpunkt zu stehen; untereinander sprachen sie Englisch. Unvermittelt musste ich wehmütig an den Hund von Timur denken, der in die Wohnung gepinkelt hatte, und an seinen betrunkenen Freund mit der Wodkafahne.

Diese jungen Leute waren ein bisschen versnobt; sie waren an London und Boston gewöhnt und gefielen sich darin, ihrem Unbehagen an der eigenen Stadt im tiefsten Russland freien Lauf zu lassen. Aber sie hatten ja nicht ganz unrecht.

»Ich zeig euch mal ein paar Fotos«, sagte Andrej und sprang auf, um eine bunte Tasche zu holen. »Da, das bin ich unter dem *London Eye,* da irgendwo in Soho, da in der Nähe von meiner Wohnung, hier mit meinem Freund ...«

Nun ja, Hellseher musste man nicht sein, um ihn zu verstehen ...

»Was glaubt ihr«, fragte er uns, aber so, dass es die ganze Gruppe hören konnte, »könnte ich hier genau so frei sein wie dort? Könnte ich Arm in Arm mit meinem Freund durch die Stadt gehen, so wie dort? Na?«

Plötzlich kam es uns so vor, als ob sich hinter seiner zur Schau gestellten Oberflächlichkeit doch ein gewisser Tiefgang verbarg.

»Schaut, die Leute hier haben Scheuklappen. Sie sind immer bereit, dich anzubellen, wenn du sie auf der Straße anrempelst. Als könnte man sich nicht entschuldigen! Wenn du in London in einen Laden gehst und fragst, wie es geht, antworten sie dir: ›Danke gut, und wie geht es Ihnen?‹ oder ›Na ja, es geht so …‹, aber sie antworten dir. Heute Vormittag stand ich in der Schlange an einem Kiosk: Keiner sprach ein Wort, kein ›Danke‹, ›Bitte‹ oder ›Guten Morgen‹. Sie knallten nur das Geld hin, sagten, was sie wollten, und der andere knallte ihnen die Ware hin. Da hab ich einen Test gemacht, hab so getan, als sei ich ein Fremder, habe Englisch gesprochen und mich mit Händen und Füßen verständlich gemacht. Da hat mich der andere angelächelt und mich auf Russisch gefragt, wo ich herkomme, aber ich habe so getan, als verstünde ich nichts. Dieser Heuchler!«

Wir verbrachten den Rest des Abends in ihrer Gesellschaft, lernten noch andere Freunde von ihnen kennen und gingen zusammen in einen angesagten Club, wo Andrej sowohl mir als auch Fabrizio Avancen machte, wenn auch sehr diskret. Elena wies uns bei jeder Gelegenheit auf alle Missstände in ihrer Stadt und ihrem Land hin, vom kaputten Aufzug bis zum georgischen Taxifahrer, vom Umstand, dass alle aus Angst ihre Fenster vergitterten, bis zu der Tatsache, dass man von der Luft in Tscheljabinsk Pickel bekam. Es war schon Morgen, als wir uns trennten und uns für den nächsten Abend unter dem großen Lenin verabredeten.

Wenn man dem russischen Schriftsteller Bulgakow glauben darf, dann gab es Leute, die ihre Seele dem Teufel verkauft hätten für zwei Zimmer am *Arbat,* einer begehrten Straße im historischen Zentrum Moskaus. Auch hier in Tscheljabinsk gab es einen *Arbat,* der in Wirklichkeit *Ulica Kirowa* hieß, aber die Bürger hatten ihm den Namen der berühmten Moskauer Straße gegeben, um die Hauptstadt nachzuäffen. Die Fußgängerstraße, die zum Platz der Revolution verläuft, ist erst vor kurzem von der Gemeindeverwaltung wiederhergerichtet und mit einem Brunnen (die Russen haben eine maßlose Vorliebe für Brunnen) verschönert worden. Einige Bronzestatuen stellen Passanten oder Straßenkünstler in natürlicher Größe dar. Hier geht man bummeln, hier sind die besten Konditoreien der Stadt, die Luft ist erträglicher, und die Farben gewinnen die Oberhand über das Grau der Bauten.

Aber Tscheljabinsk ist nicht für seine hübsche Fußgängerzone berühmt, sondern für die omnipräsente Schwerindustrie, und die Luft ist geschwängert von Rauch und giftigen Gasen.

Während des Zweiten Weltkriegs ballte sich hier der größte Teil der Fabriken, die die Truppen an der Front belieferten, und die Stadt bekam den Spitznamen *Tankograd,* »Panzerstadt«: Die berühmten T-34 und die Katjuscha-Raketenwerfer wurden hier gebaut.

In den 50er-Jahren forderte ein Unfall im 150 Kilometer entfernten Atomkraftwerk Majak Todesopfer, die genaue Zahl wird man nie erfahren. Babys kamen missgebildet zur Welt, die Strahlung verursachte Krankheiten, und das Erdreich wurde in einem Umkreis von Hunderten von Kilometern für immer verseucht ebenso wie das Wasser des Flusses Tetscha. Es war der verheerendste Nuklearunfall der sowjetischen Geschichte vor Tschernobyl.

Nach zwei durchzechten Nächten wachten wir erst auf, als die Mittagszeit schon vorüber war. Wir bummelten müde über die Kirowa und die anderen Straßen des Zentrums und suchten ein Telefon, um zu Hause und bei unseren Freundinnen anzurufen. Es war Samstag und die Straßen waren voller flanierender Menschen, alten *babuschkas*, die an den Hausecken Blumen verkauften, Müttern mit Kinderwägen und Soldaten beim Ausgang. Geht man in einem Stadtzentrum mit den Augen eines Touristen und ein bisschen Geld in der Tasche spazieren, kommt einem jede Stadt irgendwie einladend vor, und uns schienen die Geschichten, die wir über Tscheljabinsk gelesen hatten, einer anderen Realität anzugehören.

Der Zeitpunkt der Verabredung mit Andrej und Elena war schnell gekommen. Wir machten zusammen einen Spaziergang im Park, wo sich Elena zwischen zahlreichen Bier- und Schaschlik-Buden aus der Hand lesen ließ.

Altertümlicher Glaube und Aberglaube erleben in Russland einen starken Aufschwung, der sich mit der jahrzehntelang unterdrückten Religiosität, die heute anscheinend nur noch für die alten Frauen in den orthodoxen Kirchen interessant ist, überlagert und mischt.

Die Seherin prophezeite Elena nur gute Dinge und das, was sie hören wollte. Alles in allem ein Geschäft von 100 Rubeln.

Wir kehrten in einem Café im Zentrum ein. Es war voller mondäner Menschen, emsiger Bedienungen und Plasmabildschirme, die MuzTV, das russische MTV, ausstrahlten. Rundherum schützte eine Barriere aus dunklen Glasscheiben die Privatsphäre jener Elite, zu der wir nun auch gehörten. Wir konnten hinausschauen, ohne von den sehnsüchtigen Blicken derjenigen gestört zu werden, die sich nie einen Salat für 200 Rubel würden leisten können.

»Man muss ein Ziel im Leben haben«, meinte Andrej und schaute sich ein Video auf dem Bildschirm an. »Nehmt zum Beispiel Madonna. Die hat sich Ziele im Leben gesetzt, und keine kleinen. Mein Ziel ist es, eines Tages ein Privatflugzeug zu besitzen, eine Villa mit Swimmingpool, eine Limousine ... Warum es immer wie alle da draußen machen? Warum sich mit dem Traum von einem Lada oder einem Tausend-Dollar-Verdienst begnügen? Träumen kostet nichts, und man kann es unbegrenzt tun. Ich will ein Privatflugzeug!«

In einem Land, in dem Geld vielleicht noch mehr zählt als anderswo, konnten wir ihm da unrecht geben? Er hatte materialistische Träume wie die meisten seiner Landsleute, aber die schätzte er überhaupt nicht. Und was hielt er von den Engländern?

»Engländer? Die bekommt man gar nicht zu Gesicht! Am Flughafen wird man von einem Taxifahrer mit Turban auf dem Kopf und einem Bildnis von Ganesha am Spiegel abgeholt, der sagt: ›Willkommen im Vereinigten Königreich‹, aber der ist ja auch kein Engländer! Ist wahrscheinlich erst vor zwei oder drei Jahren aus Indien gekommen und soll Engländer sein?«

Fabrizio machte ihn darauf aufmerksam, dass auch in Russland nicht nur Russen leben. Wir kamen gerade aus einem Gebiet, in dem die Mehrheit der Leute tatarisch oder baschkirisch war.

»Ach ja«, wandte Elena ein, »die behaupten, sie sind Russen, tun so wie wir, dabei sind sie gar keine Russen. Ja, die sind wie alle aus den Ländern mit -stan ... Kasach-stan, Usbeki-stan ... Peni-stan!« Wir brachen in schallendes Gelächter aus.

»Na, dir würde es doch gefallen, nach Peni-stan zu gehen, oder?«, machte Andrej Elena an.

»Du Sau, dir vielleicht nicht?!«, gab sie zurück. Und wieder lachten alle.

Nach einigen Minuten stand ich auf und ging auf die Toilette. Ein Mädchen war mir gefolgt und sprach mich an: »Ihr seid doch Ausländer, oder? Was wollt ihr denn mit dem da, dem Andrej?«

»Kennst du ihn?«, fragte ich.

»Klar, alle hier kennen ihn: Der ist eine Schwuchtel!«

Am nächsten Tag, es war schon Nachmittag, warfen wir Cinquino für eine kurze Etappe nach Kurgan an. Wir wollten die Fahrt nach Kasachstan mit einem Stopp wenige Kilometer vor der Grenze unterbrechen, um dort nicht erst am Abend anzukommen. Wer weiß, wie lange wir am kommenden Grenzübergang würden warten müssen?

4 Kasachstan, Land der umherirrenden Männer

… unser Auto rauchte, hielt vor Wassergräben und unüberwindbaren Schlaglöchern, als ob ihm die Luft ausginge.

ANNEMARIE SCHWARZENBACH

Astana 2030: Baustelle

Was sind das bloß für Touristen, die sich mit so einer Kaffeemühle zu unseren Blechschuppen verirren, in denen man im Winter erfriert und auf denen man im Sommer Spiegeleier braten kann? Diese Frage werden sich die Zöllner von Shana-Shol vermutlich gar nicht gestellt haben, als sie uns ankommen sahen. Ein ausländisches Auto, wie seltsam und alt es auch sein mag, ist in diesen Breiten immer eine gute Gelegenheit, fette Beute zu machen.

Wartestimmung, düstere Gesichter, ein paar Sattelschlepper, mit Autos aus Polen oder Litauen beladen. Und Dreck, reichlich Dreck, Hektoliter schlammiger, verseuchter Dreck. Rinnsale von braunem Schlamm, flüssiger schmutziger Matsch, klebrig und pappig; Dreck an den Reifen der Autos, den Uniformen der Militärs, auf unseren Schuhen und sogar innen im Auto, überall war Dreck; ein einziger Morast, aus dem niemand sauber herauskam. Ich habe noch nie soviel Schlamm an einem einzigen Ort gesehen!

Bis vor ein paar Jahren existierte diese Grenze überhaupt nicht. Nicht nur solange Russland und Kasachstan noch Bestandteile der UdSSR waren, selbst noch Jahre nach ihrem Zusammenbruch war hier keine Grenze. Mit Sicherheit gab es bis zum Jahr 1996, dem Erscheinungsjahr unseres Bradt-Reiseführers, keine Zollstation. Die Regierenden hatten die Hauptverbindungswege zu Lande, die M51 und die Gleise der Transsibirischen Eisenbahn, geplant, als das ganze Gebiet noch ein Staat war, und erst in jüngster Vergangenheit mussten Reisende auf dem Weg nach Sibirien ein kurzes Stück Kasachstan durchqueren. Es dauerte gut zehn Jahre, bis die alternativen Trassen gebaut wurden, auf denen man Omsk erreichen konnte, ohne kasachisches Territorium zu berühren. Und dann entstanden die Grenzstationen.

Unsere Visa waren nicht in Ordnung, das wussten wir. Wir hätten schon in Rom in der kasachischen Botschaft erklären müssen, dass wir mit dem Auto einreisen wollten, aber das hätte die Prozedur deutlich komplizierter und auch teurer gemacht. Wir hatten Cinquino verschwiegen und ein gewisses Risiko am Zoll in Kauf genommen.

»Problem!«, sagte der kasachische Soldat prompt. Er war ein wohlgenährter Typ mit breiter Nase und Mondgesicht, eine Art Schweinchen mit Mandelaugen. Die Beamten hatten Fabrizio und Cinquino auf der Höhe des ersten Zollhäuschens, etwa 100 schlammige Meter weiter hinten, aufgehalten. Dort kämpfte Fabrizio nun mit den Registrierungsformularen. Ich saß in einem engen Container fest, zusammen mit dem Mondgesicht und einem russischen Brummbär, ebenfalls von der kasachischen Polizei, der alle paar Minuten hereinkam, ein paar Worte mit dem Kollegen wechselte und wieder hinausging.

Die Verhandlungen gestalteten sich zermürbend.

»Also? Das Auto steht nicht im Visum. Sie können nicht passieren.«

»Schon gut! Ich verstehe, aber eine Lösung wird es doch geben?«, schlug ich arglistig vor.

»200 *yevro* ...«, das war die Lösung!

Nie im Leben hätte ich diesem Mondgesicht 200 von unseren Euro gegeben! Ich brachte die billigsten Ausreden vor: Wir hätten kein Bargeld dabei (kann man glauben, dass zwei Touristen im Auto auf dem Weg nach Asien kein Bargeld haben?), wir müssten auf die Bank und wo denn hier eine sei.

»Also dann Dollar, oder Rubel ...«

»Nein, Sie haben nicht verstanden: Wir haben wirklich kein Geld bei uns, nur Kreditkarten und Travellerschecks.«

»Ah!«, er lächelte gleichgültig und nahm dabei durch den Schlitz unter dem Fenster den Pass eines litauischen Lastwagenfahrers entgegen, ließ eine Hundertrubelnote, die darin lag, in eine Geldkassette gleiten und gab das Dokument zurück, ohne es auch nur eines Blickes zu würdigen.

Offensichtlich glaubte er meine Lügenmärchen nicht, aber ich musste wenigstens versuchen, ihn ein wenig herunterzuhandeln. Der russische Brummbär kam herein und sagte irgendwas, der Kasache schüttelte verneinend den Kopf.

»Ihr zahlt nicht? Dann geht doch zurück nach Russland!«, meinte er und ging wieder hinaus. Mondgesicht fixierte mich und schwieg. Durch das Fenster kam ab und zu ein gefüllter Pass, und er entnahm den Inhalt.

»Also?«, meinte er nach einer Weile.

»Also was?«, fragte ich und stellte mich weiter dumm.

»200 *yevro* oder nichts«, und er drehte sich zum Fenster.

Wir schwiegen uns lange an, währenddessen er mich vollständig ignorierte, in Papieren blätterte, einen Pass entgegennahm, etwas ins Funkgerät sprach. Dann kam der russische Brummbär wieder herein. Eine ganze Weile spielten wir diese Komödie weiter, dann wechselte Mondgesicht die Stimmlage: »Was macht ihr hier eigentlich, du und dein Freund?«

»Wir sind Touristen«, erklärte ich unschuldig.

»Ah! Touristen also«, hakte er nach. »Und was macht ihr so? Herumreisen, Sehenswürdigkeiten ansehen? Macht ihr Fotos und Filmaufnahmen?«

»Ja, genau«, antwortete ich leichtsinnig.

»Dann könnt ihr uns ja euren Fotoapparat und die Videokamera geben!«

Verdammter Fuchs! Das stand überhaupt nicht zur Debatte. Wir schwiegen wieder. Er zündete sich eine Zigarette an. Ab und zu warf er mir einen scheinheiligen Blick zu. Ich hatte von der Gier der kasachischen Polizei schon einiges gehört – jetzt saß ein lebendes Beispiel vor mir. Wie großartig sich dieser kleine Halunke beim Missbrauch seiner Macht fühlte!

Ich verbrachte eine ganze Weile im Container, ein Spielball dieser beiden habgierigen Zöllner, doch früher oder später würde ich aufgeben müssen.

»Also?«, begann das Mondgesicht von neuem. »Ist es denn möglich, dass ihr gar nichts habt, was ihr mir und meinem Kollegen schenken könnt?«

In diesem Moment fiel mir ein, dass wir seit Turin zwei gesponserte Rucksäcke mitschleppten, die uns die Leute von Fiat mitgegeben hatten und die uns nur lästig waren. Ich bot sie ihm an, und seine Augen begannen zu leuchten: »Rucksäcke? Das heißt Taschen?« Er machte eine Geste, als hängte er sich etwas über die Schulter.

»Die sind sehr schön! Und original italienisch!«

Er griff sofort nach dem Einreisestempel, zögerte einen Moment: »Es sind zwei? Einer für mich und einer für meinen Freund?«

»Ja«, antwortete ich, »zwei nagelneue Rucksäcke!«, und der Stempel knallte fröhlich auf die Visa. Der schlaue Fuchs hatte mir getraut und die Pässe gestempelt, ohne gesehen zu haben, was ich ihm anbot.

Mit den Pässen in der Hand kehrte ich zum Auto zurück. Wir brachten die anderen langwierigen Prozeduren, Inspektionen, Kontrollen und Registrierungen hinter uns und fuhren an dem Container mit den beiden vorbei und überließen ihnen die Rucksäcke. Der russische Brummbär schien mit dem Geschäft nicht sehr zufrieden zu sein. Mondgesicht dagegen griff sich gierig den größeren und schulterte ihn gleich, um sich in der spiegelnden Fensterscheibe zu betrachten. Es sah urkomisch aus, wie dieser große, kräftige Mann im Tarnanzug mit einem kunterbunten Schulrucksack auf dem Rücken herumhopste.

Die Bilanz dieser Operation: zwei unnütze Glitzerteile weniger, sechs Stunden Wartezeit an der Grenze und erfolgreiche Einreise nach Kasachstan ohne die notwendigen Papiere.

Am Kontrollpunkt bei der Einfahrt nach Petropawl wurden wir wegen Geschwindigkeitsüberschreitung angehalten. Die Polizisten hatten uns auch dabei fotografiert, aber nicht mit den üblichen Blitzgeräten, sondern mit ihren Handys. Sie kümmerten sich überhaupt nicht um die anderen Autos, die vorbeikamen, sondern porträtierten sich gegenseitig in allen möglichen Posen, mit uns beiden, am Steuer des Fiat 500, auf dem Kofferraum sitzend. Dann geleiteten sie uns mit einer Eskorte in die Stadt bis zum günstigsten Hotel, schüttelten uns die Hand und gingen wieder. Cinquinos diskreter Charme machte auch auf die kasachische Polizei Eindruck!

In Petropawl sind etwa 90 Prozent der Bewohner Russen. Dies ist typisch für die Städte im Norden Kasachstans. Im ganzen Land machen die Kasachen gerade mal die Hälfte der Bevölkerung aus. Die Russen sind die größte ethnische Minderheit, sie leben fast alle im Nordosten, zwischen Petropawl, Pawlodar und Semey. Abgesehen davon, dass wir mit Tenge statt mit Rubel bezahlten, kam es uns so vor, als hätten wir Russland gar nicht verlassen: Russen auf der Straße, in den Geschäften, an der Rezeption des Hotels, in Bars und Restaurants, russisch die Holzhäuser, die Inschriften und Plakate. Uns fiel allerdings bald auf, dass alle Polizisten, Bankangestellten und Mitarbeiter in den öffentlichen Ämtern, in die wir kamen, Kasachen waren.

Heute sind die Russen, die noch keinen Weg gefunden haben auszuwandern, weil sie seit Generationen hier leben und auch keine

Verwandtschaft an anderen Orten haben, zu der sie hinziehen könnten, ausgeschlossen. Sie sprechen kein Kasachisch, das inzwischen wieder die Amtssprache geworden und für die Ausübung aller öffentlicher Ämter vorgeschrieben ist, und sie werden diskriminiert, denn sie finden nur in kleinen Privatinitiativen einen Job oder müssen niedrigste Arbeiten verrichten. Jetzt gehört Kasachstan wieder den Kasachen, Russen sind Bürger zweiter Klasse, Fremde in dem Land, in dem sie geboren wurden und immer gelebt haben.

Wir hatten das Auto auf einem Parkplatz direkt vor dem Hotel sicher abgestellt, die Zeiger der Uhr auf die Ortszeit vorgestellt und uns sofort in die Feierlichkeiten des 9. Mai gestürzt. Sie waren nicht viel anders als das Fest irgendeines Heiligen in einem italienischen Dorf: Junge Leute streiften durch die Straßen, die Mädchen hakten sich unter, Eltern hatten die Kinder an der Hand oder auf der Schulter, an Ständen wurden Spieße gebraten oder Süßigkeiten verkauft, und um Mitternacht gab es die übliche Schlägerei. Nur der eine oder andere Betrunkene mehr und die beeindruckende Präsenz der Streifenpolizisten erinnerten uns daran, wo wir waren.

Nach dem Feuerwerk gewann die Müdigkeit bald die Oberhand über die Feststimmung, und wir folgten dem Strom der Menge, die die Veranstaltung verließ, und kehrten ins Hotel zurück. Ein langer erholsamer Schlaf begleitete uns bis zum nächsten Morgen.

In den vorangegangenen Tagen hatten wir aus Turin per SMS einige Klagen über unser Schweigen empfangen, daher suchten wir vor der Weiterfahrt einen Internetzugang, um Kontakt mit dem Marketing-Büro von Fiat aufzunehmen. Die Stadt schien jedoch vom Rest der Welt abgeschnitten zu sein: Es gab keine internationale Verbindung bei den Telefonämtern, und weder im *business centre* noch in den beiden Internetcafés im Zentrum war es möglich, ins Netz zu gehen. Wir sollten morgen wiederkommen.

Hilfsbereite Menschen verwiesen uns auf die Universitätsbibliothek, wo in einer Ecke drei Computer standen, ein Geschenk des amerikanischen Volkes. Dort konnten wir innerhalb einer Stunde nur eine E-Mail lesen, mit dem gleichen Inhalt wie die SMS, bevor die Verbindung zusammenbrach. Wir hatten den kompletten Vormittag vertan, ohne irgendetwas zu erreichen, und es war nicht sinnvoll, so spät am Tag noch nach Astana aufzubrechen. Die Zeit wurde mit Blick auf unsere Visa immer knapper, die Verzögerung lastete auf uns wie ein Felsblock.

Die Steppe ist ein merkwürdiger Ort. Sie ist keine Wüste – es gibt Vegetation und Wasser –, aber sie ist auch kein grünes Marschland. Schatten gibt es nicht, und das Gras wird beständig von Wind gepeitscht. Aber die Steppe lebt: Da sind Viehtreiber und ihre Herden, wilde Pferde und herrliche Adler, die es bequemer finden, die Schlangen zu vertilgen, die die Autos auf der Straße platt fahren, als sie selbst aufzuspüren. Im Winter sinkt die Temperatur hier auf minus 40 Grad, und der *buran,* der Nordostwind, lässt alles vor Kälte erstarren, während im Sommer das Thermometer leicht die gleiche Temperatur anzeigen kann, nur mit umgekehrtem Vorzeichen. Es ist eine extreme und fremdartige Landschaft, und wie alle extremen und fremdartigen Landschaften ist sie ein Ort voller Zauber.

Am Horizont wippten die Fördertürme langsam und saugten dabei jene dunkle Flüssigkeit aus den Eingeweiden der Erde, von der wir alle abhängig sind.

Die Straße führte so unerbittlich geradeaus, dass wir fast schon bereuten, nicht schneller als 80 Stundenkilometer fahren zu können. Der Verkehr war spärlich und die Luft warm, wir saßen in Hemdsärmeln am Steuer.

Aus einem Rohr und etwas Draht hatten wir eine rudimentäre Vorrichtung gebastelt, mit der wir die Heckklappe anheben konnten, damit mehr Luft an den Motor kam. Zusätzlich legten wir öfter Pausen ein. Das größte Risiko einer langen Reise mit einem Fiat 500 besteht darin, den Motor so zu überhitzen, dass er schmilzt: Er verfügt weder über eine Wasserkühlung noch über einen Thermostat. Unser Mechaniker hatte uns empfohlen, viele Stopps einzulegen, mindestens alle 100 Kilometer, und den Motor komplett abkühlen zu lassen, bevor wir weiterfuhren. Natürlich hatten wir diese eiserne Regel ständig missachtet, zumindest solange das Klima kalt gewesen war, aber jetzt wollten wir uns daran halten, auch wenn das unsere Reisegeschwindigkeit mindern würde. Wir hatten fast alle Vorsichtsmaßnahmen und Wartungsvorschriften für Cinquino vernachlässigt, aber wir waren doch nicht so verrückt, ihn mutwillig zu zerstören.

Bei unserer geringen Geschwindigkeit schien die Landschaft stillzustehen, und wenn wir anhielten, überfielen uns erbarmungslos Heerscharen von Mücken. Trotz aller Schönheit – nach neun Stunden am Steuer unter diesen Bedingungen wird auch die Steppe langsam langweilig.

Wir hatten die Reservekanister mit Benzin gefüllt, denn selbst wenn Kasachstan auf Erdöl schwimmt, die Tankwarte scheinen das nicht zu wissen. Allerdings drückte nun das zusätzliche Gewicht noch mehr auf die Federung von Cinquino, und das Scheuern der Reifen an der Karosserie ging uns auf die Nerven. Nicht einmal die Musik von Metallica kam dagegen an. Die Radaufhängungen waren praktisch verbogen: Die Vorderräder hatten sich so sehr nach außen gespreizt, dass nur noch die innere Hälfte der Reifen auf dem Asphalt auflag. Wir krochen unter Cinquinos Schnauze und sahen uns die Sache an. Die Federn, die das Auto stützen, hatten ihre typische gewölbte Form verloren und waren so flach geworden, dass sie auf den Puffern auflagen. Wann würden sie brechen? Damit konnten wir nicht mehr lange weiterfahren und mussten so schnell wie möglich eine Werkstatt aufsuchen, um die Federn mit zusätzlichen Blättern verstärken zu lassen.

Der Zustand der Straßendecke war, verglichen mit Russland, besser. Es gab nur wenige Schlaglöcher, aber die hatten es in sich. Noch war es hell genug, um sie leicht im Voraus zu erkennen, und wir konnten rechtzeitig ausweichen. Sie waren so groß und tief, dass man sich keinen Fehltritt erlauben durfte. Die Fremden, die hier leben, haben sie »Mondkrater« getauft. Nachts, bei Dunkelheit wäre eine Fahrt äußerst gefährlich gewesen, aber glücklicherweise konnten wir die 490 Kilometer bis Astana vor Sonnenuntergang zurücklegen. Diese sehr lange Etappe schafften wir nur, weil wir sehr früh am Morgen in Petropawl aufgebrochen waren.

Astana ist mit etwas mehr als 300000 Einwohnern seit 1997 die neue Hauptstadt des Landes. Der Präsident Nursultan Nasarbajew hatte seinen Amtssitz vom viel größeren, schöneren und weltläufigeren Almaty hierher verlegt, um diejenigen zum Schweigen zu bringen, die tönten, dass der Norden des Landes nach Russland abdrifte.

Aber eine Hauptstadt erschafft man nicht von heute auf morgen, und so hat Nasarbajew in seinem langfristigen Plan ein Jahr festgesetzt: 2030. Bis zu diesem Jahr soll auf der anderen Seite des Flusses eine Stadt aus Wolkenkratzern emporwachsen und der Wohlstand aller Kasachen auf das Niveau der reichsten Länder der Erde steigen. Sicher ist heute vor allem, dass Nasarbajew auch in 23 Jahren noch an der Macht sein will. Die Arbeiten an der neuen Hauptstadt haben bereits begonnen.

Diejenigen, die Astana von früher kennen, erzählen, dass sie noch vor rund zehn Jahren nur eine kleine Provinzstadt war, in deren Umkreis über Hunderte von Kilometern einzig und allein die Steppe lag. Die Russen nannten sie kasachisch Aqmola; unter

Chruschtschow wurde sie dann in Zelinograd umgetauft. Mit dem Zusammenbruch der UdSSR nahm sie den alten kasachischen Namen wieder an, bis eben der gegenwärtige Präsident die Verwaltung dorthin verlegte und ihr den heutigen Namen gab, der – um Irrtümer zu vermeiden – auf Kasachisch »Die Hauptstadt« bedeutet.

Sogar die ausländischen Botschaften blieben hartnäckig in Almaty, sie trauten dem Manöver offensichtlich nicht. Erst seit Kurzem sind die ersten hierhergezogen.

Wir gelangten über eine Nebenstrecke nach Astana, weil wir uns verfahren hatten. Dabei mussten wir durch einige Vorstädte, die so heruntergekommen und vernachlässigt waren, wie wir es seit Beginn unserer Reise noch nicht erlebt hatten. Kleine, niedrige Holzhäuser versanken auf der einen Seite im Schlamm, die verrosteten Balkone einiger Plattenbauten waren mit Blech und Plastikteilen zu rudimentären Veranden umgebaut. Diese Betonklötze, verwohnt, heruntergekommen, krumm, schief und gesundheitsgefährdend, sind Teil des sowjetischen Erbes. Die Sowjets hatten gewaltsam versucht, die Kasachen, ein traditionelles Nomadenvolk, sesshaft zu machen. Das übrige Erbe besteht in einer extensiven Monokultur, einer schon während ihrer Entstehung veralteten Industrie und einem riesigen nuklearen Testgelände unter freiem Himmel in der Nähe von Semey.

Cinquino holperte über die geflickten Straßen, auf denen der Asphalt von Schlaglöchern und einer Schicht des allgegenwärtigen Schlamms verdrängt wurde: Schlamm ist überall, in den Höfen, auf den Autos, auf der Kleidung der Menschen. Wir hatten den Eindruck, in ein Dorf auf dem Lande zu kommen und nicht in eine Hauptstadt. Die Unordnung hat System: Schutt und verrosteter Schrott sind überall verstreut, auf dem Dach liegende Autowracks sind in den Hinterhöfen die beliebtesten Spielgeräte der Kinder. Das gesamte Wassernetz verläuft überirdisch, Rohre aller Art und

Größe sind außen an den Häusern angebracht, überspannen die Straßen und bilden über Hunderte von Metern einen Wirrwarr aus Verbindungsstücken, Ventilen und Abzweigungen. Rohre mit mannshohem Durchmesser werden von dünnen Rohren umwickelt, sie sind mit Werg und Blechstücken notdürftig geflickt, sie rosten und tropfen. Im Winter, wenn bei minus 40 Grad alles gefriert und sich ausdehnt, platzen diese Rohrleitungen häufig. Das ist sie, die Hauptstadt.

Irgendwie landeten wir in der Bahnhofsgegend, wo laut Reiseführer »Lonely Planet« das günstigste Hotel der Stadt liegen sollte. Doch ohne Namen und Anschrift suchten wir es vergebens und stöberten in übel riechenden Kneipen herum, wo wir nicht einmal die *administrator* auftreiben konnten.

Es wurde Abend. An einer Ecke sahen wir ein verrostetes Schild, genau über einer *stolowaja,* einer Gaststätte, wo im Freien *schaschlik* zubereitet wurde. Ich ging hinein, und man schickte mich weiter über einen Korridor in einen Hinterhof. Dort fand ich eine angelehnte Eisentür. Ich betrat einen schmutzigen Raum, von dem einige verschlossene Türen abgingen, sonst nichts, kein Schild, kein Hinweis. Es roch nach abgestandenem Essen; hinter einer der Türen stöhnte jemand vor Vergnügen. Als ich wieder hinaustrat, waren Fabrizio und Cinquino verschwunden; stattdessen sah ich einen Menschenauflauf, Leute, die gestikulierten, schallend lachten und immer zahlreicher wurden. Ich ging näher heran, und da sah ich sie: Fabrizio stand inmitten der Menge neben Cinquino und unterhielt sie mit seinen russischen Brocken: *»Motor, dwa tschilindrij! Antikwariat maschina!«*

Mein Auftritt wurde mit Ovationen bedacht, Hände streckten sich mir entgegen, 18-karätiges Lächeln und heftiger Mundgeruch umgaben mich.

»Woher kommt ihr? Wohin wollt ihr? Wie viel Liter braucht er auf 100 Kilometer? Was ist die Höchstgeschwindigkeit? Wie lange seid ihr schon unterwegs?«

Wir waren den ganzen Tag durch die Steppe gefahren und gerade in dieser für uns neuen Stadt angekommen, es wurde dunkel, und wir wussten noch nicht, wo wir die Nacht verbringen würden. Daher hatten wir eigentlich keine Lust, diese Show abzuziehen und auf die ewig gleichen Fragen zu antworten, die wir schon seit Wochen zu hören bekamen. Aber dies war nicht der Moment, über diese Menschen die Nase zu rümpfen, die mit Recht neugierig waren und alles von uns wissen wollten. Wir nutzten die Gelegenheit, um unsererseits Informationen einzuholen: »Wir suchen was zum Schlafen. Kennt ihr ein günstiges Hotel hier in der Nähe?«

Alle, wirklich alle stürzten sich auf mich und streckten die Arme in alle Richtungen aus. Jeder von ihnen hatte etwas zu sagen, ein Hotel vorzuschlagen; keiner sagte Nein oder schwieg, einer schrie lauter als der andere. Es bildete sich eine Partei für eine Pension auf der anderen Seite des Platzes. Einer stieß mich an, um meine Aufmerksamkeit auf sich zu ziehen: »2000 Tenge, 2000 pro Tag, okay? Es ist gleich hier.« Und um noch überzeugender zu sein, malte er mit dem Zeigefinger 2000 in den Staub auf unserem 500er. Das waren weniger als zwölf Euro – wir waren einverstanden.

Es war ein Stundenhotel im Bus-Bahnhof. Wir gingen durch einen großen Hausflur mit Tafeln, auf denen die Abfahrtszeiten und Zielorte der Überlandbusse angeschrieben waren, vorbei an den Fahrkartenschaltern und stiegen die Treppe in den ersten Stock hinauf. Uns erwartete eine kleine Küche, ein Kabuff, in dem eine Frau die Schlüssel und das Meldebuch verwaltete, und weitere vier oder fünf Zimmer. Direkt unter unserem Fenster im ersten Stock verkündete ein Lautsprecher ununterbrochen Ankunft und Abfahrt der Busse, Tag und Nacht. Für das Geld konnten wir nicht mehr verlangen.

Wir hatten kaum unseren Fiat 500 geparkt und waren wieder in die große Bahnhofshalle getreten, da forderte uns ein finsterer Gesetzeshüter auf, stehen zu bleiben und unsere Pässe vorzuzeigen. Wir taten ihm den Gefallen. Er blätterte sie Seite für Seite durch, betrachtete neugierig jedes Visum und rief dann per Funk einen Kollegen. Innerhalb von Sekunden war er da und machte den Eindruck eines höheren Chefs, nach den vielen Kragenspiegeln auf den Schulterstücken seiner Uniform zu schließen und der Fettleibigkeit, die viele Offiziere quält.

»Folgt mir«, befahl er uns. Wir fragten, warum und wohin, ohne uns zu rühren.

»Vorwärts, kommt mit ins Büro«, und er zeigte auf ein Türchen in einer Bahnhofsecke. Wir fragten ihn nochmals, da unsere Pässe ja in Ordnung waren.

»Wir müssen eine Kontrolle durchführen, vorwärts!«

»Die Kontrolle können Sie doch auch hier machen. Sie haben unsere Pässe, und das sind die Visa.«

Der Untergebene wurde ungeduldig.

»Vorwärts, tut, was er sagt, kommt mit, wir müssen euch kontrollieren«, meinte der andere.

»Kontrollieren? Was denn noch?«

»Wir müssen euch durchsuchen. Wie sollen wir wissen, dass ihr keine Terroristen seid?«

Wir mussten lachen. Durchsuchen, in einem Kämmerchen? Wir wollten unbedingt vermeiden, dass die beiden das Bargeld entdeckten, das wir am Körper trugen.

»Es reicht!«, schrie der Dicke mit rotem Gesicht. »Ihr kommt jetzt mit, oder ich nehme euch die Pässe ab!« Er war es nicht gewohnt, dass sich jemand seinen Befehlen so unverschämt widersetzte.

»Na los, dann mach schon! Aber morgen werden wir der Botschaft Bericht erstatten ...«, erklärten wir betont gleichgültig. Jetzt wusste er wirklich nicht mehr, was er tun sollte: Er machte einen Schritt zur Tür, in der Hoffnung, dass wir ihm folgten, dann regte er sich auf, weil wir uns keinen Schritt bewegten, und schlug mit den Pässen auf die Handflächen. Er muss geschockt gewesen sein, dass wir ihm nicht gehorchten, noch dazu in Anwesenheit eines Untergebenen! »Ihr müsst mir folgen, habt ihr verstanden? Ihr müsst mitkommen, und damit basta!«

Wir spielten unsere letzte Karte: »Behaltet die Pässe – wir gehen jetzt schlafen. Wir melden uns morgen wieder, gute Nacht.«

Natürlich behagte es uns gar nicht, dass die beiden Kerle unsere Pässe einbehalten würden, und angeblich gab es nicht einmal eine italienische Botschaft in Astana. Aber ein Bluff muss bis zum Äußersten getrieben werden, wenn er glaubhaft sein soll.

Und er funktionierte! Der Dickwanst mit den vielen Kragenspiegeln machte wutentbrannt auf dem Absatz kehrt und überließ dem anderen die erniedrigende Aufgabe, uns die Pässe auszuhändigen und uns gehen zu lassen.

Noch eine Kursänderung

Patrick war ein Phänomen! Wir hatten ihn beim OVIR *(Office of Visas and Registration)*, dem Migrationsbüro, in dem sich jeder Reisende nach seiner Ankunft in Kasachstan eintragen lassen muss, kennengelernt. Er hatte ein Buch von James Joyce auf Englisch unter dem Arm, uns direkt auf Italienisch angesprochen und danach mit der jungen Frau am Schalter auf Russisch parliert. Ständig klingelte sein Handy, und mal antwortete er auf Deutsch, mal auf Englisch oder Italienisch, einmal auch auf Französisch. Welchen Ort wir ihm auch nannten, er war schon mal da gewesen. Wir waren aus Bari, dort war er schon einmal gewesen. Er hatte Ferien im Salento gemacht und kannte Tricase gut, einen kleinen Ort mit 15 000 Einwohnern in der Nähe von Lecce. Wir kamen aus Russland: »Aus Tscheljabinsk? Da habe ich ein Jahr gelebt!«. Wir waren auf dem Weg nach Tadschikistan und Usbekistan – er hatte zwei Jahre in Taschkent gelebt und machte oft Ferien am Issyk-Kul-See ...

Er war halb Engländer, halb Luxemburger und lebte seit einigen Jahren in Almaty. Er hatte einen dichten roten Lockenschopf, ein breites Lächeln und war höchstens 30 Jahre alt. Er erzählte, er sei im Landmaschinengroßhandel tätig und in Astana wegen eines Millionen-Abschlusses (in welcher Währung?).

»Und ihr wollt jetzt wirklich nach Usbekistan?«

»Ja, zuerst fahren wir durch Tadschikistan über Bischkek, und dann geht es Richtung Taschkent. Warum?«, entgegneten wir naiv.

»Ja, habt ihr denn nicht die Morgennachrichten gehört? Dort herrscht ein heilloses Durcheinander, wie in Kirgistan vor einem Monat. Es ist so was wie eine Revolution, was Genaues weiß keiner ... Vielleicht hat es in Fergana Tote gegeben.«

Chaos? Revolution? Tote? Wir versuchten, schnell nachzudenken, aber daran waren wir nicht gewöhnt, und es gelang uns auch nur sehr schlecht. Wir konnten auf Usbekistan verzichten und einen anderen Weg nehmen nach Tadschikistan. Aber dafür bräuchten wir Visa, und unser Kontakt war in Taschkent! Also müssten wir versuchen, unser kirgisisches Visum zu verlängern und von dort an einem anderen Grenzübergang nach China einzureisen. Aber wir hatten wenig Hoffnung, die Behörden der beiden Länder überzeugen zu können. Außerdem: Wären wir erst einmal aus Kasachstan ausgereist, würden wir nicht mehr einreisen können, da das Visum bei der Ausreise entwertet wird. Und dann müssten wir auf Samarkand, Buchara und Xiva, die Ziele, mit denen alles angefangen hatte, verzichten!

»Aber es herrscht Chaos!«, meinte Patrick. »Auch nach Kirgistan zu kommen ist nicht einfach. Ich habe gehört, dass Usbekistan die

Grenzen geschlossen hat, und vielleicht macht es Kirgistan ebenso. Wisst ihr, die Revolution dort ist noch nicht lange her, und der Präsident hält sich immer noch hier in Kasachstan versteckt.«

Fabrizio und ich saßen in der Zwickmühle. Was sollten wir tun? Wir konnten uns nicht einmal den Luxus leisten, ein paar Tage in Astana abzuwarten, wie sich die Lage entwickeln würde. Bis Almaty waren es weitere 1300 Kilometer und von dort mindestens noch einmal 900 bis Bischkek, der Hauptstadt Kirgistans, wo wir das Problem mit den Visa hofften lösen zu können. Und wir mussten auch die Möglichkeit einkalkulieren, dass irgendetwas auf dem Weg schiefgehen und uns Zeit kosten würde oder dass sie uns an der Grenze festhalten würden. Zudem würde auch das kasachische Visum bald ablaufen, und hier konnten wir eine Verlängerung gleich vergessen.

»Die Botschaft von Usbekistan ist in Almaty, aber hier gibt es die neue russische. Ihr könnt euch an die wenden und nach Informationen fragen. Die wissen dort alles. Oder an die italienische – wisst ihr, ob die hier ist oder in Almaty?«

Das wussten wir nicht, aber das war auch nicht unsere Schuld. Auf der Internetseite des italienischen Außenministeriums hatte noch Almaty gestanden, aber es sah so aus, als gäbe es eine Außenstelle in Astana. Die Informationen waren weder eindeutig noch aktuell gewesen.

»Ich nehme euch im Taxi mit, ich muss ohnehin in die Richtung.«

Während wir im Auto saßen, klingelte ständig Patricks Handy, er telefonierte in vielen Sprachen. Ein russischer Anrufer regte ihn besonders auf: »Uns ist der Millionen-Abschluss durch die Lappen gegangen!«, sagte er, kaum dass das Gespräch zu Ende war. Dann rief er einen gewissen Mario an und teilte ihm die schlechte Nachricht mit. Wir erreichten die russische Botschaft, eine Festung direkt am Fluss Esil. Zum Abschied wünschten wir uns gegenseitig Hals- und Beinbruch, und das Taxi düste davon.

Die Konsulatsabteilung war verriegelt, die Büros hatten mittags geschlossen. Wir klingelten Sturm. Nach ein paar Minuten kam ein Wachsoldat ans Gitter. Er sagte uns, das Konsulat sei geschlossen, wir erklärten ihm kurz unser Problem und gaben ihm eine Visitenkarte, die er weiterreichen sollte. Nach wenigen Minuten kam er wieder heraus und öffnete uns das Tor. Im Konsulat empfing uns Frau Margareta, der wir unseren Kummer schilderten. Sie lächelte beinahe belustigt und meinte: »Es ist gar nichts. Im Tal von Fergana hat es ein paar Unruhen gegeben, aber für Sie besteht keine Gefahr. Warten Sie hier einige Tage ab, was passiert …«

Und was war mit den Grenzen? Sie sagte, die seien anscheinend noch offen, aber es sei nicht ausgeschlossen, dass die Behörden oder die angrenzenden Länder, vor allem Kirgistan, sie schließen würden. Und wenn wir wieder nach Russland würden einreisen wollen?

»Geben Sie mir Ihre Pässe!« Und schon verschwand sie in den Büroräumen.

Wir warteten. Das Konsulat befand sich in einem sauberen Neubau. Um hineinzukommen, musste man von draußen durch das Tor, dann durch ein ferngesteuertes Drehkreuz, damit nur eine vorher festgelegte Personenzahl hereinkam, vorbei an einem Metalldetektor und den Wachsoldaten. In einem Saal aus weißem und beigefarbenem Marmor gab es sechs Schalter für die gewöhnlichen Vorgänge. In diesem Moment waren nur wir da; wir gingen schweigend und mit gesenkten Köpfen in dem großen Raum auf und ab. Was sollten wir tun? Die wenig beruhigenden Auskünfte von Margareta hatten uns verwirrt. In Astana zu warten kam nicht in Frage bei den vielen Visa, die allmählich abliefen. Ohne gesicherte Informationen das Abenteuer Kirgistan und Usbekistan anzutreten konnte uns wirklich in Schwierigkeiten bringen. Sollte uns tatsächlich nichts anderes übrig bleiben, als die erneute Einreise nach Russland zu versuchen und einen anderen Weg nach China einzuschlagen?

Margareta kam in den Saal zurück und lächelte genauso freundlich, wie sie uns empfangen hatte.

»Der Konsul hat gesagt, er stellt Ihnen kein Visum für Russland aus, denn Sie haben drei gültige Visa für drei angrenzende Länder und sind eben erst aus Russland eingereist. Er versteht nicht, wozu Sie hergekommen sind, wenn Sie gleich wieder dorthin zurückwollen …« Pause. »Außer Sie besorgen sich eine schriftliche Erklärung des italienischen Botschafters, dann vielleicht …«

»Aber die italienische Botschaft ist in Almaty – wie sollen wir das denn machen?«, erwiderte ich.

»Nein, die neue ist in Astana.«

Das hatten wir nicht mitbekommen.

»Sie hat erst vor knapp einem Monat aufgemacht, in der *Kosmonawtow 62*.«

Wir mussten sofort diese neue Botschaft finden, dort nach Informationen über Usbekistan fragen und schauen, ob uns irgendwer helfen konnte. Vor unserer Abreise hatten wir an alle italienischen Botschaften auf unserer Route eine E-Mail geschickt, und die in Kasachstan war die einzige gewesen, die uns geantwortet und vor der Lage in Kirgistan gewarnt hatte. Wenigstens mussten wir dort nicht alles von Anfang an erklären. Wir nahmen ein Taxi, das uns zu der von Margareta genannten Straße brachte, nur wenige Blocks entfernt auf der anderen Seite des Flusses Esil.

Für die Vergabe von Straßennamen und Hausnummern in Astana gibt es kein einleuchtendes Kriterium. Die Straßen schlängeln sich oft dahin, werden auf der Höhe einer breiten Straße oder eines Platzes unterbrochen und verlaufen dann möglicherweise unter demselben Namen einige hundert Meter entfernt in einer anderen Richtung weiter. Dazu kommt, dass von den Straßen selbst noch Innenhöfe abgehen oder sie sich in verwinkelte Gassen verzweigen, in denen die Nummerierung der Straße nach dem Zufallsprinzip weitergeht. Es kann also vorkommen, dass man sich vor der Nummer 35 befindet und gleich daneben das Haus mit der Nummer 78 steht. In diesem Chaos fand sich nicht einmal der Taxifahrer zurecht. Er ließ uns irgendwo an der Straße aussteigen und gab sich geschlagen.

Wir suchten nach etwas, das wie eine Botschaft aussah, mit einer Fahne, einem Schilderhäuschen mit Wachsoldat oder dergleichen, aber in dieser Straße gab es nur Lattenzäune, kleine verwahrloste Gebäude und Lebensmittelgeschäfte. Eine ganze Weile liefen wir auf und ab, dann begegneten wir einem Polizisten, oder so etwas Ähnlichem (er trug jedenfalls eine Uniform), den wir um Hilfe baten. Er sagte, er habe nicht die geringste Ahnung, wo sich die Hausnummer 62 befände, wüsste aber mit Sicherheit, wo die italienische Botschaft sei, und erklärte uns, wie wir mit einem Minibus dorthin kämen. Wir folgten seinem Rat und ließen uns in die angegebene Richtung bringen, zu den neuen Vierteln der Stadt der Zukunft.

Wir stiegen auf ein Zeichen des Busfahrers bei einer Art Gebäudekomplex mit vielen Fahnen aus. Das Diplomatenviertel bestand aus kleinen Villen, die von frisch gemähtem Rasen und einer doppelten Umzäunung umschlossen waren. Davor stand ein Wachposten an der Schranke. Die Fahnen von Frankreich, Spanien, Brasilien, Australien hingen dort ... aber wo war die italienische Fahne? Der Polizist am Schlagbaum sah auf einer Liste nach und schüttelte den Kopf. Dann hob er den Telefonhörer ab und rief jemanden an. Nein, die italienische Botschaft sei hier nicht. Er telefonierte erneut und notierte auf einem Zettel: *Kosmonawtow 62*. Wir machten auf dem Absatz kehrt.

Astana ist wirklich eine skurrile Stadt. Wir marschierten durch eine riesige Baustelle voller Kräne, vorbei an dem einen oder anderen enormen Glaspalast und an vielen Rohbauten. Zwischen den einzelnen Häusern sahen wir nichts als Steppe. Monumentale Gebäude präsentieren sich in den vielfältigsten Stilen – von Neoklassizistisch bis Arabisch. Kasachstan mit seiner Nomadenvergangenheit hat keinen eigenen Architekturstil hervorgebracht: Es herrscht ein Sammelsurium aus Säulen, türkisblauen Kuppeln, schneeweißen Arkaden, großartigen Triumphbögen des Geldes. Unendliche Fluchten und rechteckige, unpersönliche Plätze verbreiten ein Gefühl von Verlorenheit. Das neue Astana ist eine kalte Stadt, gebaut für die Macht, für die Petrodollars, für die Banker und die Investoren aus aller Welt, die hier Geld machen wollen. Es fehlte an allem, und jetzt wird alles aus dem Boden gestampft: Luxusresidenzen für die Elite, Flughafen, Kongresszentren, Ministerien. Die bestbezahlten Architekten der Welt eilen hierher, wo es zwar keine Bauvorschriften gibt, dafür aber unendlich viel Platz und genug Geld, um ihre fantastischen Ideen zu verwirklichen.

So gibt Nasarbajew die Erträge des an Erölreserven drittreichsten Landes der Welt aus, das sich zum Ziel gesetzt hat, bis zum Jahr 2015 drei Millionen Barrel pro Tag zu fördern. Wie lächerlich wirken dagegen die verkleideten Plastikfassaden der alten Gebäude im Zentrum, in denen die Ministerien und die Regierung provisorisch untergebracht sind.

Wir kehrten zur *Kosmonawtow* zurück und fahndeten nach der Nummer 62. Die Spannung stieg, weil die Stadtverwaltung einige Nummern ausgelassen hatte. Wir gingen die ganze Straße ab. In einer Gasse, die zwischen Innenhöfen durchführte, entdeckten wir etwas, das nach einer Botschaft aussah: eine wohlhabend wirkende zweigeschossige, kleine Villa mit einer hohen Umzäunung und einem bewaffneten Wachtposten im Eingang. Während wir näher kamen, fuhr ein funkelnagelneuer Mercedes der S-Klasse an uns vorbei und parkte im Hof. Ihm entstiegen ein distinguierter Herr im grauen Anzug und zwei Knaben, denen eine Person entgegenkam, die ganz nach einem Kindermädchen aussah. Nein, dies war nicht die italienische Botschaft, es war das luxuriöse Heim des Herrn in Grau.

Er hieß Magomed, hatte gepflegte Manieren, Klasse und Stil, mit einem Wort: Geld. Er wies uns nicht am Eingang zu seiner Villa ab, sondern begrüßte uns mit einem Lächeln und hörte sich an, was wir wollten. Als er merkte, dass wir Italiener sind, strahlte er noch mehr und sagte: *»Buon giorno signore, grazie«*.

Das war alles, was er auf Italienisch konnte. Er erbot sich sofort, uns in seinem Wagen mit Lederausstattung und allem Drum und Dran zur Botschaft zu bringen. Er wusste zwar nicht, wo sie war, aber wir würden sie schon finden. Fast tat es uns leid, das elegante cremefarbene Ambiente mit unseren Trekkingschuhen zu beschmutzen. Einen größeren Unterschied zu Cinquino gab es kaum.

Unterwegs erklärte uns Magomed, dass er auch mit Italienern zusammenarbeitete und deshalb »Italienisch sprach«.

»Schaut«, sagte er und zeigte auf eine Agip-Tankstelle, »das ist meine. Es gibt hier noch mehr davon.«

Er telefonierte kurz mit seinem Handy und verkündete dann: »Also, ich weiß jetzt, wo die Botschaft ist.«

Hervorragend.

Nach wenigen Minuten kamen wir in die Nähe eines niedrigen Gebäudes mit Giebeldach an dessen Fahnenmast eine Flagge in Gelb und Weiß wehte. Tatsächlich stand da etwas in Italienisch geschrieben, aber es handelte sich nicht um die italienische Botschaft. Es war der Sitz des apostolischen Nuntius, die Botschaft des Vatikans. Alles war geschlossen und eingezäunt, es gab keine Gegensprechanlage, somit war es unmöglich, nach Informationen zu fragen. Magomed nahm wieder das Handy, redete ein paar Minuten und sagte dann: »Jetzt weiß ich aber, wo das ist!«

Langsam glaubten wir, diese Botschaft existiere gar nicht.

Auf dieser luxuriösen Insel der Ruhe, mit leiser Hintergrundmusik, begann Magomed, sich für uns zu interessieren. Was zwei abgerissene Typen wie wir denn in Astana machten? Wir sahen wirklich nicht wie Geschäftsleute aus, und Touristen sah man hier auch so gut wie keine. Wir erzählten ihm von unserer Reise.

»Da werdet ihr ganz schön viel Benzin brauchen!« – Berufskrankheit. Dann fragte er weiter: »Was haltet ihr von Astana? Nicht schlecht, oder? Na ja, ehrlich gesagt, in Almaty gefiel es mir besser, das ist wirklich eine schöne Stadt. Da gibt es viel Grün, viele Bäume, Geschäfte und Restaurants. Aber jetzt verlagern sich alle geschäftlichen Aktivitäten hierher, und darum ... Wer weiß, vielleicht wird es eines Tages hier auch schön sein.«

Wir kamen zu einem Hotel, einem neuen zehnstöckigen Bau. Draußen, wie vor jedem Hotel einer gewissen Kategorie, standen geflaggte Fahnenmasten, darunter hing auch das italienische Hoheitszeichen.

»Ist es hier?«

»*Kosmonawtow 62*«, sagte Magomed, »da drinnen ist die italienische Botschaft.«

Es war tatsächlich die Adresse, die wir suchten, allerdings befand sie sich mindestens einen halben Kilometer entfernt von dem Punkt, wo wir unsere Suche begonnen hatten. Beim Abschied gab uns Magomed seine Visitenkarte; darauf prangte das Markenzeichen einer Ölgesellschaft, und unter seinem Namen stand in Russisch und Kasachisch geschrieben: Generaldirektor.

Im Hotel sah es folgendermaßen aus: Im ersten Stock befanden sich die englische Botschaft, das British Council, und die italienische Botschaft, dann kamen Büros, Büros und noch mal Büros, einige Etagen waren mit Hotelzimmern ausgestattet, und im neunten

Stockwerk, *off limits,* saß die Botschaft der Vereinigten Staaten. Keine Wache am Eingang, keine Kontrolle, es gab niemanden, den man fragen konnte außer den Hotelportier. Wir stiegen eine breite, weiße Treppe hinauf, neben uns plätscherte eine Wasserkaskade an den Wänden herunter. Marmor, Glas, hier und da etwas Gold bestimmten das Ambiente. Oben, im ersten Stock standen wir vor drei Türen: Auf der einen prangte ein Schild des British Council, auf der zweiten das der englischen Botschaft, auf der letzten stand gar nichts. Die musste es sein, also klingelten wir. Mit einem Summen öffnete sich die Tür zu einem kleinen Büro; von drinnen hörten wir italienische Stimmen. Wir waren richtig.

»Seid ihr die aus Como?«, fragte unvermittelt ein grau melierter Herr. Wir zögerten. »Na gut.« Er ging wieder dorthin zurück, wo er hergekommen war.

Die kasachische Sekretärin begrüßte uns und fragte, was wir wollten. Wir baten darum, mit einem Beamten sprechen zu dürfen. In diesem Moment kam ein großer Mann mit Hakennase dazu, der uns nicht einmal ansah: »Also kapierst du es denn nicht? Du musst immer nach den Papieren fragen, klar?«, schimpfte er mit dem Mädchen. »Das hier ist eine Botschaft, da kommt man nicht so einfach rein!«, und er fuchtelte mit der Hand in der Luft herum, bevor er wieder verschwand.

Wir gaben ihr unsere Pässe und eine Visitenkarte, und sie bat uns, in einem Abstellraum voller Kartons zu warten. Wir fühlten uns gleich wie zu Hause.

»Ach, ihr seid die aus Bari, mit dem Fiat 500! Das hättet ihr doch gleich sagen können!«, beschwerte sich der Graumelierte, als er nach ein paar Minuten in den Warteraum kam.

Er war ein etwas ruppiger Typ, aber doch umgänglich, hatte eine raue Baritonstimme und die Neigung, Wörter zu verschlucken, was seine Gehetztheit verriet.

»Also, um was geht's?«

Wir schilderten ihm rasch die Situation.

»Usbekistan? Ihr seid wohl verrückt«, urteilte er. »Man weiß hier gar nicht, was dort vor sich geht! Es könnte eine Revolution ausbrechen. Es herrscht heilloses Durcheinander in diesen Ländern, man kapiert überhaupt nichts mehr!«

Wir konnten aber nicht mehr warten, konnten nirgendwo anders hin als nach Kirgistan.

»Schlagt euch Kirgistan aus dem Kopf. Denkt daran, wenn ihr dorthin fahrt, können wir nichts mehr für euch tun. Wir haben keine Botschaft in Kirgistan, klar? Geht zurück nach Russland – es bleibt euch nichts anderes übrig. Fahrt von dort aus nach China.«

Wir erklärten ihm, dass wir gerade in der russischen Botschaft gewesen waren und uns der Konsul das Visum verweigert hatte.

»Wenn wir uns entschließen sollten, nach Russland zurückzugehen, bräuchten wir ein Empfehlungsschreiben des Botschafters«, fügten wir hinzu.

»Ach!«, meinte er. »Den Russen trau ich nicht! Und außerdem können wir jetzt keinen solchen Brief schreiben, da muss ich erst mit dem Botschafter sprechen. Ich weiß nicht ... mal sehen ... Und ihr musstet ausgerechnet hierherkommen mit eurem Fiat 500!« Er schüttete sich aus vor Lachen. »Na schön! Allerdings schließen wir jetzt gleich. Ihr macht es so: Sucht euch einen Computer, und schickt mir eine E-Mail, in der ihr erklärt, was ihr wollt. Dann kommt ihr morgen wieder, und wir sehen, was sich machen lässt, okay?«, und er gab uns eilig die Hand. Wir hatten keine Wahl.

Mit gesenktem Kopf trollten wir uns aus dieser sonderbaren Botschaft. Das Glück darüber, dass wir sie nach der elenden Sucherei überhaupt gefunden hatten, wich sofort einem unbestimmten Gefühl von Enttäuschung und dem Eindruck, dass wir von diesen Leuten wenig erwarten konnten. Das Personal in Botschaften neigt dazu, die Risiken, denen sich ein Reisender aussetzt, zu übertreiben. So wollen sie vermeiden, dass sie im Gefahrenfall verantwortlich gemacht werden, und wir wussten das. Aber wir konnten diese eindringlichen Warnungen auch nicht einfach ignorieren.

Wir hatten weder die Zeit, einen alternativen Plan auszuarbeiten, noch konnten wir warten, bis sich die Situation klären würde. Von hier würden wir nicht nach Peking gelangen, so viel stand fest. Das Paradoxe war, dass unsere Reise nicht am vermeintlich größten Risikofaktor – unserem Cinquino – zu scheitern drohte. Er hatte uns tapfer, ohne zu wanken, bis hierher gebracht, und wir wussten, er würde uns mit der gleichen Entschlossenheit ans Ziel bringen, wenn nicht haarspalterische Vorschriften, die uns unsere Bewegungsfreiheit nahmen, uns behinderten und drohten, alles über den Haufen zu werfen.

An diesem Abend im Hotel mussten wir wichtige Entscheidungen treffen. Wieder einmal hatten wir die Karten auf dem Tisch ausgebreitet, wieder einmal mussten wir über eine Kursänderung entscheiden, aber diesmal handelte es sich um eine Änderung, die all unsere Planung auf den Kopf stellte.

Die Reiseroute durch Asien hatten wir monatelang studiert und uns die besten Straßen herausgesucht. Nachdem wir alle notwendigen Visa erhalten hatten, war sie somit die einzig fahrbare Strecke geworden. Wir konnten kleine Abweichungen vornehmen, wie in Wolgograd, aber eines war unumstößlich: Wir mussten nach China über den Irkeshtam-Pass an der kirgisischen Grenze einreisen, denn dort waren wir mit einem Agenten verabredet, der uns die Nummernschilder und die provisorischen Führerscheine für China übergeben sollte. Diese Verabredung war nun allerdings bereits geplatzt, und damit verfielen sowohl das chinesische Visum als auch die Möglichkeit, von hier aus in etwa einem Monat ins Land einzureisen. So viel Zeit war mindestens nötig, um eine neue Verabredung zu organisieren. Würden wir hier so lange abwarten müssen? Und was, wenn auch die anderen Visa abliefen?

Es blieb uns wirklich nichts anderes übrig, als wieder nach Russland zurückzukehren. Aber was hätten wir damit gewonnen? Einmal dort, ständen wir ohne das chinesische Visum da, und es gab nur zwei Möglichkeiten, uns ein neues zu beschaffen: Wir konnten uns an die Botschaft in Moskau wenden, müssten dafür aber Tausende von Kilometern zurückfahren, oder aber an das Konsulat von Chabarowsk, im äußersten Osten Russlands, fast am Japanischen Meer. Von dort könnten wir versuchen, in die Mandschurei einzureisen. In der Zwischenzeit müssten wir dann allerdings eine neue Verabredung mit den Chinesen an dieser Grenze organisieren.

Diese zweite Variante war reine Fiktion. Abgesehen von der extremen Unwahrscheinlichkeit, dass der enorme Organisationsaufwand zu unseren Gunsten ausgehen würde (Erteilung des Visums in Chabarowsk, Knüpfen neuer Kontakte mit den Chinesen, der rechtzeitige Erhalt einer neuen Einreisegenehmigung), bereitete uns eine extrem wichtige Kleinigkeit Kummer: Es gab keine Straße bis nach Chabarowsk!

Die russische Straßenkarte war die einzige Informationsquelle, die wir besaßen, und sie zeigte eine nüchterne Leere von etwa 1500 bis 1800 Kilometern zwischen der letzten sibirischen Stadt, Tschita, und der Hauptstadt des Fernen Ostens. Absolute Leere, nichts. Keine Straße, nur die Gleise der Eisenbahn.

Der einzige, äußerst vage Hinweis, der uns hoffen ließ, diesen Weg einschlagen zu können, war ein Artikel, den wir im vergangenen Sommer in der Zeitung »*Internazionale*« gelesen hatten. Ein Zeitungsartikel! Er war überschrieben: »Die Straße, die es nicht gab« oder so ähnlich, und wir erinnerten uns, dass darin von einem Projekt der russischen Straßenbaubehörde berichtet wurde, diese ungeheuere Leere in einem Zeitraum von etwa zehn Jahren zu schließen. Man hatte schon angefangen, die Berge zu untertunneln, Brücken aufzustellen und breite Schneisen in den Wald zu schlagen, damit die Bulldozer durchkamen. Wie irrsinnig wäre das, sich mit einem Fiat 500 in eine mindestens 1500 Kilometer lange Baustelle mit Baggern und Raupenfahrzeugen zu wagen?

Das war alles, was wir wussten. Selbst die australischen Autoren von »Russia & Central Asia by road«, die mit einem Toyota Land Cruiser bis kurz hinter Tschita gekommen waren, hatten nicht weiterfahren können und schließlich das Auto auf den Zug verladen müssen.

Eine derartige Route quer durch den sibirischen Kontinent einzuschlagen, ohne irgendeine Planung und ohne gesicherte Informationen, die anscheinend bisher von niemandem mit einem solchen Auto befahren worden war, kam uns völlig verrückt vor. Es war aber die einzige Möglichkeit, die uns blieb. So konnten wir wenigstens sagen, wir hätten alles versucht, und dann zwar besiegt, aber mit erhobenem Haupt heimkehren.

Wir fassten diesen verrückten Entschluss leichten Herzens und mit jugendlicher Unbekümmertheit. Im Grunde wussten wir, dass es ein verzweifelter Versuch war, mit wenig Aussicht auf Erfolg, aber das wollten wir uns nicht anmerken lassen. So steigerten wir uns in die Idee hinein, eine bisher noch nie von einem Fiat 500 befahrene Straße auszuprobieren, und philosophierten auch über unsere Euphorie ob dieses unvermittelten Kurswechsels, über unsere Abenteuerlust, den Spaß daran, alle Pläne über den Haufen zu werfen, über die Lust am ziellosen Umherstreifen, über den Sinn des Reisens überhaupt, die Faszination des Unbekannten ...

Kaum hatten wir unseren Entschluss gefasst, begannen die Schwierigkeiten, angefangen beim russischen Visum, von dem wir nicht wussten, ob wir es bekommen würden. In dieser Nacht machten wir beide vor Aufregung kein Auge zu.

Am Freitagvormittag sah der Sitz der Botschaft viel gewöhnlicher aus. An der Tür empfing uns der Hakennasen-Typ in der Uniform eines Carabiniere. Wir setzten uns ins Wartezimmer, zusammen mit einem kasachischen Paar und einem sehr jungen russischen Tycoon, der Generaldirektor von irgendetwas war und wie ein großes Tier behandelt wurde. Der Graumelierte flitzte an der Tür vorbei, begrüßte uns und bat uns, Geduld zu haben. Wir konnten ihn gerade noch fragen, ob er unsere E-Mail vom Vorabend bekommen hatte.

»Das Internet ging nicht«, rief er vom Korridor aus.

Der Carabiniere, der am Eingang des Büros herumhing, mischte sich ein: «Dann seid also ihr die Verrückten mit dem Fiat 500?« Er lächelte. »Ich möchte ja nicht wissen, wie eure Hinterteile aussehen!«, fügte er mit leiser Stimme und einem Grinsen hinzu. Dann lieferte er uns unaufgefordert ein aktuelles Bild der kasachischen Wirklichkeit.

»Es ist übel hier! Aber wir müssen ja bleiben ... In Almaty hingegen, ja, da kann man sich schon ein schönes Leben machen! Tja, da gibt es interessante Abwechslung ... Ihr wisst, was ich meine?«

»Ich habe meinen Sohn an der besten Schule der Stadt angemeldet. Eines Tages begleite ich ihn zur Schule, weil er einen Ausflug macht, und sehe um mich herum einen Haufen Kraftprotze mit Kalaschnikows. Ich sage mir: ›Verdammt, auf was für eine Schule schicke ich denn mein Kind?‹ Wisst ihr, was da los ist? In diese Schule gehen die Milliardärs-Kinder der gesamten Familie Nasarbajew. Da tragen die Jungs Uhren für Tausende von Dollar am Arm ... und dann haben sie Schiss vor Entführungen!«

»Ach ja, die Kriminalität! Hier sind Milliarden Dollar im Umlauf, das macht Appetit. Neulich kam mein Sohn ohne sein Handy nach Hause. Ich fragte ihn, wo es geblieben ist. Er: ›Ich habe es nur einem Freund geliehen ...‹ Na, der kann was erleben! Ich ließ mir den Kerl zeigen, ein Junge um die sechzehn. Unten im Hof habe ich ihn aufgegabelt, ich habe ihn so am Schlafittchen gepackt und ihm gesagt: ›Gib meinem Sohn sofort sein Handy zurück, oder ich breche dir alle Knochen!‹, genau so auf Russisch. Da tauchte der ältere Bruder von dem auf, ein übler Kasachentyp mit Verbrechervisage, aber ich lass mich doch nicht einschüchtern. Schließlich haben sie die Polizei gerufen, ich habe mich ausgewiesen, und damit war es erledigt, aber wenn nicht ... Ja, so muss man es machen, man muss sich hier Respekt verschaffen. Hier herrscht noch das Gesetz der Clans! Ja, sie bauen da große verspiegelte Paläste und so, aber sie sind einfach nicht reif dafür ... Sie sind immer noch Nomaden ... Schaut, ich wohne genau hier in dem schönen Gebäude da, aber drinnen ... na ja«, er sah sich um und dämpfte seine Stimme, »da scheißen sie noch auf die Treppen!«

Die Lektion dauerte glücklicherweise nicht lange.

Dann wandte sich ein Funktionär in Jackett und Krawatte an uns.

»Also, nun zu euch! Ich erinnere mich an die Mail, die ihr mir vor einigen Monaten geschickt habt, und ihr habt es tatsächlich bis hierher geschafft! Ja, Dottore Barnieri hat recht, sowohl Usbekistan als auch Kirgistan solltet ihr meiden: *no way!* Nun ja. Ihr habt ja gesehen, wie es bei uns hier aussieht ... das Büro in Pappkartons. Was? Nein, das ist nicht provisorisch. Dies ist der definitive Sitz der italienischen Botschaft in Astana. Die englische und die amerikanische im neunten Stockwerk, die sind provisorisch. Tja, die Amerikaner richten sich einen riesigen Palast mitten im Zentrum ein. Aber sagt mal, wie ist der 500er denn so gegangen auf diesen Straßen? Keine Panne? Wirklich nicht? Die Mondkrater im Asphalt habt ihr doch gesehen, oder? Stellt euch vor, ich habe mir meinen Landrover auf diesen Straßen ruiniert! Ich weiß nicht, was mich geritten hat, mit 100 Stundenkilometern durch die Steppe zu rasen!« Er verbarg sein Lachen hinter der vorgehaltenen Hand. »Und den Herrn Botschafter, habt ihr ihn schon kennengelernt? Ah, noch nicht?«

Der Beamte entschlüpfte in die Büros und wünschte uns zuvor alles Glück der Welt.

Wir warteten weiter.

Der Herr Botschafter kam, um den russischen Tycoon zu begrüßen, und geleitete ihn feierlich zu seinem Büro. Um uns die Langeweile zu vertreiben, veranstalteten wir auf den rollenden Bürostühlen Wettrennen.

Endlich kam der grau melierte Herr herein.

»Also, wir schreiben jetzt dieses Protokoll ... das ist besser als ein Brief, denn ich traue den Russen nicht ... Wir schreiben rein, dass ihr von Fiat gesponsert seid – große Namen machen immer Eindruck –, dann fügen wir hinzu, dass ihr nach China müsst und zwar über Chabarowsk, richtig? Wie viel Zeit braucht ihr – reichen ein paar Wochen? Das ist zu wenig? Aber mit diesem 500er ... Na schön, schreiben wir einen Monat. Schafft ihr das? Na ja, wenn nicht, ist das euer Problem!«, und er lachte wieder sonor. »Also ihr bleibt jetzt hier und wartet, während ich das stempeln lasse und dem Botschafter zum Unterzeichnen gebe, dann wird es noch übersetzt. Ach, übrigens, habt ihr den Botschafter schon kennengelernt? Was, noch nicht?«

Fabrizio und ich hatten alle Zeit, unseren Wettkampf mit den Drehstühlen zu beenden, den Botschafter dabei zu beobachten, wie er einige andere wichtige Gäste begrüßte und zur Tür begleitete, in der Kantine im Erdgeschoss in Gesellschaft des Carabiniere mit der Hakennase zu essen, der sich wunderte, dass wir immer noch nicht die Bekanntschaft des Botschafters gemacht hatten.

Es war schon Nachmittag, als wir das Hotel verließen, in den Händen ein Brieflein voller schwülstiger ehrerbietiger Formeln, wie sie Diplomaten so lieben. Seit dem frühen Morgen hatten wir jedes Gefühl für die Zeit, die wir bis nach Chabarowsk brauchen würden, und für die Notwendigkeit eines neuen Visums für China verloren.

Die Wärme und die italienische Lebensart hatten uns gutgetan, aber ein wenig mehr Professionalität hätte uns auch gefallen. Wir hofften, dass das Ergebnis des langen Wartens das kalte Herz des russischen Konsuls für uns einnehmen würde. Den Botschafter haben wir übrigens nicht kennengelernt.

Am selben Nachmittag überfielen wir regelrecht das russische Konsulat: Wir gestikulierten durch die Gitterstäbe des Tors, riefen laut und wedelten mit dem Brief, damit man uns aufmachte, obwohl schon seit geraumer Zeit geschlossen war. Wir holten die Hälfte des Personals aus den Büros; beim ungeschickten Versuch, dem Polizisten bei unserer Durchsuchung behilflich zu sein, zerbrachen wir sogar noch eine große Vase am Eingang. Wir veranstalteten ein solches Getöse, dass sie uns sicher etwas dafür bezahlt hätten, um uns loszuwerden. Das Protokoll unserer Botschaft nutzte nichts. Darin war von »Transit« die Rede. Aber wieso Transit? Wir hatten unseren Leuten erklärt, dass ein Transitvisum in Russland höchstens zehn Tage Gültigkeit hat. Und was hatten sie gemacht? Hatten eben dieses Wörtchen in das Protokoll geschrieben. Ein kleines Wort, das uns nun festnagelte. Innerhalb von zehn Tagen würden wir nirgendwo hinkommen. Wir könnten höchstens 2000 oder 3000 Kilometer zurücklegen, aber Chabarowsk, das 10 000 Kilometer von hier entfernt lag, würden wir nicht erreichen.

An diesem Punkt führten Fabrizio und ich ein Gejammer auf, das dem besten neapolitanischen Straßentheater zur Ehre gereicht hätte: Wir zeigten uns verzweifelt, bar jeder Hoffnung, unglücklich und vom Pech verfolgt, vom Schicksal geächtet. Es fehlte wenig, und wir hätten zu weinen angefangen. Die anbetungswürdige Frau Margareta – wir hatten sicher mütterliche Instinkte bei ihr geweckt – stimmte einer Ausnahme von der Regel zu: 14 Tage und keinen mehr, dann schnurstracks nach China.

Sie erlaubte uns, alle Formulare sofort auszufüllen und sie am nächsten Vormittag um neun Uhr, sobald das Konsulat öffnete, abzuholen.

Vierzehn Tage! Wohin konnten wir wohl in 14 Reisetagen kommen!? Raus aus Kasachstan und hinein in die Taiga, und dann? Ohne Visum würden wir uns im Herzen Sibiriens wiederfinden, mit einer Polizei, die uns jeden Tag anhielt, außerdem mussten wir, um in der miesesten Absteige zu nächtigen oder um Geld zu wechseln, ständig den Pass vorzeigen, und niemand war scharf auf Schwierigkeiten ... Wir agierten, wie gewöhnlich, ohne nachzudenken. Wir akzeptierten das Visum, das uns Frau Margareta angeboten hatte, holten es am nächsten Morgen ab und machten uns sofort auf nach Pawlodar.

Die Steppe, das Erdöl und ein atomares Testgelände

Die Tachonadel ging schwindelerregend nach oben. Es war pechschwarze Nacht, und wir fuhren mit 100 Stundenkilometern dahin. Die Straße – gerade, eben, übersät mit Schlaglöchern – war eine einzige Falle. Und die Geschwindigkeit stieg immer noch. 110, 120 ... der scheckige Asphalt schien unter unseren Reifen zu knistern, und die Steppe verschwand in der Dunkelheit vor unseren Fenstern. Keine Katzenaugen, keine Markierungen auf der Straße, nichts, an dem sich die Augen festhalten konnten außer dem Lichtstrahl der Scheinwerfer, der von der Dunkelheit verschluckt wurde und der bei dieser Geschwindigkeit nicht heller war als eine Tranfunzel. 130, 140 ... die Steppe kann bei Nacht eine noch befremdlichere Landschaft sein, bei dieser Geschwindigkeit auf einem so unsicheren Asphaltstreifen sogar eine recht schauerliche. 160 ... wir holperten über die Wellen der Dunkelheit, ohne darüber nachzudenken, wohin wir fuhren. Und, vor allem, ob wir zurückkommen würden ...

Die Tachonadel erreichte 180. Andrej korrigierte mit ausgestreckten Armen ständig das vibrierende Lenkrad seines BMW. Michail, neben ihm, grinste zufrieden. Fabrizio und ich klammerten uns mit klopfenden Herzen an den Griffen der Hintertüren fest. Sollte das unser Ende sein, in der Steppe Kasachstans?

Als wir im Dorf ankamen, atmeten wir erleichtert auf, bevor wir gleich wieder mit Schrecken an die Rückfahrt nach Pawlodar denken mussten. Kein einziges Licht erhellte die Straße aus gestampfter Erde, und bei ausgeschaltetem Motor war die Stille sehr beruhigend. Irgendwo in der tiefschwarzen Nacht rauschte nicht weit entfernt ein Fluss oder ein Bach. Andrej – schwarze Hose, schwarzes Hemd und schwarze Lederjacke – bewegte sich in dieser düsteren Finsternis absolut souverän. Aus dem Nichts hörten wir Stimmen, das Schließen einer Tür, das Trampeln von Andrejs Stiefeln auf dem Boden.

»Alles klar! Jetzt haben wir eine Videokamera für morgen.«

Wieder schossen wir mit rasender Geschwindigkeit durch den Raum, die 40 Kilometer bis nach Pawlodar dauerten nur einen Wimpernschlag; die grelle Beleuchtung der Stadt blendete uns nach all dieser Finsternis.

Michail und Andrej hatten wir kennengelernt, als wir gerade in Pawlodar angekommen waren, und sie hatten sich sofort bereiterklärt, uns in allem behilflich zu sein.

»Ein günstiges Hotel? Da kennen wir eines – kommt mit! Einen Parkplatz? Da, wir begleiten euch hin! Abendessen? Es gibt ein sehr gutes Restaurant, wir laden euch ein! Und morgen bringen wir den Fiat zur Kontrolle in die Werkstatt eines unserer Freunde, umsonst. Und dann machen wir auch ein Interview im Fernsehen ...« Und so weiter und so fort.

Die beiden arbeiteten beim Lokalsender der großen russischen Fernsehanstalt RTR für eine Autosendung. In Pawlodar ist tatsächlich alles russisch: Die meisten Einwohner, die Zeitungen, die Fernsehsender, die Musik, die Kirchen, die traditionellen Holzhäuser, der soziale Wohnungsbau, einfach alles. Sogar der Fluss, der die staubige Stadt mütterlich umschließt, ist durch und durch russisch: der Irtysch. Eine Schiffsreise von hier in das sibirische Omsk dauert zwei Tage und eine Nacht.

Pawlodar hat Besuchern nicht viel zu bieten: Die große Moschee entstand nach dem Modell einer Raketenbasis aus den Sciencefiction-Filmen der 50er-Jahre. 1999 wurde die Blagoweschtschenskij-Kathedrale erbaut, als Erinnerung an ein früheres Gotteshaus, das während der Revolution zerstört worden war. Dann gibt es noch den Lermontowskij-Strand und das quietschende Riesenrad im Park. Also nichts, was einen hierherlocken könnte. Wir machten in dieser ungesunden und verseuchten Stadt auf unserem Weg zurück nach Russland nur Station, damit wir nicht wieder dieselbe Straße nehmen mussten, die wir gekommen waren. So konnten wir uns gleichzeitig schon ein wenig nach Osten in Richtung Sibirien vorarbeiten. Russland war von hier nur 200 Kilometer entfernt, näher dran war das Nukleartestgelände Kurtschatow, bekannt unter dem Namen »Polygon«. Von 1946 bis in die 80er-Jahre waren in dieser Region Atombomben von über 60 000 Kilotonnen Sprengkraft gezündet worden, das war 5000-mal so viel, wie auf Hiroshima fiel. Ein derartiges atomares Wüten hat auch die Landschaft mitgenommen. Das erschütterndste Ergebnis ist der Tschagan-See, der Atomsee. Es ist absolut verboten (und äußerst gefährlich), sich ihm zu nähern; er entstand durch eine Detonation von 130 Kilotonnen, und der Krater füllte sich mit Wasser, dessen radioaktive Strahlung noch heute hundertmal höher ist als die natürliche. Nach den Explosionen transportierte der Wind den atomaren Staub Hunderte von Kilometern weit. In dieser Region leiden drei- bis viermal so viele Menschen wie im Rest des Landes an Krankheiten, die durch die Strahlung verursacht werden.

Doch die zuvorkommende Gesellschaft von Michail und Andrej machte unseren Aufenthalt in Pawlodar, gemessen an diesem unwirtlichen Ort, unerwartet angenehm.

»Aber eines verstehe ich nicht«, sagte Andrej. »Warum macht ihr Werbung für ein Auto, das schon alt ist? Wir haben hier auch so ein Auto, den Saporoshez.«

Das stimmte, der Saporoshez war nichts anderes als ein Fiat 600.

»Eigentlich wollen wir zeigen, dass auch ein altes Auto noch große Dinge kann.«

»Und dafür bezahlen sie euch?« Das war für die beiden völlig unvorstellbar.

»Kein Mensch bezahlt uns dafür etwas! Wir bezahlen das alles selbst. Die haben uns nur die Sweatshirts und die Aufkleber geschenkt!« Da mussten wir allesamt lachen. Diese beiden Jungs mit ihrem wachen Verstand konnten es nicht fassen, dass zwei Erwachsene ihr Geld für eine so weite Reise mit einem Fiat 500 ausgaben.

»In Italien habt ihr Ferrari, Lamborghini ... Warum ausgerechnet diesen Fiat?«

Wie konnten wir ihnen nur klarmachen, dass in Italien nicht jeder mit einem Lamborghini herumfährt?

Abgesehen von der Schwärmerei für Autos und Motoren, die ihre Leidenschaft waren, während uns diese Dinge eher kalt ließen, waren Michail und Andrej zuvorkommende und begeisterte Gastgeber. Ihre Aufmerksamkeit erschöpfte sich nicht darin, uns die Stadt und ihre vielfältigen Reize zu zeigen, ein Fernsehinterview mit uns zu produzieren und uns im besten russischen Restaurant von Pawlodar zum Essen einzuladen, sondern sie organisierten auch einen Check-up für unseren 500er in der Werkstatt eines Freundes.

Wir vertrauten Cinquino Kostia an, dem Freund und Werkstattinhaber. Die Räder hingen träge von der Bühne, auf die ein bunter Trupp Mechaniker ihn aufgebockt hatte. Unsere Ankunft in dieser schäbigen Werkstatt hatte Kostia sowie alle Mechaniker und Hilfskräfte in heitere Aufregung gestürzt. Zu zweit friemelten sie an Radnaben und Halbachsen, einer machte sich an der Schaltung zu schaffen, ein anderer inspizierte die Ölwanne, und der Spezialist, wie Kostia ihn nannte, überprüfte mit einem merkwürdigen Gerät, nach dessen Funktion wir uns nicht erkundigten, die Leistung des Motors. Fabrizio biss sich bei einer Partie *nard* mit einem der Jungen aus der Werkstatt fest, während Michail und Andrej sich über so viel Professionalität freuten. Kostia überwachte die Vorgänge, gab allen Anweisungen und offerierte uns einen dampfenden Kaffee.

»Er ist ein Spezialist, seht ihr! Jetzt kontrolliert er die Zylinder ... Was? Der zweite? Ihr habt ein Problem am zweiten Zylinder, er geht nicht ... Ja, der zweite Zylinder geht nicht so gut. Vielleicht ist es das schlechte Benzin? Tankt anständiges Benzin, und die Sache hat sich!«

Der Spezialist nickte. Er wirkte wenig überzeugend. Dann gingen wir dazu über, den Zustand der Achslager der Vorderräder anzusehen, sie hatten unter den trostlosen Straßenverhältnissen am meisten gelitten; vor allem das rechte, das das mörderische Schlagloch in Saratow abgekriegt hatte, beunruhigte uns.

»Aha«, machte Kostia und drehte das Rad mit den Händen. »Seht ihr? Das ist ein bisschen beschädigt.«

»Beschädigt? Wie lange hält es noch? Müssen wir uns Sorgen machen?«

»10 000 Kilometer garantiert!«, meinte er. »Mindestens 10 000 ...«

Dann lockerte er noch einmal die Kupplung, spitzte die Ohren, drehte noch einmal ...

»Ihr müsst auf dieses Geräusch achten«, fügte er hinzu. »Wenn er so ein Geräusch macht, könnt ihr beruhigt sein, aber ihr müsst aufpassen, dass es nicht stärker wird.«

»Und was machen wir, wenn es stärker wird?«, fragten wir und hingen an seinen Lippen.

»Was ihr macht? Ihr dreht das Autoradio lauter!«, lachte er. So blöd war der Scherz nicht: Die Auffassung von Funktionieren variiert je nach Breitengrad. Bevor hier jemand sagt, ein Teil funktioniert nicht und muss ausgetauscht werden, wartet man lieber ab, bis es völlig den Geist aufgibt und nicht mehr zu reparieren ist. Warum etwas daran tun, wenn du noch 10 000 Kilometer fahren kannst, bevor es dich im Stich lässt? In diesen Werkstätten mühen sich unsagbar geduldige Künstler mit im Westen längst vergessenen Fähigkeiten ab – nur ausgerüstet mit Einfallsreichtum, Zange und Schweißbrenner. Sie rekonstruieren, schweißen, schrauben und bolzen zusammen – selbst mechanische Teile, die eigentlich schon völlig hinüber sind. Bevor die ein Ritzel oder eine Riemenscheibe wegwerfen, machen sie noch was daraus.

In Saratow hatten wir ein Taxi erwischt, in dem die Kupplung hinüber war und die Gänge mit roher Gewalt und mittels Stochern im Alteisen eingelegt werden mussten – an Reparatur dachte keiner. In Tscheljabinsk hatte uns der Wolga, der uns zum Hotel brachte, in eine Dampfwolke aus dem Kühler eingehüllt. Genau für diesen Fall war der Fahrgastraum voller Wasserflaschen; einmal aufgefüllt, lief der Wagen wieder ein paar Kilometer. Viktors Samara in Ufa hatte keinen ersten Gang mehr, aber es blieben ihm ja noch die anderen vier. Die mechanische Abnutzung kann ungestraft höchste Grade erreichen, der Krach beim Schalten ist ein bisschen Lärmbelästigung für die Ohren, die ständigen Pannen sind willkommene Pausen zwischen einer Reparatur und der nächsten, und um weiterzufahren, genügt ein Wort: *rabotet,* »funktioniert«.

Wenig ermutigt von der Diagnose dieses Check-ups verließen wir Kostias Werkstatt, nach unzähligen Gruppenfotos mit Cinquino, Händeschütteln, Trinksprüchen, Grüßen und guten Wünschen.

Marina sprach korrektes Schulenglisch, langsam und bedächtig, so wie es ihrem Wesen entsprach. Ihre Zurückhaltung wirkte nicht aufgesetzt, sie kam von innen. Marina war die Frau von Michail.

»Wir Russen sind hier eine Gemeinde mit sehr starken Bindungen«, erklärte er und schlürfte dabei seinen *soljanka,* den typischen Eintopf. »Wir achten darauf, den russischen Lebensstil zu erhalten, die russischen Traditionen und all das. In der ersten Zeit, als sich Kasachstan von der UdSSR getrennt hatte, sah es so aus, als müssten wir alle fort von hier. Aber dann hat sich die Lage gebessert. Seit Putin sind die Beziehungen zu Kasachstan viel enger: Er und Nasarbajew sind Freunde. Daher werden die Russen im Norden mehr beachtet. Im Grunde wird es kein großer Unterschied sein, ob man hier oder in Russland lebt! Wir haben russisches Fernsehen, Restaurants wie dieses ... Wir haben auch die Kathedrale wiederaufgebaut!«

Michail und Marina lebten vom Gehalt seiner neuen Arbeit bei einer multinationalen Ölfirma, das sie durch seine Arbeit beim Fernsehen und ihre Englisch-Lektionen aufbesserten.

»Ein einzelnes Einkommen reicht einfach nicht«, sagte Michail. Nur so konnten sie sich eine Wohnung in einer großen Anlage direkt am Fluss leisten und vor allem ihrer Tochter eine angemessene Bildung ermöglichen. Aber weder Auto noch Urlaub waren damit zu bestreiten.

Andrej schien es etwas besser zu gehen. Der Kauf eines zehn Jahre alten gebrauchten BMW war die einzige Verrücktheit, die er sich nach langem Sparen und einer schnell gescheiterten Ehe zugestanden hatte.

»Bei uns heiratet man sehr früh. Und dann bekommt man auch gleich Kinder ... Nein, ich habe keine Kinder, dafür hat die Zeit nicht gereicht ... aber wenn man mit 19 Jahren heiratet, kann es leicht passieren, dass nach ein paar Jahren die Ehe schiefgeht. Jetzt denke ich gar nicht daran, wieder zu heiraten, ich muss viel arbeiten, sparen und Geld auf die Seite legen, man weiß ja nie, was alles passieren kann ... Wir haben so viele Wirtschaftskrisen erlebt, und unsere Ersparnisse haben sich in Rauch aufgelöst – wer sagt uns, dass das nicht wieder geschieht? Jetzt wechseln wir alles sofort in Dollar um, die wir auf die Seite legen, und falls es dann wieder so kommt ...«

Alle drei, Michail, Marina und Andrej, waren noch weit unter dreißig. Was müssen wir für einen Eindruck auf sie gemacht haben mit unserem Drückebergeraussehen, ohne Frau und Kind, unterwegs durch Asien mit einem alten Fiat?

»Ihr *inostrancy* seid tatsächlich ziemlich seltsam! Zwei wie ihr hättet in Russland wahrscheinlich schon die zweite Frau und einen Stall voll Kinder«, sagte Marina lachend.

Sie sprachen alle drei von Russland, sagten »hier« und »bei uns«, meinten damit aber nicht das Land Kasachstan: An diesem Ort macht die Gemeinschaft und nicht die künstliche Grenzziehung durch Stalin die Zugehörigkeit zu einer Nation aus.

»Das ist übrigens ein Restaurant für Reiche«, bemerkte Michail irgendwann, »wir waren hier noch nie.«

Das war ihre unschuldige Art, uns zu zeigen, dass sie uns für Gäste hielten, die die beste Behandlung verdienten. Im Übrigen war das Lokal völlig leer, und die Bedienungen schienen an den Umgang mit Gästen kaum gewöhnt zu sein.

»*Schtschot, paschalsta!* Die Rechnung, bitte«, bat Andrej die Kellnerin am Ende des Essens.

Sie waren wild entschlossen, uns einzuladen, und wir wollten sie nicht in Verlegenheit bringen, indem wir ihre Gastfreundlichkeit ablehnten, aber als das Mädchen Andrej die Rechnung präsentierte, sahen wir ihn regelrecht erbleichen. Michail erging es ebenso: Die 7000 Tenge waren mehr, als sie sich vorgestellt hatten. Wir versuchten, sie auszutricksen, aber uns bezahlen zu lassen kam für sie nicht in Frage. Da erfanden wir eine nicht existierende italienische Tradition, die angeblich vorschrieb, dass in Begleitung einer einzelnen Frau die Männer sich den Betrag teilten. So konnten wir diese Rechnung wenigstens halbieren.

Gemeinsam brachten wir Marina nach Hause – sie musste auf die Tochter aufpassen. Dann begleiteten uns Andrej und Michail ins Hotel, das etwas außerhalb der Stadt lag. Irgendwie wollten wir ihnen zeigen, wie sehr wir ihre spontane Gastfreundschaft geschätzt hatten. Wir waren zwar den ganzen Tag in der Stadt unterwegs gewesen, hatten aber noch keine Gelegenheit gefunden, ein Geschenk zu kaufen, also gaben wir ihnen etwas von unseren wertvolleren Sachen: zwei Paar sündteure, nie getragene Pilotenschuhe, die uns der Sponsor wie eine Reliquie überreicht hatte. Wir hätten sie auf den Werbeveranstaltungen bei unserer Ankunft in Peking tragen sollen. Ihr strahlendes Lächeln zeigte uns, dass das Geschenk willkommen war.

Eine rot-weiße, angerostete und mit einem Draht befestigte Schranke markiert die Grenze von Tscherlak. Der Rost scheint hier alles in Besitz zu nehmen, sogar die Gesichter und das Benehmen der Polizisten, angefressen von einer wenig reizvollen Arbeit an einem wenig reizvollen Ort.

Drei oder vier Zugwaggons waren zu Büros für die Zöllner umfunktioniert worden. Hier die kasachischen, 20 Meter weiter die russischen. Dazwischen wurde die zukünftige Zollstation gerade gebaut. Es gab nur Trostlosigkeit, Wind sowie den einen oder anderen Shiguli oder alten Volkswagen. Und Mückenschwärme, Millionen angriffslustiger Mücken. Entfesselte Heerscharen unerträglicher Insekten, die in Kragen, Ohren, Nasenlöcher eindrangen und zu Hunderten stachen, ohne dass man ihnen entkommen konnte. Um uns herum prasselten Ohrfeigen und Schläge nieder, niemand war gegen die Biester gefeit. Die Zöllner saßen versteckt hinter einer Glasscheibe mit einem Schlitz, durch den kaum ein einzelner Pass ging und der sofort wieder geschlossen wurde. Es schien, als hätten sich die Mücken von ganz Russland und Kasachstan an diesem Nachmittag hier versammelt.

Die Prozedur war ungewöhnlich: eine schnelle Durchsuchung durch einen schläfrigen Beamten an der Schranke, eine lange, schweigsame und unerklärliche Teestunde mit einer kasachischen Polizistin, die Übergabe in russische Hände, eine nicht enden wollende Wartezeit ohne Erklärung oder Forderung auch nur eines einzigen Rubels, dann hieß es: Alles in Ordnung. Und wir waren weg ...

Es war der 20. Mai, und wir reisten gerade zum zweiten Mal nach Russland ein.

5 Ferien in Sibirien

Bedenkt man die extreme Eintönigkeit der Landschaft, die oft miserablen Straßenverhältnisse, das Fehlen jeglicher angemessener Beschilderung, die unzähligen Polizisten mit Adleraugen, die nur darauf warten, bestochen zu werden, und die schwierige Treibstoffversorgung, ganz zu schweigen von den Preisen für Ersatzteile, dann bleiben wirklich nur noch wenige Gründe, um eine Reise nach Sibirien im Auto auf sich zu nehmen.

»LONELY PLANET RUSSIA & BELARUS«

Das schlafende Land

Zur Orientierung: Irkutsk war 3000 Kilometer entfernt; Tschita 4600 Kilometer; Chabarowsk 6500 Kilometer. Seit unserer Abreise waren wir 8700 Kilometer gefahren. 14 Tage sind nicht gerade viel, angesichts von Tausenden von Kilometern durch Birkenwälder, und vier Tage waren bereits um. Außerdem mussten wir noch klären, wie wir nach China einreisen würden. Bevor wir Astana verließen, hatten wir unseren Plan in einer kurzen E-Mail nach Turin geschickt, aber bis jetzt konnten wir noch nicht prüfen, ob Fiat schon geantwortet hatte. Unsere Idee war eigentlich ganz einfach: Wir hatten darum gebeten, mit den chinesischen Partnern von Fiat Kontakt aufzunehmen, damit diese uns ein Einladungsschreiben an das chinesische Konsulat in Chabarowsk schicken konnten – und zwar so, dass dies bei unserer Ankunft dort schon vorliegen würde. In der Zwischenzeit sollte Fiat sich darum kümmern, uns die Einreisegenehmigungen nach China zu besorgen, und den Grenzübergang festlegen.

Wir verschwiegen, dass wir mit unserem neuen russischen Visum nicht einmal in die Nähe von Chabarowsk kommen würden und dass, wenn wir es nicht irgendwie verlängert bekämen, wir in ernsthafte Schwierigkeiten geraten würden und alles abblasen müssten. Zudem war da noch das große schwarze Loch von Tschita bis Chabarowsk... Kurz und gut, voller Ungewissheit trieben wir ein heikles Projekt voran, das uns aber die Illusion von planerischem Geschick vermittelte. Es bot zumindest den Anschein, realisierbar zu sein, so dass die schlauen Leute in Turin nicht auf die Idee kommen würden, uns im Herzen Sibiriens uns selbst zu überlassen.

Sibirien erweckt in der Fantasie vieler Menschen schreckliche Vorstellungen von Trostlosigkeit und Leid. Schon seit jeher war es ein Land der Extreme, ein Ort der Verbannung und Deportation, angefangen bei den vom Zar zwangsverschickten Dekabristen über das grenzenlose Netz stalinistischer Gulags bis hin zum mehr oder minder freiwilligen Exil von zahllosen Arbeitern und Bergarbeitern, die dort die Schätze aus dem Boden graben und saugen. *Sibir* ist tarisch und bedeutet »das Land, das schläft«. In diesem Land, das zweieinhalb Mal so groß ist wie Europa, fallen die Temperaturen so tief wie in keinem anderen von Menschen bewohnten Gebiet der Erde. Im Norden bleibt der harte Permafrostboden das ganze Jahr über meterdick gefroren, und sechs Monate im Jahr bedeckt der Schnee dort alles. Die Häuser muss man in einer Art Pfahlbauweise errichten, damit sie nicht im Eis versinken, das durch die Heizwärme schmilzt.

Sibirien ist ein vergewaltigtes Naturparadies. Es ist ein Land mit unendlich vielen Tier- und Pflanzenarten, von denen einige vom Aussterben bedroht sind, aber es ist auch ein Land mit unschätzbaren natürlichen Rohstoffquellen. Hier gibt es mehr Erdöl als in Kuwait, mehr Diamanten als in Südafrika und mehr Erdgas als in irgendeinem anderen Teil der Welt. Und dann stecken unendliche Mengen an Mineralien und Metallen mit unaussprechlichen Namen im Boden, die für die verrücktesten Zwecke verwendet werden. Deren ungeregelter Abbau hat die Natur unglaublich verunstaltet.

Die hiesige veraltete Industrie verschwendet und verseucht die Ressourcen der Natur. Seit Jahrzehnten hat sie rücksichtslos Erde, Luft und Wasser vergiftet. Sie hat aus der UdSSR eine Weltmacht gemacht, und durch sie ist Russland heute das Land mit den meisten Dollarmillionären nach den USA.

Omsk liegt noch vor den Toren Sibiriens, und an diesem strahlenden Sonnentag schimmerte es wie eine Perle am Zusammenfluss von Irtysch und Om. Im Straßengewirr des Zentrums leuchteten die verzierten Fassaden cremefarben, die Dächer der vorrevolutionären Herrschaftshäuser des Bürgertums, das sich hier ein goldenes Exil geschaffen hatte, funkelten grün und bordeauxrot. Der Strand war überfüllt mit jungen Mädchen, die ihrer milchweißen Haut die erste Frühlingssonne gönnten; in den Cafés am Flussufer versammelten sich junge Leute in gepflegter modischer Kleidung. Etwas weiter weg, im Park, wurde *schaschlik* gebraten, dazu trank man Bier, während in den Geschäften der Karl-Marx-Straße die Marken Levi's, Adidas, Benetton und Nike zu haben waren.

Vor der Oktoberrevolution hatte die Stadt eine nie gekannte Blüte erlebt. Der Bau der Transsibirischen Eisenbahn hatte einem wohlhabenden und unternehmungslustigen Bürgertum zusätzliches Wirtschaftspotenzial geboten, das auch Geschäftsleute und Diplomaten aus Europa anzog: Großbritannien, Holland und Deutschland eröffneten hier ihre Konsulate. Besucher wurden verzaubert, und die Bewohner der Stadt waren stolz darauf – bis die Bolschewiken kamen. Es folgten Deportation, Kollektivierung, Zerstörung der Kirchen, Vernichtung jeglichen Handels, Aufbau von Schwerindustrie.

Wir waren in einer düsteren Kaserne am anderen Flussufer untergekommen, das einzige Angebot für unter 1000 Rubel. Ein Spaziergang von zehn Minuten über die alte Leningrad-Brücke führte uns ins Zentrum. Links erhoben sich Turmspitzen und Kuppeln, rechts

Mietskasernen und Schornsteine. In der Mitte spross viel Grün, und gemächlich floss das Wasser dahin.

Früher oder später wird das OVIR *(Office of Visas and Registration)* zum Alptraum all jener, die ein Problem mit ihrem russischen Visum haben. Das OVIR, so heißt es in den Reiseberichten, sei der erste Ort, zu dem man sich begeben muss, um als Fremder einen Vorgeschmack von den drakonischen Regeln für den Aufenthalt auf russischem Gebiet zu bekommen. Und es sei der letzte Ort, an den man gehen sollte, wenn man nicht ausdrücklich Scherereien sucht.

Allein das richtige Büro zu finden gestaltete sich bereits schwierig, denn seit Jahren heißt es offiziell nicht mehr OVIR, aber alle ignorieren den neuen Namen und nennen es immer noch so. Es ist eine Unterabteilung des Innenministeriums der russischen Föderation und hat Ableger in allen wichtigen Städten. Theoretisch muss sich dort jeder Fremde registrieren lassen, wenn er länger als drei Tage bleiben will. Allerdings kann man bei einer Kontrolle leicht ein falsches Ankunftsdatum in der Stadt angeben, vor allem wenn man mit dem Auto unterwegs ist. Außerdem empfiehlt es sich, der Concierge eines Ausländer-Hotels ein Trinkgeld zu geben; sie wird dann einen Stempel auf die Einreisekarte setzen, der genauso viel wert ist wie eine Registrierung, einem aber den Besuch der *apparatschiks* im OVIR erspart.

Momentan konnten wir allerdings nicht darauf verzichten: Wir wollten nämlich nicht abwarten, bis unsere Visa abliefen, sondern so früh wie möglich eine Verlängerung beantragen, und das musste im OVIR geschehen. Mit Tausenden von Kilometern zwischen einer Stadt und der nächsten war es besser, das sofort zu versuchen. Allzu viele Gelegenheiten würden wir dazu nicht mehr haben.

Das OVIR in Omsk lag am Ende einer baumbestandenen Prachtstraße, in der zahlreiche Behörden residierten. Draußen, auf dem

Bürgersteig trafen wir die übliche Gesellschaft von Einwanderern an, Chinesen, Kaukasier, Türken. Wir gingen eine kleine Treppe hinauf, tappten zwischen Namensschildern, geschlossenen Büros, Warteschlangen und unverständlichen Schildern herum. Dann entdeckten wir endlich das für unser Anliegen zuständige *kabinet,* setzten ein gewinnendes Lächeln auf, hielten die westlichen Pässe deutlich sichtbar in der Hand und traten ein. Unsere erste Begegnung mit dem Monolithen des Innenministeriums spielte sich ungefähr so ab:

»Guten Tag, Entschuldigung ...«

»Heute nicht, kommen Sie morgen wieder.«

»Wir sind Italiener.«

»Heute keine Registrierungen.«

»Nein, hören Sie ...«

»Ich habe gesagt: heute keine Registrierungen. Kommen Sie morgen wieder.«

»Es geht nicht um eine Registrierung ...«

»Dann sind Sie hier falsch.«

»Wir brauchen eine Visa-Verlängerung.«

»Verlängerungen gibt es nicht.«

»Hören Sie, wir sind mit dem Auto hier und ...«

»Mit dem Auto? Dann ist das Ihr Problem.«

»Wir brauchen eine Verlängerung um mindestens ...«

»Verlängerungen gibt es nicht.«

»Aber wie sollen wir ...«

»Das ist nicht mein Problem.«

»Sagen Sie uns doch wenigstens ...«

»Wir machen hier keine Verlängerungen, versuchen Sie es woanders.«

»Wo denn?«

»Ach, was weiß ich? In Nowosibirsk ...«

Unser Versuch in Omsk musste als gescheitert gelten. Betrübt zogen wir ab, ein Tag weniger, und unsere Hoffnung auf Erfolg schwand.

Unter einem bestimmten Gesichtspunkt vereinfachte sich die Sache, wenn wir unserer neuen Route durch Sibirien folgten. Es gab nur eine einzige Straße gen Osten – sofern sie tatsächlich existierte. Sie folgte dem alten *trakt,* der schon vor dem Bau der Transsibirischen Eisenbahn von den Russen und Ukrainern benutzt worden war, die dieses Land besiedelt hatten. Seit die Eisenbahn fertig gestellt war, wurde sie nicht mehr gebraucht. Es ist eigentlich immer eine durchgehende Straße, aber die einzelnen Abschnitte zwischen einer Stadt und der nächsten haben verschiedene, der örtlichen Geografie entsprechende Bezeichnungen: M51 Baikal, M55 Amur, M60 Ussuri und so weiter. M steht dabei für *magistral* und heißt so viel wie Hauptstraße, Autobahn. Aber der lange Asphaltstreifen, der im Vergleich zu den enormen Entfernungen so schmächtig und brüchig wirkt, windet sich durch Millionen Quadratkilometer Birkenwälder und Taiga und nimmt immer wieder unterschiedliche Formen an: Mal durchziehen Risse die dünne Kruste, mal ist die Straße unter zentimeterdickem Schlamm nur zu erahnen, dann folgen kurze Abschnitte mit zwei Fahrspuren und Mittelstreifen, mit glattem Bitumen bedeckte Kiesflächen oder Randstreifen, auf dem die Steine unter den Reifen wegspritzen.

Wir richteten uns nach dem »Avto Atlas 2001«, dem Straßenatlas, den ich in Litauen gekauft hatte und der, seit wir die detaillierten Karten von Zentralasien in die Blechkiste eingepackt hatten, unsere einzige Informationsquelle zum Straßenverlauf war. Es war ein heißer Tag, und wir hatten wieder das primitive Rohr zur besseren Motorkühlung an der Heckklappe angebracht. Am Vormittag hatten wir Omsk verlassen, es lag jetzt etwa 50 Kilometer hinter uns, und wir wollten einen Zwischenstopp in Kuibischew machen, der einzig nennenswerten Stadt auf der 600 Kilometer langen Strecke nach Nowosibirsk. Dort verzeichnete unser Reiseführer außerdem die Existenz eines nicht näher beschriebenen *gostiniza,* eines Hotels. Der Verkehr war für eine Straße, die immerhin zwei der größten Städte Russlands verbindet, spärlich, genauso spärlich gesät waren die Tankstellen. Die typischen *kafe,* die uns praktisch seit der Abfahrt begleitet hatten, gab es überhaupt nicht. Doch die Richtung stimmte: Die Namen der Dörfer, durch die wir fuhren, stimmten mit denen auf der Karte überein, und außerdem konnten wir nicht viel falsch machen.

Knapp 100 Kilometer hinter Omsk ging der Asphalt unvermittelt in Schotter über, aber das beunruhigte uns nicht sonderlich – es würde sich nur um wenige Kilometer handeln. Wir drosselten die Geschwindigkeit auf 20 Stundenkilometer, übten uns in Geduld und drehten das Autoradio lauter.

250 Kilometer später – nach zehn Stunden am Steuer und einem »fürstlichen« Mittagessen in Form von Fleischpastete aus der Dose, altbackenem Brot und schalem Bier aus einem *magazin* im Irgendwo – war die Lage unverändert. Dafür war unsere Laune proportional zur Menge an Staub, die wir in den Stunden zuvor geschluckt hatten, komplett in den Keller gesunken. Asphalt war nur noch ein Wunschtraum. Als Cinquinos Motor schließlich müde hustend verstummte, waren wir verzweifelt.

Eine dicke Schicht aus feinem weißem Staub, der von den Rädern zermahlen und vom Motorraum angesaugt worden war, bedeckte Getriebe sowie alle Schrauben und Bolzen unseres 500ers. Wir bauten den Luftfilter aus, Massen von Erdstaub rieselten heraus. Wir hatten nichts, um ihn zu reinigen, und keinen Ersatzfilter, also schlugen wir ihn gegen die Karosserie, um ihn so gut wie möglich auszuschütteln. Cinquino sprang wieder an, aber nach wenigen Kilometern fing er erneut an, erschöpft zu murren. Mit sehr niedriger Geschwindigkeit fuhren wir weiter, Kuibischew konnte nicht mehr weit sein.

Ein UAZ-Kleinlaster überholte uns und hüllte uns in eine Staubwolke ein; wenig später fuhr er an die Seite. Als wir langsam näher kamen, sahen wir, wie ein uniformierter Mann mit Schirmmütze und einige kräftige junge Burschen ausstiegen. Der mit der Kappe signalisierte uns zu halten.

»Woher kommt ihr und wohin wollt ihr?«, herrschte er uns an.

»Aus Omsk, und wir wollen nach Nowosibirsk.«

»Aus Omsk, auf dieser Straße? Da habt ihr euch verfahren. Das hier ist die alte Straße, fünf Kilometer weiter südlich verläuft die neue *magistral.* Alles Asphalt!«

Wir verdrehten die Augen.

»Habt ihr eine Karte? Zeigt mal ... Ach je! Die ist ja uralt, da ist die neue Straße noch gar nicht eingezeichnet!« Er lachte und machte eine Geste, als wollte er unseren Atlas wegwerfen.

»Fahrt uns nach, wir zeigen euch den Weg.«

Wir erklärten, dass wir an diesem Tag nicht weiterfahren und lieber in Kuibischew übernachten wollten.

»Na, dann zeigen wir euch eben ein Hotel, der Ort ist noch 13 Kilometer entfernt.«

Die Gruppe begleitete uns in den Ort und passte sich dabei Cinquinos müdem Tempo an. Bei der Patrouille der Miliz am Ortseingang legten unsere Führer ein gutes Wort für uns ein und füllten im Hotel für uns die Anmeldeformulare aus. Sie zeigten uns einen Platz, wo wir unseren 500er sicher parken konnten, und den Weg, der uns am nächsten Tag auf die neue, richtige Straße bringen würde. Sie verschwanden mit ihrem UAZ genauso unvermittelt, wie sie aufgetaucht waren.

Im Hotel in Kuibischew, das im Bradt-Reiseföher aufgeführt war, lasen wir abends auf unserem Zimmer in ebendiesem Buch, dass die Kilometer, die wir heute hinter uns gebracht hatten, die schlimmsten auf der ganzen transsibirischen Strecke seien. Die Autoren hatten allerdings die Strecke zwischen Tschita und Chabarowsk im Zug zurückgelegt...

Kuibischew besteht eigentlich nur aus ein paar Fertigbauten, die an der Kreuzung zweier Straßen verstreut lagen. Es bot folgende Annehmlichkeiten: unser Hotel – inklusive abbröckelnder Wände, Pritschen wie in der Kaserne, herunterhängender Tapeten und einem Bad, das man besser meiden sollte –, eine daran angeschlossene Trinkhalle, direkt unter einem Flugzeugwrack, von dem man nicht wusste, was es hier sollte, und schließlich ein Restaurant. Die Gelegenheit, auswärts zu essen, ließen wir uns natürlich nicht entgehen, schon um uns für die unsinnige Qual, die wir uns auf der Straße angetan hatten, zu entschädigen.

Hier von einem Restaurant zu reden könnte allerdings falsche Vorstellungen wecken. In ganz Russland und vor allem in der tiefsten Provinz existiert noch heute diese vorsintflutliche Sowjet-Gastronomie: kitschige Ausstattung, gelegentlich russische Popmusik aus einer Stereoanlage in der Ecke, rote Vorhänge zur Verdunklung der Fenster, schmutzige Plastiktischdecken zum Schutz der noch schmutzigeren aus Stoff, eine eingestaubte Plastikblume auf dem Tisch und an der Decke die unvermeidliche Disco-Kugel aus den 80er-Jahren.

Die Kellnerinnen und die *administrator* (ja, auch die Restaurants haben eine) schienen an solch merkwürdige Gestalten wie Gäste nicht gewöhnt zu sein. Wir waren so dreist, ihren Müßiggang zu stören und setzten uns an einen Tisch.

»Was wollen Sie?«

»Gibt es eine Speisekarte?«

Wortlos machte die Walküre kehrt und brachte uns ein mit Margarine verschmiertes Blatt mit einer reichen Speisenauswahl. Wir waren von der Auswahl beeindruckt, denn unsere unsägliche Mittagsmahlzeit stieß uns immer noch auf.

»Zwei Koteletts Kiew.«

»Kotelett gibt's nicht...«

»Na, dann Hühnchen...«

»Kein Hühnchen... »

»Vielleicht Filet...«

»Kein Filet...«

»Also gut, dann nehmen wir Reis mit...«

»Reis ist aus.«

»Was empfehlen Sie uns denn?«

»Rührei, gekochte Kartoffeln und Salami.«

»Wunderbar, zweimal, bitte!«

Grand Hotel Nowosibirsk

Als wir buchstäblich mit letzter Kraft in Nowosibirsk einfuhren, mit Cinquino, der stotternd und murrend die zurückgelegten 10 000 Kilometer kommentierte, hätten wir nicht mal im Traum daran gedacht, in der sibirischen Hauptstadt 15 Tage zu verbringen. Die reinsten Ferien.

Von Kuibischew aus waren wir der empfohlenen Straße nach Süden durch Barabinsk gefolgt und hatten von dort die neue Trasse der M51 genommen. Bevor wir losfuhren, hatten wir mit dem Kompressor eines Reifendienstes den Luftfilter sowie die äußeren Motorteile gereinigt und von der verkrusteten Staub- und Fettschicht befreit. Anfangs schien Cinquino unsere Aufmerksamkeit geschätzt zu haben und hatte sie mit einer gleichmäßig flüssigen Fahrt belohnt, aber nach ungefähr 100 Kilometern fing er von

Neuem an zu murren wie am Tag zuvor. Wir hatten keine Ahnung, womit das zu tun hatte – und das wunderte uns nicht –, aber es sah so aus, als ob das Gestottere irgendwie mit dem Überhitzen des Motors zusammenhing. Wir hielten also öfter an, warteten, ob sich durch irgendeinen Selbstheilungstrick der Zweizylinder wieder erholte, und tranken inzwischen den landestypischen schwarzen Tee. Je näher wir Nowosibirsk kamen, umso mehr schien sich Cinquinos Verfassung zu verschlechtern. Noch vor den Toren der Stadt hantierten wir daher an einer Schraube des Vergasers herum, von der wir glaubten, sie sei das nicht näher beschriebene Teil, das wir gelegentlich hätten reinigen sollen, was wir aber immer versäumt hatten. Allerdings stellte sich heraus, dass es sich dabei um die Schraube zur Vergasereinstellung handelte, die wir somit ein für alle Mal verstellt hatten. Trotz unseres Eingreifens verhalf uns der Tapfere dennoch dazu, ein Bett für die Nacht zu erreichen.

Olga und Maxim

»Ach was, Hotel! Kommt doch mit zu uns!« Mit diesen Worten lernten wir Olga und Maxim kennen. Sie war 24, er 25 Jahre alt. Sie sagten, sie hätten eine freie Wohnung, in der wir uns niederlassen könnten. Wir täten ihnen damit einen Gefallen. Ihre Gastfreundlichkeit, in unseren Augen ebenso überschwenglich wie unglaublich, hatte sie zu einer kleinen Lüge greifen lassen: In der besagten Wohnung lebten sie normalerweise selbst, doch sie würden für diese Zeit ins Haus seiner Eltern im selben Viertel ziehen, um sie für uns frei zu machen. Es war ein bescheidenes Heim, wie 99 Prozent der russischen Wohnungen: eine Plattenbausiedlung in der Peripherie, ein ungepflegter Eingang ohne Beleuchtung, kein Aufzug, eine einfache eiserne Doppeltür. Und drinnen ein Allzweckraum: die Matratze an der Wand wurde jeden Abend zum Schlafen ausgerollt, als Schrank diente eine Besenkammer, die Bilder an der Wand waren Collagen aus alten Zeitschriftenfotos, der Teppichboden aufdringlich grün. Im Bad versorgte ein langer Wasserhahn sowohl ein kleines Waschbecken als auch die Badewanne, die zugleich als Ausguss diente; in der Küche stand ein Elektrokocher auf einer Holzkonsole neben einem Waschbecken. In der Ecke summte ein Kühlschrank, das einzige größere Elektrogerät außer dem Fernsehapparat.

»Wir arbeiten für eine chinesische Firma, als *menegèr*«, erzählte Olga stolz. Ihre hellen Augen leuchteten begeistert, ihre Zähne dagegen hätten dringend eine kostspielige Behandlung nötig gehabt.

»Da sind wir erst seit Kurzem, seit wenig mehr als einem Monat ... Jetzt verdienen wir noch nichts, aber bald ...«, erläuterte Maxim.

»Aber wir wollen es schaffen, eine Million zu verdienen. Dollar, keine Rubel ...«

»Und was macht ihr mit einer Million Dollar?«

»Das da!« Er zeigte auf die Collage an der Wand.

Wir sahen sie uns genauer an: Das waren ihre Träume, ausgeschnitten aus dem üppigen Angebot der russischen Ausgaben westlicher Zeitschriften und zusammengeklebt zu einem Mosaik der Sehnsüchte. Höchst unerfüllbarer Sehnsüchte. Ein Luxusauto, teure Uhren, Markenkleidung, Schmuck, ein Flugzeug. In einer Ecke klebte eine drollige Montage, die Maxim am Rand eines Swimmingpools einer Villa in Hollywood zeigte.

»Es gibt dieses neue System«, sagte Olga. »Es ist wie ein großes Netz, bei dem alle verdienen, und wer zuerst anfängt, verdient mehr. Es nennt sich *multilevel marketing* ...«

Maxim nickte beinahe mechanisch.

»Das müsstet ihr auch ausprobieren! Gibt es das in Italien nicht? Hier ist es neu, aber es ist schon jemand reich damit geworden und hat sich einen Mercedes gekauft. Und das in kurzer Zeit ... Jetzt probieren wir es auch mal«, fügte Maxim lächelnd hinzu und nickte wieder mechanisch.

Olga war Geologin, hatte aber nach ihrem Examen keine Arbeit gefunden; stolz zeigte sie uns die Fotos eines Ausbildungscamps an den Ölfeldern der Sibneft, des ehemaligen sibirischen Erdölgiganten, der 2006 von der Gazprom aufgekauft wurde. Im Arbeitsanzug und mit gelbem Helm späht sie mit ihren himmelblauen Augen durch ein geologisches Messgerät. Ein Foto zeigt sie unter dem Firmenschild der Sibneft, ehemals Symbol der Macht und des Reichtums der neuen Russen, den die beiden anstreben. Und dann die gemeinsamen Fotos aus dem Winter, auf einem ringsum nichts als Schnee, und auf einem anderen Maxim am Steuer eines Autos.

»Den Wagen haben wir vor etwa einem Monat verkauft ...«, sagte Olga.

Mit dem Erlös haben sie sich in »das Marketing« eingekauft. Jetzt bestand ihre Arbeit darin, in der Uniform der *menegèr* – sie im schwarzen Kostüm mit weißer Bluse, er in einem eine Nummer zu großen grauen Anzug – durch die Stadt zu gehen und bunte Flugblätter mit Arbeitsangeboten anzukleben. Damit warben sie für einen Monatsverdienst von 300 Dollar, das Doppelte eines russischen Durchschnittseinkommens. Sie hofften, die eingezahlte Summe wieder herauszubekommen und weit mehr zu verdienen, wenn möglichst viele auf ihre Anzeigen antworten und mindestens so viel zahlen würden wie sie. So würde sich die Pyramide dann fortsetzen. Ein Spiel, in dem viele ihr Geld einsetzen, aber nur wenige an der Spitze verdienen. Es ist ein heimtückischer Mechanismus, der vor allem dort funktioniert, wo es extrem wenig Arbeit gibt und wo die Beispiele für einen einfach und schnell erlangten Reichtum vor aller Augen zur Schau gestellt werden.

Die beiden jungen Leute taten uns leid in ihrer Gutgläubigkeit, ihrer Begeisterung für das Unternehmen, das sie bereits jetzt ausgesaugt hatte. Es tat uns leid um ihre Hoffnungen, die sich nicht erfüllen würden, ebenso wenig wie ihre materialistischen Träume, die wir aber nicht verurteilen wollten. Es wäre viel zu einfach, die Formen, in denen sich ihre Sehnsüchte ausdrückten, als kindisch abzutun. Wir hatten unser Auto nicht verkaufen müssen, hatten seit Monaten frei und mussten schließlich nicht in einem Zimmer schlafen und essen.

»Und was für Autos habt ihr? Ihr fahrt doch nicht mit dieser Blechbüchse herum? Und was für eine Handy-Marke mögt ihr am liebsten?«

Sie waren enttäuscht, dass wir zu Hause nur Skoda und Ford fuhren und uns an das Fabrikat unserer Handys nicht einmal erinnerten.

»Er mag BMW«, meinte Olga. »Ich mag Jaguar lieber. Wenn ich die Million habe, kaufe ich mir einen!«

Maxim blickte verloren auf den grünen Teppichboden, vielleicht träumte er davon, seinen BMW über Straßen zu lenken, die Russland noch gar nicht zu bieten hatte. Im Augenblick mieden sie das Stadtzentrum, denn alles war dort teuer. Sie fuhren mit Bus und U-Bahn, kauften an den Buden ihres Viertels heimische Produkte günstig ein und hatten noch nie einen Fuß in ein Café oder eine Diskothek gesetzt, auch nicht in ein Restaurant. Und sie waren noch nie aus Nowosibirsk herausgekommen.

Die beiden jungen Leute ließen uns in ihrem Appartement allein, nachdem sie die notwendigen Utensilien für eine Nacht bei Maxims Eltern zusammengesucht hatten. Es war ein Aufwand, den sie uns zwar spontan angeboten hatten, wir ihnen aber nicht jeden Tag zumuten konnten. Am nächsten Morgen verabschiedeten wir uns von ihnen mit einer Entschuldigung, die ihre ehrliche Gastfreundschaft nicht verletzen konnte, und nahmen die günstigste Unterkunft, die wir fanden: die Kinderkrippe des Bahnhofs. Dort gab man uns ein

Zimmerchen mit einer Tapete voller Hampelmänner und einem Bettchen für Neugeborene.

Stadtluft

Nowosibirsk ist ein Vorposten. Es ist das Klondike Sibiriens, das Sinnbild der Jagd nach dem (schwarzen) Gold, das greifbarste Beispiel für die russische Kolonialisierung des schlafenden Landes. Die Stadt blickt auf eine knapp 100-jährige Geschichte und hat etwa zwei Millionen Einwohner. Sie ist ihrer Ausdehnung nach die drittgrößte Stadt Russlands, nach Moskau und Sankt Petersburg, die jeweils über 3000 Kilometer weit entfernt sind. Es ist einer der Orte der Erde, die am weitesten vom Meer entfernt sind; die meisten seiner Bewohner haben das Meer noch nie gesehen.

In Nowo, wie die jungen Leute die Stadt nennen und dabei Los Angeles und New York nachäffen, spielt sich alles rund um das Opernhaus ab, das größte Theater Russlands, noch größer als das Bolschoi (dessen Name ja »groß« bedeutet). Davor blickt eine Leninstatue finster über den gleichnamigen Platz. Alles dreht sich um diesen Platz, alles spielt sich unter Lenins tiefliegenden Augen ab. Während wir in der Stadt waren, restaurierte ein Trupp Arbeiter den Marmorsockel der riesigen Statue. An diesem weiten Platz kreuzen sich die beiden Hauptverkehrsadern des Zentrums: der *Krasnyj Prospekt,* eine Allee von eineinhalb Kilometern Länge, und die *Woksalnaja Magistral,* die Straße zum Hauptbahnhof. Nach einem knappen Kilometer trifft man hier auf Boutiquen italienischer Modemarken, Cafés, Restaurants und amerikanische Fast-Food-Ketten. Der kleinen schüchternen Mittelschicht, die hier vor den Toren Sibiriens auf einer Welle der Verwestlichung reitet, gefällt es, die Allee entlang zu flanieren.

Die 100-jährige Metropole ist am Reißbrett an dieser Stelle angesiedelt worden, wo die zukünftige Transsibirische Eisenbahn den

Verlauf des Flusses Ob kreuzen sollte. Die Transsibirische ist für Sibirien wichtiger als irgendein Fluss: Der Verlauf ihrer Gleise und Schwellen hat die Entstehung ganzer Städte bestimmt, hat die Entwicklung der an ihrer Strecke schon bestehenden Ortschaften gefördert, zum Nachteil derer, die zu weit entfernt lagen. Durch viele sibirische Ortschaften rattern die endlos langen Züge, bringen Waren von West nach Ost, transportieren Erdöl von Ost nach West. Passagiere nutzen die Transsib täglich als erschwingliches Fortbewegungsmittel. In allen diesen oftmals rückständigen und heruntergekommenen Orten ermöglicht einzig diese quietschende Schlange aus Rädern und Waggons einen Handel, der sich auf den Bahnsteigen abspielt. In einem riesigen Land, in dem es so gut wie keine Straßen gab, verband ein Bahnhof der Transsibirischen Eisenbahn das Dorf mit dem Rest des Reiches und überwand die Isolation.

Dieser Unterschied fällt sofort auf, wenn man irgendeinen dieser Bahnhöfe betritt, sei es in einer Kleinstadt mit 20000 Einwohnern oder einer Metropole. Der Bahnhof von Nowosibirsk ist ein Palast aus Marmor und Stuck, Bronzelampen und spiegelblanken Fußböden. Er ist beeindruckend, sauber, ordentlich, leise, glänzend; seine Herrlichkeit ist proportional zu den Dimensionen und der Wichtigkeit der Bahnsteige, die er in seinem Bauch verbirgt und die man nur mit Fahrkarte betreten darf. Der Bahnhof ist eine Stadt in der Stadt und funktioniert besser als das Original: Hier gibt es keine Landstreicher, keine zerbrochenen Wodkaflaschen in den Ecken, hier wird nicht an die Wände gepinkelt, und es stehen keine unflätigen Sprüche an den Wänden. Drinnen gibt es alles: ein Stundenhotel für die langen Wartezeiten auf den Anschlusszug, verschiedene preiswerte Bars und Restaurants für die Reisenden, eine Wäscherei, einen Kindergarten für die Kinder der Angestellten, die Polizeidienststelle, eine Krankenstation, eine Bank und die Kinderkrippe, in der Fabrizio und ich hausten.

Ehrlich gesagt war die *administrator* des Kindergartens nicht gerade begeistert und machte das der Leiterin der Kinderkrippe auch mehrfach deutlich: ein typischer Machtkampf.

Fast jeden Morgen drang Erstere in unser Zimmer ein und forderte uns auf – aus unverständlichen Gründen tat sie dies in einem Kauderwelsch aus Russisch und Französisch –, das Zimmer zu verlassen und in die große Kaserne (wesentlich teurer) auf der anderen Seite des Platzes umzuziehen.

»Da ist ein Hotel gegenüber *la place … auberge* Nowosibirsk…«

»Ja, aber dort ist es teuer!«

»Mir egal, hier *les enfants* … heute geht ihr fort, *d'accord?*«

»*Madame* …«

»Ich gehe jetzt zur Verwalterin, und ihr verschwindet, *au revoir!*«

»Aber, ich bitte Sie, *pourquoi?!* …« Und schon stürmten wir hinunter in die Etage der Krippenleiterin, bevor die *administrator* sie davon überzeugen konnte, uns hinauszuwerfen. Manchmal war sie schneller, und dann mussten wir mitanhören, wie sie die Leiterin zur Schnecke machte. Doch sobald sie gegangen war, riss uns die Gescholtene wieder eine Quittung für die folgende Nacht ab. Sie hatte an uns italienischen Kindsköpfen einen Narren gefressen.

Außer der Eisenbahn hat Nowosibirsk auch eine Untergrundbahn, zwei funktionierende Linien, die sich genau unter dem Leninplatz kreuzen. Für acht Rubel bringt sie dich schnell von einem Teil der Stadt in den anderen und auch zur Anlegestelle am Fluss. Dort spielt sich ein anderer Teil des städtischen Lebens ab, weniger *trendy* als in den Lokalen im Zentrum, dafür eindeutig russischer: *schaschlik* und literweise Bier; Rudel betrunkener Matrosen auf Landgang belästigen die Mädchen, prügeln sich zum Zeitvertreib und mischen die Jahrmärkte auf; es gibt Karussells, Schießbuden, Zuckerwatte und eine Bühne: aus den Lautsprechern ertönen die Songs von Al Bano und Romina Power und animieren das eine oder andere taumelnde Paar zum Tanzen; und der Strand spiegelt sich auf den von der Strömung angeschwemmten Ölflecken. Dort kann man an sonnigen Tagen davon träumen, am Meeresstrand zu liegen.

Der Ob ist der viertlängste Fluss der Erde, aber in diesem unermesslichen Land hatten wir uns schon an alles gewöhnt, und er kam uns nicht viel anders vor als jeder andere Fluss, sei es Tiber oder Arno. In einem Bierzelt rauften sich zwei alkoholisierte Mädchen auf einem Tisch, angefeuert von ihren Tischgenossen, die noch betrunkener waren. Auf einer Bank gaben sich zwei andere Mädchen geziert gegenüber zwei ungehobelten Matrosen mit rasierten Schädeln und narbigen Gesichtern. Andere wetteiferten darin, einen Punchingball mit zackigen Fausthieben zu zerlegen. Die Stufen, die vom Kai zum Ufer führten, waren vollständig mit Glasscherben, Erbrochenem und Pisse bedeckt. Das war das lebenslustige Gesicht Russlands, auf seiner trivialsten Ebene, eine Orgie aus Rausch und Prahlerei, ein Fest des Alkohols, gespickt mit Machogehabe, Unverschämtheit, grobem zahnlosem Gelächter, Rauferei und Sauferei, Begrabschen der Mädchen und schlüpfrigen Komplimenten. Das ist allerdings das einzige Vergnügen, das sich viele von ihnen noch leisten können.

Ganz anders war das Milieu im *Traveller's Coffee,* gegenüber der Kapelle mit den goldenen Zwiebeltürmchen auf dem *Krasnyj Prospekt,* der das geografische Zentrum Russlands markiert. Es ist die erste richtige Kaffeebar, die in der Stadt aufgemacht hat, das erste Zeichen eines vorsichtigen westlichen Kurses: gutes Essen, freundliche Bedienung, geschmackvolle Einrichtung, italienischer Espresso und fast europäische Preise. Der Besitzer ist Amerikaner.

»Ich wollte schon immer mal meinen Espresso von Italienern testen lassen! Also sagt schon, wie ist er?«, meinte Tom. Mit am Tisch saß auch Susanne, Diplomatin am deutschen Konsulat in der Stadt. Sie warteten gespannt auf unser Urteil – der Kaffee war gut.

»Ich habe mir eine italienische Kaffeemaschine gekauft... Ich habe das Mädchen, das sie bedient, einen Kurs machen lassen, wenn er dann nicht gut wird... Die Maschine macht mich verrückt, sie ist wie eine Frau«, er lachte typisch amerikanisch, »sie will gepflegt werden, will Aufmerksamkeit, trotzdem geht sie immer wieder kaputt... Ich lasse sie richten, sie macht ein paar exzellente Kaffees, dann streikt sie wieder... und dabei überhäufe ich sie mit Aufmerksamkeit, *just like a woman!*... Hahaha! Schaut her, eine Maschine zum Kaffeerösten habe ich mir auch gekauft, ein deutsches Fabrikat.« Er zwinkerte Susanne zu. »Sie arbeitet Tag und Nacht und hat noch nie versagt! Sie ist groß und schwer und geht nie kaputt... die italienische dagegen macht mich noch wahnsinnig!« Noch mehr amerikanisches Gelächter. »Es ist ein bisschen wie mit den italienischen Autos: Ach, sind die schön, aber was die an Pflege brauchen! Wisst ihr übrigens, was Fiat bedeutet? *Fix It Again, Tony,* Flicke Ihn Abermals, Tony! Hahaha!«

Der Komiker Tom wusste, wie man Gäste unterhält. Er lebte seit etwa zehn Jahren in Nowosibirsk und war mit einer Russin verheiratet, »die sicherste Art hier ein Geschäft aufzuziehen«, wie er sagte.

Er war stolz darauf, den besten Kaffee der Stadt zu machen, einer Stadt, die sich zusehends veränderte.

Ein Jahrhundert nach ihrer Gründung durchläuft Nowosibirsk einen tiefgreifenden Wandel. Nach der wilden Ausbeutung der Bodenschätze, nach der heftigen Industrialisierung mit Chemie- und Stahlwerken strebt man jetzt nach westlichem Lebensstil und einem bescheidenen Wohlstand und macht so aus der Stadt einen Brückenkopf Richtung Osten.

»Es ist erst zwei Jahre her, da war das *Traveller's* der einzige Ort, wo man hingehen konnte«, bestätigte Susanne, »jetzt gibt es auch das *Terra,* das *Diner,* das *Rock City,* und noch einen Amerikaner, der hat eine ganze Fast-Food-Kette aufgezogen, die *New York Pizza*...«

»*Fuckin' Americans!*«, lachte Tom.

Susanne hatten wir ein paar Abende vorher kennengelernt, in einem der Lokale mit Live-Musik.

»Ihr seid keine Russen, oder?«, hatte sie uns auf Englisch angesprochen. Sie hatte uns eingeladen, sie in den kommenden Tagen auf dem Konsulat zu besuchen, und hatte uns mit der kleinen Gemeinde von Einwanderern bekannt gemacht, die in Nowosibirsk lebten. Das Konsulat arbeitete mit 30 Angestellten auf Hochtouren, um Visa für den Westen auszustellen. Es war die einzige konsularische Vertretung Europas in der Stadt. Das Gebäude war einfach und zweckmäßig, von deutschem Pragmatismus geprägt, gut ausgestattet, aber nicht protzig: Metalldetektoren, eine Schleuse für die Ausgabe des *visitor pass,* im Erdgeschoss befanden sich einige Schalter für die üblichen Vorgänge, in dem Stockwerk darüber die Büros des Konsuls, des diplomatischen Korps, eine Bibliothek und sogar eine gut ausgestattete Küche sowie eine gemütliche Cafeteria für das Personal. Susanne war alles andere als überheblich: sportliche Kleidung, ein herzliches Lächeln, freundliches Benehmen, ehrliches Entgegenkommen. Nicht schlecht für eine junge Diplomatin am Anfang einer Karriere.

»Nach vier Jahren hier macht es keinen Spaß mehr, auch wenn es einem jetzt hier viel besser geht ... Wenn ich an meine Ankunft hier denke, es war Winter und 30 Grad unter null: Ich pendelte monatelang nur zwischen Haus und Büro. Das Auto hatte man mir auch geklaut. Jetzt ist es anders, wie man sieht, es sind mehr Leute unterwegs, es gibt Lokale ... Aber wisst ihr, was fehlt? Mir ist es kaum gelungen, Freundschaften zu schließen. Das Traurige daran ist, dass immer das Geld schuld ist. Wie läuft das bei euch mit Freunden? Man geht aus, etwas trinken, vielleicht eine Kleinigkeit essen ... aber die jungen Leute, die sich das mehr als ein oder zweimal im Monat leisten können, sind hier rar. Sie gehen zur Universität und dann sofort nach Hause, Tag für Tag. Sie haben kein Geld, um es in Restaurants oder Pubs zu vergeuden. Was macht man dann? Man versucht, es sich zu Hause gemütlich zu machen, und gibt schließlich den ganzen Verdienst für unnützen Krimskrams aus und verbringt seine Zeit in den eigenen vier Wänden oder mit den Kollegen.«

Doch es tat sich etwas. Vor dem Einkaufszentrum *Arkada,* wo wir zwischen wenigen Luxusboutiquen, die schon lange keine Kundschaft mehr gesehen haben dürften, schwarz unser Geld umtauschten, trafen sich jeden Abend viele junge Leute zum Spaziergang, denn Spazierengehen kostete immer noch nichts. In diesen Tagen ging gerade das Schuljahr zu Ende, und die Pause vor den Examen begann. Nach alter Tradition warfen sich die Mädchen in komische Kleider und schmückten ihre Köpfe mit weißen Schleifen. Ein paar alte Frauen verkauften Wiesenblumensträuße für zehn Rubel. Die angenehm warmen Strahlen des Sonnenuntergangs, der sich bis spät hinzog, verbannten die Bilder von Alexander Solschenizyn und seiner Romanfigur Iwan Denissowitsch in den Kreis schlechter Träume oder böser Erinnerungen und ließen das Bild eines Nowosibirsk entstehen, weit weg von Sibirien, weit weg von hier.

Der Verkehr auf dem *Krasnyj Prospekt* rauschte in der Ferne und störte die Ruhe zwischen den dichten Bäumen nicht. Junge und Alte saßen auf den Parkbänken und vor dem Denkmal der Liebe. Zwischen einer Rabatte und einem versiegten Springbrunnen standen die Pärchen für ein Foto Schlange.

Von Büro zu Büro

Irgendwann hatten wir die franko-russischen Schikanen der Verwalterin des Bahnhofskindergartens satt und mieteten uns ein Appartement im Zentrum. Im fünften Stock eines Hauses in der *Ulica Sibirskaja,* zwischen heruntergekommenen Höfen und Schlammpfützen, herrschten Schmutz und Unordnung. In den beiden Zimmern mit einem Balkon, der als Mülltonne diente, verfielen wir jedoch in eine Art Mastvieh-Lethargie, so dass wir fast den wirklichen Grund für unseren Aufenthalt in Nowosibirsk vergessen hätten.

Auf Reisen erschafft man sich meist aus ganz wenig ein Zuhause. Dabei hat das eigentliche Gefühl des Zuhauseseins nichts mit dem physischen Ort zu tun, sondern ist vielmehr ein geistiger Zustand. Gewohnheiten legt man sich in wenigen Stunden zu, den Alltag erlernt man schnell: Das Drehen des Schlüssels im Schloss ist einem schon nach dem dritten oder vierten Mal vertraut, die Lichtschalter sind genau da, wo sie sein müssen, an der Spülung muss man nur einmal fest ziehen, damit sie nicht die ganze Nacht läuft, der Lebensmittelladen ist gleich unten an der Ecke und hat bis spätabends offen, aber zum Frühstück kauft man besser am Kiosk die frischen Kekse in der Tüte. Sehr leicht verfällt man der Illusion, man könne überall leben, und noch leichter glaubt man daran, dass einem das gelänge.

Dieser Zwangsaufenthalt versetzte uns nach und nach in Ferienstimmung – Ferien von den Anstrengungen der Reise – und verführte uns zu sündhafter Lässigkeit. Mit dem milder werdenden Klima bekamen wir immer mehr Lust, länger in dieser Stadt zu bleiben, bevor wir weiterfuhren. Die ersten 10 000 Kilometer mit Cinquino hatten wir bei unserer Ankunft in Nowosibirsk gefeiert, sogar mit Kerzen, einer pro Zylinder. Dann reinigten wir den Luftfilter, wechselten den Benzinfilter, versagten beim Ölwechsel (auch der Sechzehnerschlüssel war mangelhaft) und verstellten erneut den Vergaser. Der Aufenthalt in der Stadt wäre zwar eine wunderbare Gelegenheit gewesen, das Problem mit der Blattfeder zu lösen, aber wir hatten Cinquino lediglich auf dem Bahnhofsplatz geparkt und dann völlig vergessen. Seit wir in die *Sibirskaja* umgezogen waren, gingen wir nicht einmal mehr morgens vorbei, um nach ihm zu sehen.

Auch der eigentliche Grund unseres längeren Aufenthalts schien uns nicht anzutreiben. Als wir angekommen waren, hatten wir das Wochenende abwarten müssen, um beim OVIR die Verlängerung der Visa beantragen zu können. Am Montag waren wir zu spät aufgestanden und hatten das Amt erst erreicht, als die Türen schon verschlossen waren; also mussten wir uns bis zum folgenden Nachmittag gedulden, um unseren unfehlbaren Plan zur Erlangung der ersehnten Verlängerung in die Tat umzusetzen.

Unsere Vorgehensweise war simpel: Mit Entschiedenheit vorpreschen, koste es, was es wolle. »Wir gehen hier nicht weg, bis Sie uns ein Visum für mindestens einen Monat ausgestellt haben, ist das klar?«

Wir würden ohne Visum nicht hier weggehen – davon hing der Erfolg unserer Reise ab. Deshalb demonstrierte Fabrizio mit verschränkten Armen seine Unnachgiebigkeit. Der Inspektor, ein junger Mann mit ehrlichem Gesicht und intelligenten Augen, sah uns ungläubig an. Am anderen Ende der Telefonleitung krächzte eine Art Fernübersetzer in unsicherem Englisch: »Können Sie nicht nach Kasachstan zurückgehen?«

»Nein.«

»Ja, können Sie denn nicht das Flugzeug nach China nehmen?«

»Und das Auto?«

»Also dann verladen Sie das Auto auf den Zug, fahren in die Mongolei und von dort nach China.«

»Wir haben kein Visum für die Mongolei.«

»Dann müssen Sie das Auto hier lassen, nach Moskau fahren, ein neues Visum ausstellen lassen, hierher zurückkommen und das Auto abholen.«

Und was würde uns der ganze Spaß kosten? Was, wenn sie uns in Moskau das Visum verweigerten und uns nach Italien zurückschickten?

»Kommt überhaupt nicht in Frage. Entweder Sie verlängern uns unsere Visa um einen Monat, oder wir gehen nicht mehr aus diesem Büro!«

Alexej, der junge Inspektor, wechselte ein paar Worte am Telefon, legte sanft den Hörer auf die Gabel und sah uns nachdenklich an.

»Uns bleiben nur noch wenige Tage«, drängten wir, »und wenn die vorbei sind, was machen wir dann? Unser Auto ist alt und die Straße nach Chabarowsk ist angeblich ziemlich schrecklich. Wir brauchen mindestens einen Monat!«

Er führte ein weiteres Telefonat, dann setzte er sich uns gegenüber und versprach, nach einer Lösung zu suchen, aber auch wir müssten unseren Teil dazu beitragen: Wir sollten uns einen Brief der italienischen Botschaft in Moskau beschaffen, wie den, den wir in Astana bekommen hatten, selbst einen schriftlichen Antrag stellen, diesen ins Russische übersetzen lassen und bitte sein Büro räumen, weil er sonst an diesem Tag nichts anderes mehr tun könne!

Wir riefen unsere Botschaft in Moskau an, fanden heraus, welche Abteilung für unseren Fall zuständig war, wählten unzählige Male die Nummer, bis dort endlich jemand den Hörer abnahm. Dann überwanden wir zahlreiche Hindernisse, indem wir bis zum Erbrechen den Namen Fiat wiederholten und so eindringlich die Wichtigkeit unseres Unternehmens betonten, dass es schon unglaubwürdig klang. Die folgenden Tage verbrachten wir in zuversichtlicher Erwartung jenes Briefes. In der Zwischenzeit bummelten wir durch die Stadt, riefen ab und zu Moskau an und machten einmal am Tag Alexej unsere Aufwartung, gerade genug, um so lästig zu fallen, dass sie alles taten, um uns nur nicht wiedersehen zu müssen.

Das Brieflein – diese eine Seite war identisch mit der aus Astana, nur hatten sie die Daten geändert – kam per Fax nach vier Tagen, am Freitag. Siegessicher liefen wir noch am selben Tag zu Alexej, der uns für den folgenden Montag zu einem anderen Amt schickte, in das Außenministerium. Mittlerweile war unser Visum am Sonntag um Mitternacht abgelaufen. Falls uns, wie es in den vorangegangenen Tagen bereits passiert war, die Polizei anhielt, hatten wir zur Sicherheit die Visitenkarte von Alexej in der Tasche und hüteten sie so sorgsam wie einen Passierschein. Alexej hatte versprochen, uns zu helfen, falls wir in Schwierigkeiten kämen. Wir wollten wirklich nicht mit ungültigem Visum nachts von einer Streife angehalten werden.

Pünktlich mit eineinhalb Stunden Verspätung fanden wir uns am Montagmorgen im Außenministerium ein. Dort erwartete uns Inna, eine junge Beamtin, die förmlich, aber schüchtern und unbeholfen auftrat. Wir saßen in ihrem Büro – sie trug Kostüm, wir Shorts und Sandalen, sie war aufgeregt, ihr Schulenglisch anwenden zu können, wir umnachtet von einem komatösen Schlaf und einem allzu hastigen Frühstück. Inna bot uns eine bittere Zusammenfassung der Geschichte: Es wäre so gut wie unmöglich, die Visa um mehr als zehn Tage zu verlängern. In diesem Falle bliebe uns nichts anderes übrig, als nach Irkutsk zu fahren, uns dort beim Konsulat ein Visum für die Mongolei zu beschaffen, das Auto stehen zu lassen und mit dem Zug nach Ulan-Bator zu fahren. Dort müssten wir uns bei der russischen Botschaft ein neues Visum für einen Monat besorgen, dann nach Irkutsk zurückkehren und unseren 500er abholen. Außerdem sollten wir noch ein paar Tage warten, in denen, so schwor sie uns, sie alles tun würde, um uns zu helfen. Die Nachricht ließ uns bei aller Benommenheit der frühen Morgenstunde verzweifeln: Das hieße, neun Tage in Nowosibirsk vergeuden, um eine Verlängerung von zehn Tagen zu bekommen. Eine verheerende Bilanz!

Wir konnten nichts anderes tun als warten, und so gesellte sich zur Visitenkarte von Alexej die von Inna. Mit dieser Art Schutzbrief bewegten wir uns ruhiger durch die Stadt, vor allem nachts. Wir hatten so viele Geschichten über Polizeischikanen gegenüber Touristen gelesen, die alle mit Visa oder Registrierungen zu tun hatten …

Unsere Geschichte schien Inna zu Herzen zu gehen, daher luden wir sie nach Feierabend in das *Traveller's Coffee* ein. Wir führten uns zwar auf wie faule Nichtstuer, aber deshalb waren wir nicht undankbar, und das wollten wir zeigen.

Inna hatte Glück gehabt. Obwohl sie noch jung war, nahm sie schon einen verantwortlichen Posten in einer Außenstelle des Außenministeriums ein. Das bedeutete zum einen ein sicheres Einkommen, von dem sie sich einen Kleinwagen leisten konnte, zum anderen hätte sie ihren Verdienst durch viele »Geschenke« aufbessern können. Aber sie – darauf hätten wir geschworen – war so weit davon entfernt, eine korrupte und bestechliche Beamtin zu sein, wie man es sich nur vorstellen konnte, und ihr »großes Glück« bestand aus einem monatlichen Einkommen von 150 Dollar.

Untermalt von Hintergrundmusik und Geschirrklappern erzählten wir ihr die ganze Geschichte unserer Reise, zeigten ihr einige Fotos auf unserer Digitalkamera und einen Artikel über uns in einer russischen Zeitung. Ihr seriöses Verhalten einer Ministerialbeamtin war verschwunden, ihre Schüchternheit aber geblieben und verriet sich durch ein kaum wahrnehmbares Zittern in der Stimme.

»Ihr habt wirklich Mut, mit diesem Auto! Aber ich weiß nicht, wie ihr das schaffen wollt … Nachdem ihr weg wart, habe ich in Chabarowsk angerufen, um herauszubekommen, wie lange ihr dorthin brauchen werdet, und als ich denen erzählt habe, dass ihr zwei Ausländer mit einer Art italienischem Saporoshez seid, haben die gemeint, dass ihr vielleicht gar nicht ankommen werdet …«

Wir rissen die Augen auf.

»Ja, es gibt nämlich keine Straße dorthin, das heißt, es sind mindestens 1000, vielleicht auch 1500 Kilometer Strecke, auf der gearbeitet wird, und dann ungefähr 500 Kilometer *bezdoroshe* …«

Bezdoroshe heißt so viel wie »ohne Straße«. Vor unseren Augen tauchte Cinquino auf, den wir seit Tagen nicht gesehen hatten, beinahe als hätten wir ihn vergessen. Der Gedanke an die vielen staubigen und steinigen Kilometer verdarb uns langsam den Kaffeegenuss, und bei der Vorstellung, diese bequemen Sessel gegen lange Stunden auf den Sitzen unseres 500ers einzutauschen, verkrampften sich all unsere Muskeln schmerzhaft.

»Und dann ist da noch etwas ...«, fuhr Inna fort, »die Banditen ...«

Banditen?

»Ja, das ist Niemandsland, die Polizei kommt da nie durch, dafür aber die, die Autos aus Japan importieren ... Die werden oft von Räuberbanden überfallen, und deshalb fahren sie im Konvoi von manchmal zehn Wagen und sind außerdem bewaffnet, aber ihr ...«

Bewaffnet? Räuberbanden, die japanische Autokonvois überfallen? Waffen hatten wir keine, wollten davon auch nichts wissen, wir hatten ja nicht einmal Militärdienst geleistet!

Inna wollte uns nicht erschrecken. Ihre Worte entsprangen einer aufrichtigen Sorge um zwei Taugenichtse, die nicht besonders verlässlich erscheinen mussten. Sibirien ist eine ernste Angelegenheit, schien sie uns klarmachen zu wollen. Wir hatten nur Zeitungsausschnitte in der Tasche, ein Säufergrinsen im Gesicht, ein abgelaufenes Visum im Pass und eine klapprige Karre, die uns bei einer Flucht keine große Hilfe sein würde ... Aber das schlafende Land ist auch heute noch Grenzland, faktisch gesetzlos, wo Räuberbanden die Autokarawanen auf ihrem langen Weg von Japan in die westlichen Provinzen überfallen, wo man sich mit Waffen verteidigen muss, wo in vieler Hinsicht noch das Recht des Stärkeren gilt und sogar eine Horde Lausbuben den hier äußerst seltenen Fremden als leichte Beute ansieht.

Wie viel von Innas Befürchtungen um unsere Sicherheit mussten wir ihrer Schüchternheit zurechnen? In welchem Maß verstärkte die Zerbrechlichkeit einer weiblichen Seele die wirkliche Gefahr? Wie viel Gewicht mussten wir ihren Warnungen beimessen? Was konnten wir anderes tun, als stur weiterzumachen und zu versuchen, vielleicht ein bisschen mehr Verstand walten zu lassen?

Am folgenden Tag empfing uns Inna vor der Tür ihres Büros; sie wollte uns persönlich zur Bank begleiten, wo wir die 300 Rubel für den Antrag auf Visa-Verlängerung einzahlen mussten. Sie meinte, es wäre für uns allein unmöglich, all die Formulare in Russisch auszufüllen, und mit ihrer Hilfe ginge das wesentlich schneller. Wir liefen einige Häuserblocks nach Norden, durch eine Baustelle und dann über einen chaotischen Markt mit chinesischem Tand, gefälschten Trikots, Kosmetika, Plastikschuhen und betraten dann eine kleine Filiale der Rosbank.

»Diese Filiale ist zwar etwas weiter weg, aber die Gebühr ist hier niedriger«, erklärte Inna. Dann nahm sie die Formulare, füllte sie aus und stellte sich für uns in die Schlange. Ein grober Kerl und eine Frau, die wie eine chinesische Puppe geschminkt war, drängelten sich vor, aber Inna protestierte nicht; sie wartete, bis sie an der Reihe war, überreichte die Formulare. Die Frau hinter dem Schalter bellte sie an, dass die Formulare nicht ordnungsgemäß ausgefüllt waren: Es fehlte unsere Adresse. Inna machte sie ruhig darauf aufmerksam, dass wir ausländische Touristen waren. Wir schlugen vor, unsere Anschrift in der *Sibirskaja* anzugeben, nur um sie zum Schweigen zu bringen. Es funktionierte. Dann kehrten wir in Innas Büro zurück, denn sie hatte nur eine Stunde frei. Sie sagte, wir sollten am nächsten Tag zum Büro des Innenministeriums zu Inspektor Alexej gehen, bei dem wir mit großer Wahrscheinlichkeit eine Verlängerung bekommen würden, aber nur für zehn Tage. Sie entschuldigte sich, dass sie nicht mehr für uns habe tun können, und bat, dass wir vor unserer Abreise bei ihr vorbeikämen, um uns zu verabschieden. Dann stieg sie die Treppe hinauf.

Ein Plexiglasschild auf dem *Krasnyj Prospekt* hatte unsere Aufmerksamkeit erregt: ICE, *Istituto per il Commercio Estero* stand darauf, Italienisches Institut für Außenhandel. Ludmilla empfing uns dort wärmstens und ließ uns in ihrem großen Büro Platz nehmen.

»Man sieht hier nicht viele Italiener«, sagte sie zu uns in perfektem Italienisch. »Das Personal des Instituts hat Ferien, nur ich bin da ...«

»Und das Honorarkonsulat?«, fragten wir gespannt. Wir hofften, dort Unterstützung zu bekommen, und hatten es ein paar Tage zuvor erfolglos gesucht.

»Aber es gibt hier kein italienisches Konsulat!«

Wie? Auf der Internetseite des italienischen Außenministeriums stand es doch.

»Wir haben sogar eine Adresse und eine Telefonnummer: Es ist in der *Ulica Gorodskaja* ...«

»Da ist nichts. Es gab einmal die Idee, ein italienisches Konsulat in Nowosibirsk aufzumachen, aber geschehen ist nichts. Nichts wurde unternommen. Vielleicht hat man nur vergessen, es von der Seite zu löschen.«

Deshalb war nie jemand ans Telefon gegangen! Aber wenn jemand Hilfe braucht, dann versucht er es eben ...

»Also es gibt einen Pater Ubaldo, den katholischen Pfarrer ... von dem weiß ich, dass er schon Italienern geholfen hat, die Probleme mit der Bürokratie hatten ...«

Man erwartet ein Konsulat mit Adresse, Telefonnummer und Fax ... stattdessen gibt es Pater Ubaldo!

Aber das ICE gab es, und dort hofften wir, Informationen über den Zustand der Straßen zu bekommen, die vor uns lagen. An einer Wand seitlich vom Eingang prangte eine große Karte von ganz Russland, so groß, dass uns schon der bloße Anblick der Strecke, die wir uns vorgenommen hatten, Angst machte.

»Ja, es stimmt, im Osten gibt es keine Straße. Das heißt, ich bin noch nie dort gewesen, aber ich weiß, dass nach Tschita über viele Kilometer gar nichts ist.«

»Aber man hat uns erzählt, dass sie Autos aus Japan da durchbringen, wie geht denn das?«

»Ja, die bringen sie da durch, aber ich weiß nicht … das sind robuste Autos, nicht solche wie eures. Vielleicht verladen sie sie ja auf den Zug, und außerdem sind sie zu mehreren, wenn etwas passiert …«

Innas Worte und die Postkutschenüberfälle aus den vielen Western, die wir als Kinder gesehen hatten, schwirrten uns im Kopf herum.

»Und wenn was passiert?«, fragten wir mit einem Kloß im Hals.

»Na ja, man hört so einige Geschichten von Banditen …«

Da waren sie wieder!

»Also, die Autoschieber fahren in großen Gruppen und sind bewaffnet, dann fahren sie Tag und Nacht durch, ohne anzuhalten, denn anhalten kann gefährlich sein …«

Der Ferne Osten«, fuhr er fort, »ist, anders als Sibirien, so weit weg vom Rest des Landes, dass er immer schon ein eigenwilliges Land war. Vor ein paar Tagen habe ich gelesen, dass sie einen umgebracht und ihm das Auto geklaut haben, das er gerade in Wladiwostok gekauft hatte. Die Polizei kommt dort auch nicht hin, es gibt ja keine Straße … Und außerdem müsst ihr euch vor den Polizisten in Acht nehmen, denn die stecken auch mit drin in der Autoschieberei. Und dann ist Chabarowsk eine sehr gefährliche Stadt, voller Krimineller, die würden einen für zehn Rubel umlegen. Ihr müsst wirklich vorsichtig sein. Auch während der Fahrt … Fahrt nur ja nicht nachts, niemals!«

Jetzt bekamen wir es wirklich mit der Angst zu tun, aber was blieb uns jetzt?

»Vielleicht könnt ihr das Auto in Tschita auf den Zug verladen und in Chabarowsk wieder abholen, so spart ihr euch wenigstens den schlimmsten Teil.«

Die Sache mit dem Zug war eine Möglichkeit, die wir ernsthaft erwogen. Wir wollten aber nur darauf zurückgreifen, falls wir mit Cinquino wirklich nicht mehr weiterkamen. Dennoch war es tröstlich, dass es diesen Ausweg gab.

Wir verabschiedeten uns von Ludmilla; beinahe bereuten wir es, dort nachgefragt zu haben. Am folgenden Vormittag suchten wir mit der üblichen Verspätung Alexej auf. Unsere Visa-Verlängerung war fertig, wir hatten von diesem Moment an noch zehn Tage, um nach Irkutsk zu kommen, in die Mongolei zu fahren und mit einem neuen Visum wieder nach Russland einzureisen. In der Zwischenzeit waren auch die letzten Kontakte mit Turin wenig erfreulich gewesen: Sie fragten immer wieder nach Fotos und Filmaufnahmen, informierten uns aber weder über das Einladungsschreiben, das sie für uns nach Chabarowsk schicken sollten, noch über die Einreisegenehmigung für China. Wir spürten, dass die Zeit drängte, aber bevor wir abfuhren, verabschiedeten wir uns wie versprochen von Inna. Sie empfing uns in ihrem Büro, die Hände in die Hüften gestemmt.

»Solltet ihr nicht um zehn Uhr im Innenministerium sein?«

Wir berichteten, dass wir dort gewesen seien, verschwiegen aber unsere gute Stunde Verspätung.

»Das ist nicht wahr! Ich war da, um euch beim Ausfüllen der Formulare zu helfen, aber ihr wart nicht da – warum?«

Wir schämten uns zutiefst, leugneten jede Schuld, zeigten zum Beweis, dass wir dort gewesen waren, unsere Visa, wir spekulierten, dass wir in zwei verschiedenen Büros gewesen sein könnten, bedauerten, dass wir uns vielleicht nur um wenige Minuten verpasst hatten. Als sie die Visa sah, freute sich Inna aufrichtig und entschuldigte sich dafür, dass sie uns nicht gleich geglaubt hatte. Wir versuchten, unsere Gedankenlosigkeit wieder gutzumachen, zeigten uns von der liebenswürdigsten Seite und bedankten uns für all ihre Hilfe. Sie wünschte uns viel Glück und ermahnte uns, die Augen offen zu halten. Dann brachte sie uns ins Treppenhaus, und begleitet von ihren guten Wünschen schossen wir die Treppen hinunter. Wir flitzten an der *babuschka* vorbei, die den Eingang bewachte, holten Cinquino, luden eilig das Gepäck ein, und nach einer üppigen Mahlzeit in der *stolowaja,* dem typischen Gasthaus, nahmen wir unsere Fahrt gen Osten wieder auf.

Nach China immer geradeaus ...

Wir waren nicht gerade bester Laune.

Nach so einem langen Aufenthalt mussten wir uns erst wieder in das Fahren hineinfinden, denn unsere Hinterteile waren Cinquinos Sitze nicht mehr gewöhnt.

Die Qualität der Straße war ganz ordentlich – schon seit dem Ural war der Zustand des Straßenbelags insgesamt besser geworden –, aber unser 500er wollte absolut nicht richtig laufen. Wieder hatten wir den provisorischen Motorhaubenheber montiert, mussten aber dennoch oft anhalten. Wir versuchten, die Benzinpumpe mit einem feuchten Lappen zu kühlen, und konnten danach anscheinend problemlos die Fahrt fortsetzen, doch nach kurzer Zeit fing Cinquino wieder an zu stottern und zu seufzen. Wie schon gesagt, wir waren so dumm gewesen, in den zwei Wochen in Nowosibirsk das Problem mit der Blattfeder nicht ein für allemal zu beseitigen: Die Vorderspur hatte sich wegen der Belastung verzogen, sodass sich das Profil der Vorderreifen an der Innenseite stärker abnutzte. Irgendwann verlor zudem der linke Hinterreifen rätselhafterweise Luft, und wir mussten ihn mit dem Minikompressor wieder aufpumpen. Zum allerersten Mal seit der Abreise befürchteten wir, dass uns der Mut verlassen könnte. Unser nächstes Ziel war nun, Irkutsk zu erreichen, 1800 Kilometer von Nowosibirsk entfernt. Dort mussten wir uns entscheiden, ob wir uns mehr um die Visa oder Cinquino kümmern wollten.

In Kemerowo übernachteten wir in der Wohnung eines jungen Mannes, der uns nach 280 Kilometern auf der Straße angehalten hatte. Am nächsten Tag starteten wir für unsere Verhältnisse sehr früh: Nach der »Hauptstadt Sibiriens« schien uns diese Stadt mit ihren 500 000 Einwohnern nicht attraktiv genug, um bummeln zu gehen.

Wir hatten uns vorgenommen, Krasnojarsk bis zum Abend zu erreichen. Mit unserem schwächelnden Cinquino mussten wir also 540 Kilometer an nur einem Tag zurückzulegen – die längste Etappe seit Slowenien – und daher hielten wir nur im Notfall, bei menschlichen Bedürfnissen, für Fahrerwechsel und schnelle Mahlzeiten. Für Fotos blieb keine Zeit, und kurze Filmaufnahmen machten wir nur durch die Windschutzscheibe.

Im Cockpit herrschte Stille. Immer häufiger schwiegen wir uns an. Nach nur eineinhalb Monaten Ellbogen an Ellbogen war Fabrizio und mir anscheinend der Gesprächsstoff ausgegangen. Schon seit einer Weile hatten wir immer wieder über dasselbe gesprochen, über die Fragen gestritten, ob wir die Reservekanister füllen sollten, ob die Blechkiste weiter auf dem Dach bleiben sollte und ein Rad auf dem Kofferraumdeckel (darüber waren wir uns nie einig gewesen); ich meckerte an seinem Fahrstil herum, er mokierte sich über meine Sucht, alle möglichen Zusätze in den Tank zu füllen, und dann schwiegen wir wieder für lange Minuten. Genau wie jetzt.

Cinquinos Motor machte den üblichen ohrenbetäubenden Lärm, unsere Augen waren halb geschlossen, und wir starrten leer durch die Windschutzscheibe, in Gedanken waren wir ganz woanders. Plötzlich riss uns etwas aus unserer Trägheit, wir rissen die Augen auf und klappten erstaunt die Unterkiefer herunter: Aus der Gegenrichtung kam ein Auto vom Anfang des Jahrhunderts gemächlich wie eine alte Dame auf uns zu; mit »Anfang des Jahrhunderts« meine ich das vergangene. Es sah aus wie eine Kutsche ohne Pferde. Wir drosselten unser Tempo, fuhren langsam aneinander vorbei und musterten uns gegenseitig. Ein Mann und eine Frau in Kostümen aus der Zeit und mit Lederkappe und Fahrerbrille saßen darin. Der Mann lächelte uns durch seinen dichten roten Bart an. Fabrizio und ich schauten uns benommen an und verstanden uns ohne Worte: Wir drehten eine scharfe Kurve, und schon hatten wir das merkwürdige Gefährt erreicht. Es handelte sich um einen cremefarbenen De Dion Bouton von 1907 mit australischem Kennzeichen und australischen Insassen.

»Seid ihr Italiener? Und ihr kommt mit dem da aus Italien, ganz allein? Fantastisch! Kommt mit, unser Lager ist gleich in der Nähe, es sind nur wenige hundert Meter, *there's another Italian friend!*«

Wir folgten ihnen langsam, bogen in eine Straße ein, die zu den Feldern führte, nahmen dann einen Feldweg, und hinter einigen dichten Hecken stießen wir auf die anderen: ein Dutzend Personen, einige Zelte, ein Contal-Dreirad, ein zweiter De Dion und *the Italian friend:* ein roter Itala aus dem Jahr 1910.

Unsere Ankunft zog die Aufmerksamkeit aller auf sich.

»Das sind Italiener, die kommen mit diesem Spielzeug da aus Italien!«, verkündete Keith, der Mann am Steuer des De Dion. Ein Fernsehteam und ein Mann in einer Kaki-Uniform mit absurden Reiterhosen kamen auf uns zu.

»Ist das ein Fiat? Dann kommt er tatsächlich aus derselben Stadt wie unser Itala, aus Turin! Dieses Zusammentreffen müssen wir feiern – macht den Champagner auf!«

Warren war Trickfilmzeichner und organisierte die Neuauflage des berühmten Autorennens Peking-Paris aus dem Jahr 1907. Unter den australischen Sammlern historischer Autos waren Journalisten, ein Luftwaffen-Pilot, ein Motorradfahrer, ein Neurochirurg, ein Manager und Restauratoren von Oldtimern. Sie alle hatten sich die Originalmodelle, identisch mit denen von 1907, beschafft und nach Peking bringen lassen. Dort wurde die Gruppe von einem Team des Fernsehsenders ABC begleitet, das eine Dokumentation darüber drehte, wie die Wagen auf demselben Kurs wie zu Beginn des 20. Jahrhunderts auf Paris zusteuerten.

Das Rennen Peking-Paris war ein Ereignis in der Geschichte des Automobilsports, wie es das bis dato noch nie gegeben hatte. Alles hatte am 13. Januar 1907 mit einer lapidaren Frage in der französischen Tageszeitung »*Le Matin*« begonnen: »Gibt es jemanden, der es auf sich nimmt, im kommenden Jahr mit dem Automobil von Peking nach Paris zu fahren?«

Es sah wie ein Scherz, eine Provokation aus: Das Automobil gab es erst seit wenigen Jahren, der Verbrennungsmotor war gerade mal 15 Jahre zuvor erfunden worden, viele Autos glichen Kutschen, denen man die Deichsel für die Pferde abmontiert hatte. Es gab noch kein System für die Treibstoffversorgung, keine befahrbaren Straßen, und der Geländewagen war auch noch nicht entwickelt.

Der Einladung kamen 25 Personen aus ganz Europa nach, Millionäre, Aristokraten und reiche Neugierige, denn in jenen Jahren war das Auto ein extremes Luxusgut, das sich nur die dicksten Geldbeutel des Kontinents leisten konnten. Aus Italien stieß Fürst Scipione Borghese dazu, er trat mit einem Itala an, der ihm von der Fabrik in Turin eigens dafür ausgerüstet wurde. Und so startete das verrückteste Rennen der Welt.

In Peking starteten fünf Vehikel, ein Contal-Dreirad, zwei De Dion Bouton, alles Franzosen, ein holländischer Spyker und der Itala von Borghese und seinem treuen Chauffeur Ettore. Der »*Corriere della Sera*« schickte seinen besten Korrespondenten, Luigi Barzini, mit. Das italienische Trio durchquerte die Innere Mongolei, die Wüste Gobi, die grenzenlose Steppe des mongolischen Gouvernements, einen großen Teil Sibiriens, den Ural und Europa und erreichte nach nur zwei Monaten Paris, 20 Tage vor den anderen Teams. Zwischen Diplomaten, Gouverneuren und Generälen, Aristokraten, reichen russischen Kaufleuten und hübschen adligen Damen, auf Banketts und Theaterabenden spielte sich die Reise dieser Gentlemen auf den beiden Kontinenten ab. Eine Extravaganz der Reichen, eine Millionärslaune.

Luigi Barzini schrieb anschließend ein Buch mit dem Titel »Peking-Paris im Automobil« über das Abenteuer. Nach meiner Rückkehr habe ich mir, beseelt durch die wunderbare Begegnung in der Taiga, die Erstausgabe von 1908 in einem neapolitanischen Antiquariat besorgt. Während ich die vergilbten Seiten las und die sepiafarbenen Fotos dieses dicken Bandes betrachtete, musste ich meine Meinung über den Sinn dieser Reise gründlich revidieren. Das Rennen Peking-Paris war alles andere als eine extravagante Millionärsschrulle. Die Meldung im »*Le Matin*« war eine große technologische Kampfansage: Damals sah die Allgemeinheit im Automobil nicht viel mehr als ein Accessoire für eine Spazierfahrt oder ein Sportgerät. Aber es gab bereits erste begeisterte Förderer, die beweisen wollten, dass man mit dem Auto überall hin konnte, dass es ein wirkliches Verkehrsmittel werden und damit Eisenbahn und Ozeandampfern Konkurrenz machen konnte.

Dies war damals alles andere als eine Selbstverständlichkeit und musste durch eine außergewöhnliche Unternehmung unter Beweis gestellt werden.

Erst wenn man die damaligen Verhältnisse kennt, kann man dem Rennen die richtige Bedeutung beimessen. Im Frühjahr 1907, als der Itala mit 50 Stundenkilometern durch die Steppe der Mongolei raste, hatte die Luftfahrt noch nicht viel von sich reden gemacht, und es sollte noch mindestens ein Jahrzehnt dauern, bis die ersten Passagierflüge stattfanden. Die Eisenbahn war noch nicht ins Reich der Mitte vorgedrungen, und der *wai wu pu,* der Große Rat des Außenhandels im chinesischen Reich, sperrte sich dagegen, die »Verbrennungswagen« nach China zu lassen. Er befürchtete, dass allein der Anblick dieser modernen Wunderwerke die chinesischen Seelen verderben könnte. Damals transportierten lange Kamelkarawanen die Waren, und sie brauchten Wochen für eine Strecke, die die Italiener in wenigen Stunden bewältigten.

Dieses Abenteuer verherrlichte die Kraft und Schönheit der Geschwindigkeit, lobte die Dynamik und Perfektion der Maschine, feierte den Triumph des menschlichen Erfindergeists über die Natur, der konstruierten PS über die Pferde. Es war die Geburtsstunde eines modernen Heldentums. Eine Maschine erweiterte die menschlichen Möglichkeiten über die physischen Grenzen hinaus. In ihr griffen Kühnheit, Schwung, Widerstandsfähigkeit und Wille ineinander. Das Rennen Peking-Paris war bereits ein Abenteuer im Sinne des Futurismus, der avantgardistischen Kunstbewegung, die wenig später entstehen sollte. Es spiegelt das Lebensgefühl der damaligen Zeit, und die Aufgeregtheit, die aus Barzinis Buch spricht, scheint die Stimmung anzukündigen, die Italien in den nachfolgenden Jahren ergreifen sollte. Vielleicht erinnerte sich Marinetti an die Worte Barzinis, den er gut kannte, als er zwei Jahre später im »Futuristischen Manifest« schrieb: »Ein Rennwagen, dessen Karosserie große Rohre schmücken, die Schlangen mit explosivem Atem gleichen ... ein aufheulendes Auto, das auf Kartätschen zu laufen scheint, ist schöner als die Nike von Samothrake.«

Fürst Borghese selbst war ein begabter Abenteurer. Weit entfernt, sich dem adeligen Müßiggang hinzugeben, war er ein bekannter Automobilist und Reisender; er war Diplomat, Parlamentsmitglied, Alpinist und Kartograf. Er reiste in einer Karawane durch Persien bis nach Turkestan, kreuzte mit dem Schiff auf dem Ob und dessen Nebenfluss Tom und fuhr mit der Transsibirischen Eisenbahn an den Pazifik. Der zielstrebige Pragmatiker verfügte über beste Russischkenntnisse und ein außergewöhnliches fotografisches Gedächtnis für Orte und Landkarten.

Er entschied sich dafür, ein viel schwereres, aber auch stärkeres Automobil als die übrigen Teilnehmer zu benutzen, was die anderen für verrückt hielten. Doch seine Idee erwies sich als erfolgreich: Der Itala besaß 40 PS und wog eineinhalb Tonnen – so konnte Borghese sich auch auf den härtesten Streckenabschnitten gut aus der Affäre ziehen und schnell davonflitzen, wenn die Piste es erlaubte. Mit ihren zehn PS blieben die De Dion von Beginn an zurück, der Spyker mit seinen 15 PS kam 20 Tage später als Zweiter ins Ziel. Das Contal-Dreirad verreckte in der Wüste Gobi und erreichte Paris nicht.

Keiner hatte sein Fahrzeug so methodisch für das Rennen ausgestattet wie Borghese. Es bestach durch einfache, aber geniale Einfälle: So ersetzte der Fürst beispielsweise die Kotflügel des Itala durch abnehmbare Bretter, die man als Rampe bei Hindernissen verwenden konnte. Zudem montierte er – im Unterschied zu allen Autos dieser Zeit – gleich große Vorder- und Hinterräder, so dass man sie untereinander tauschen konnte und Reserveräder sparte. Eigentlich erfand er damit den Geländewagen.

Borghese war einige Tage früher in Peking eingetroffen, hatte den ersten Teil der Strecke auf dem Rücken von Kamel und Pferd inspiziert und dabei mit einem Stab, der der Spurweite des Itala entsprach, die engsten Stellen ausgemessen. Die Logistik hatte er persönlich penibelst organisiert: Da es keine Tankstellen gab, ließ er in bestimmten Abständen Stationen einrichten, wo das Material deponiert wurde. Von Peking brachten Karawanen Treibstoff und Öl bis in die Mongolei. Die Transsibirische Eisenbahn transportierte von Moskau aus die Vorräte, die entlang der russischen Route im Abstand von 700 Kilometern gelagert wurden.

Aber seine beste Entscheidung war, den Itala der besessenen Pflege seines Chauffeurs Ettore Guizzardi anzuvertrauen. Dieser war als römisches Waisenkind am Hof des Fürsten zwischen dessen zahlreichen Autos aufgewachsen und hegte für sie eine fast ebenso große Hingabe wie für den Fürsten. Der unermüdliche Ettore wechselte sich tagsüber mit Borghese am Steuer ab, nachts montierte und schraubte, inspizierte und schmierte er jedes Zahnrad des Itala, zu dem er angeblich ein fast schon krankhaftes Verhältnis gehabt haben soll.

Aber das Rennen Peking-Paris war auch ein großes Medienereignis. Barzini telegrafierte seine Berichte an den *»Corriere della Sera«* und den *»Daily Telegraph«* von den entlegensten Poststationen inmitten der Wüste. Die Nachrichten liefen über Tausende von Kilometern durch die Telegrafendrähte über Peking, Schanghai, Hongkong, Singapur, Aden, Malta, Gibraltar und London, und sie brauchten acht oder zehn Stunden, bis sie in der Redaktion ankamen; immer noch rechtzeitig für die Morgenausgabe, in der die Leser quasi »in Echtzeit« an den Abenteuern des Itala teilhaben konnten. Es war vielleicht die erste Direktübertragung, noch ohne Internet, ohne E-Mail und ohne Satelliten.

Während des Rennens bildeten sich Empfangskomitees, die die Teilnehmer in den großen Städten erwarteten. Die Reichen und die Adligen wetteiferten darin, ihnen ihre Gastfreundschaft anzubieten. Die Nachricht von ihrer Durchreise verbreitete sich mit der Geschwindigkeit des Telegrafen.

Das Buch darüber war ein internationaler Erfolg: »Peking-Paris im Automobil« erschien gleichzeitig in elf Sprachen, von Prag bis Stockholm, von Paris bis Budapest, ein für die italienische Literatur einmaliger Fall. Noch heute werden Neuauflagen davon gedruckt.

Während der Reise wurden Barzini und Borghese dicke Freunde, aber nach ihrer Rückkehr sind sie sich nie mehr begegnet.

»Na, das ist mal ein Auto! Ihr müsst sehen, wie der läuft, das ist schon was anderes als diese französischen Karossen!«, sagte Lang, einer der beiden aus der Mannschaft des Itala, lachte und zeigte auf den Wagen.

»Tja, diese Kutsche läuft wirklich nicht. Ich verstehe schon, warum Borghese so haushoch gewonnen hat…« Keith verzog enttäuscht das Gesicht.

Warren kam mit einer Flasche Champagner: »Das ist unsere letzte, aber wohl die richtige Gelegenheit, um sie zu köpfen. Ausgezeichneter australischer Champagner, schaut her, nur sieben Dollar!«

Campingtassen wurden gefüllt, wir bekamen jeder eine in die Hand, und zusammen stießen wir auf unsere Unternehmungen an.

Die Truppe von ABC wuselte herum, ein junger Kerl wedelte mit einem pelzigen Mikrofon an einer langen Stange. Einer nach dem anderen fotografierte Cinquino, der zwischen den Oldtimern wie ein technologisches Meisterwerk wirkte.

»Ihr seid also allein unterwegs, ohne Versorgungsfahrzeug? Unglaublich!«, meinte Lynne, die Journalistin von der ABC, zu Fabrizio. »Aber ihr seid sicher gute Mechaniker?«

Fabrizio verneinte. Wir waren nicht nur lausige Mechaniker, meist, wenn wir Hand an Cinquino gelegt hatten, hatten wir ihm nur geschadet.

»Aber wenn das Auto kaputtgeht, was macht ihr dann?«, fragten die australischen Pragmatiker.

»Was werden wir schon machen?«, antwortete Fabrizio. »Wir fallen auf die Knie und beten, dass er wieder funktioniert!«, antworteten wir südländischen Kreativen.

Warren war der Komiker der Truppe; er füllte noch einmal die Becher mit dem Champagnerverschnitt.

»Lasst uns auf die italienischen Autos trinken! Eins ist jedenfalls sicher: Die von früher waren besser!« Er lachte selbst über seinen eigenen Witz.

Dann mussten wir über unsere Reiseroute und die Straßenverhältnisse Richtung Omsk berichten. Wir machten sie auf die neue Trasse der M51 aufmerksam, aber sie hatten GPS, so dass ihnen unser Fehler sicher nicht unterlaufen wäre. Wir wollten von ihnen etwas über den berüchtigten Abschnitt zwischen Tschita und Chabarowsk wissen, aber Warren sagte uns, dass sie von der Mongolei aus nach Russland eingereist waren, wesentlich weiter westlich von Tschita: Sie folgten schließlich der Route von 1907.

»Wann seid ihr denn in Italien aufgebrochen?«, fragte Keith.

Seit mehr als eineinhalb Monaten waren wir unterwegs und hatten weniger als 11 000 Kilometer zurückgelegt. Wir waren wirklich nicht gerade schnell.

»Und wie viele Stunden am Tag sitzt ihr am Steuer?«

»Na, wir lassen es langsam angehen … so gegen Mittag brechen wir auf … aber wir fahren etwa bis es dunkel wird, und das bedeutet meist so bis Mitternacht. Aber heute Morgen sind wir sehr früh losgefahren, so gegen neun … Und ihr?«

»Abmarsch ist um sechs. Dann fahren wir ohne Pause bis zum Abend! Jeden Tag! Vor einem Monat sind wir in Peking aufgebrochen und rechnen damit, dass wir in etwa 20 Tagen in Paris ankommen.«

Das waren nun wirklich zwei völlig verschiedene Herangehensweisen an die Reise.

Plötzlich hatte irgendjemand eine italienische Fahne herausgekramt, Warren hängte sie vor dem Kühlergrill des Itala auf. Wir parkten unseren 500er neben dem Greis aus Turin und machten einige Gruppenfotos.

»Schau, die haben auch Pirelli-Reifen, *just like the prince!*«, stellte Lynne begeistert fest.

»Dann könnt ihr sicher sein, dass ihr es nach Peking schafft!«, fügte Warren lachend hinzu.

Etwas abseits bereiteten zwei aus der Gruppe gerade ein Barbecue vor, und Keith lud uns ein, noch zum Picknick zu bleiben. Wir wären wirklich noch gerne länger bei dieser exzentrischen Gesellschaft geblieben, aber der Champagner war alle, und wir wollten noch vor Einbruch der Dunkelheit in Krasnojarsk sein. Unter Händeschütteln, Ermahnungen zur Vorsicht und Wünschen, dass das Glück jede Reise begleiten sollte, brachen wir auf. Dieses Treffen hatte uns mit Optimismus und guter Laune aufgeladen, und daran war nicht nur der Champagner schuld.

Nach nicht einmal 30 Kilometern stießen wir auf eine der vielen Straßensperren der Polizei. Ein Polizistenpaar hielt uns an und kam mit einem belustigten Grinsen näher. Ungläubiges Staunen beim Anblick unseres 500ers waren wir bereits gewöhnt, ebenso die immer gleichen Fragen und Antworten.

»Wo kommt ihr her?«, fragte einer, ohne unsere Papiere zu verlangen.

»Italien.«

»Italien? Und aus welchem Jahr ist das Auto?«

»1973.«

»Ach, so neu?« Er verzog enttäuscht das Gesicht. »Wir haben heute vier gesehen von 1910, die wollten nach Paris!«

Die Australier hatten uns die Schau gestohlen! Die beiden Polizisten ließen uns und Cinquino völlig desinteressiert weiterfahren.

Anscheinend hält jeder Fluss in Russland einen Rekord. Der Jenissei etwa bildet zusammen mit der Angara das ausgedehnteste Flusssystem, das sich in das Nordpolarmeer ergießt. Und erstaunlicherweise ist er blau. Das überraschte uns, denn wir waren an die schlammigen Farbtöne des Tiber, das Flaschengrün der Donau, das Erdgrau der Seine und die bleiernen Schattierungen der Themse gewöhnt.

Der Jenissei ist der soundsovielte Fluss, an dessen Ufer die soundsovielte sibirische Stadt entstanden ist, aber irgendetwas vermittelte den Eindruck, dass diese Verbindung bei Krasnojarsk besonders stimmig war. Vielleicht hatte es mit der blauen Farbe zu tun, die unserer Vorstellung von Wasser so nahe kam (wir sind am Meer aufgewachsen). Vielleicht auch wegen des prächtigen Anlegers, der die städtische Ehrerbietigkeit gegenüber dem mächtigen Strom ausdrückt, oder weil dieser sich inmitten der wachsenden Stadt so verzweigt, dass er dort diverse Inseln umspült. Krasnojarsk und ihr Fluss scheinen füreinander geschaffen zu sein.

Michail und Maxim hatten uns auf den Hügel *Karaulnaja Gora* geführt, Mitternacht war schon eine Weile vorbei. Die flimmernden Lichter der Stadt täuschten über ihr Aussehen hinweg und verbargen die Baracken, die Plattenbausiedlungen und die rauchenden Fabrikschlote. Der Anblick war erfreulich. Die Kapelle von Paraskewa Pjatniza war noch offen; im winzigen, aber erstaunlich hellen Innenraum hingen zahlreiche Ikonen dicht gedrängt an den Wänden, es roch nach Wachs. Diese Kapelle ist die berühmteste Sehenswürdigkeit von Krasnojarsk; täglich halten Millionen von Russen sie in Händen, denn ihr Bild ziert die Zehn-Rubel-Note. Auf ihrer Rückseite ist das imponierende Wasserkraftwerk am Jenissei zu sehen. Es war einstmals das stärkste der Welt und wurde vom russischen Dichter Jewgeni Alexandrowitsch Jewtuschenko als »Kilowatt-Tempel« gepriesen.

»Wegen des Kraftwerks ist das Wasser des Flusses so sauber«, versicherte uns Maxim. »Es gibt praktisch keine Industrie, die Abwasser in den Jenissei leitet.«

Michail und Maxim waren zwei von diesen verwegenen Motorradfahrern, die ohne Nummernschild durch die Gegend fuhren, um nicht von der Polizei erkannt zu werden, die sie in ihren alten Kisten sicherlich nicht verfolgen würden.

»Nun ja, aber wenn ihr an einer roten Ampel haltet und euch die Polizisten ohne Nummernschild erwischen?«

»Wer hält denn schon an einer Ampel?!«, prustete Maxim heraus.

Momentan fuhr Maxim allerdings einen Toyota, denn er hatte sich bei einem Sturz mit dem Motorrad den Arm gebrochen. So blieb ihm nichts anderes übrig, aber glücklicherweise hatte der Wagen eine Automatik. Er hatte das Auto vor einem knappen Monat selbst aus Wladiwostok abgeholt. Zum einen war es dort billiger als in Krasnojarsk, zum anderen sparte er so die Transportkosten.

»Also dann wollt ihr wirklich bis nach Chabarowsk mit diesem Auto?«, fragte Michail, als wir die Kapelle verließen. Wir nickten.

»Los, erzähl ihnen, wie das ist!« forderte er Maxim auf.

Dieser ließ sich nicht lang bitten: »Ungefähr 100 Kilometer nach Tschita hört der Asphalt auf und beginnt erst wieder mindestens 1000 Kilometer weiter bei Schimanowsk. Dann verschwindet er auf einigen Teilstücken bis Birobidschan wieder, für noch mal Hunderte von Kilometern. Die Straße ist kaputt, da liegen große Steine rum, es gibt keine Tankstellen und nichts, wo man schlafen kann. Zwischen Mogotscha und Skoworodino kommt dann das schlimmste Stück: 300 bis 400 Kilometer *bezdoroshe,* also eigentlich gar keine Straße. Da wird gearbeitet, eine Baustelle reiht sich an die nächste, und man fährt auf einem total kaputten Weg mitten durch den Wald …« Während er so redete, gestikulierte er mit seiner gesunden Hand und deutete die sich durch die Taiga schlängelnde Straße an.

»Die Steine sind das Hauptproblem: Sie sind groß, spitz und scharf. Die zerstören die Reifen und die Aufhängungen. Und dann ohne Benzin … Ich weiß nicht, ob ihr das schafft.«

»Vielleicht schon, aber mit dem da braucht ihr mindestens einen Monat. Und wenn ihr dann in Chabarowsk ankommt, passt bloß auf! Das ist eine ziemlich gefährliche Stadt! Nichts als Banditen, auch die Polizei kann euch da ausrauben!«, fügte Michail hinzu. Eigentlich wollte er uns Mut machen.

Die beiden Jungs hatten Mitleid, aber wir hatten ihnen dazu auch allen Grund dazu gegeben. Kaum hatten sie uns zum Hotel *KSS* begleitet, mussten sie uns zu guter Letzt noch auf den nächsten Parkplatz abschleppen. Cinquino hatte mit seinem bemerkenswerten Talent für den günstigsten Augenblick genau hier den Geist aufgegeben. Allerdings hatten auch Fabrizio und ich uns mal wieder blamiert, als wir es nicht fertig brachten, das Abschleppseil am Haken unseres 500ers zu befestigen. Die beiden hatten das dann freundlicherweise für uns übernommen. Schließlich saß der eine dann im Toyota, der andere hinter Cinquinos Steuer.

»Kommt, wir zeigen euch unsere Maschinen!«

Maxim ließ uns keine Wahl. Wir waren 540 Kilometer mit unserem extrem runtergekommenen Auto gefahren und wollten eigentlich nur ins Bett, aber gegen die überbordende sibirische Gastfreundschaft kamen wir nicht an. Bevor wir an diesem Abend wieder ins Hotel begleitet wurden, mussten wir die Boliden von Maxim und Michail besichtigen und lange Minuten andächtig vor den glatten Hinterreifen – das Ergebnis der mächtigen Beschleunigung – und dem verkratzten Schutzblech – die Narbe vom Sturz und Maxims ganzer Stolz – verharren. Zu allem Überfluss stieß noch ein dritter Zentaur zu uns, dessen Namen ich wohl aus Selbstschutz verdrängt habe. Er zerrte uns allesamt ans andere Ende der Stadt, um uns dort ebenfalls seine Maschine zu zeigen.

Ein düsterer Morgen. Die Erinnerung an Cinquino, der stumm und reglos unter einer Überführung geparkt war, verdarb schon das Aufwachen. Die *administrator* redete bereits ungehemmt auf uns ein (auf Russisch), bevor wir überhaupt frühstücken konnten: Sie pries alle Herrlichkeiten von Krasnojarsk und Umgebung an, als ob wir einen Monat bleiben würden.

Wir hatten keine Lust, Maxim und Michail anzurufen, obwohl wir es am Abend vorher versprochen hatten. Die beiden hatten sogar angeboten, uns bei der Reparatur von Cinquino zu helfen, wovon sie sicherlich mehr verstanden als wir. Zum Glück fand an diesem 4. Juni das große Stadtfest, der *den' goroda*, statt: So wurde uns wieder einmal eine willkommene Gelegenheit auf dem Silbertablett serviert, den ganzen Vormittag zu vertrödeln und die Reparatur unseres Fiat 500 zu verschieben.

Die Gründungsfeierlichkeiten von Krasnojarsk bestanden aus einer Art Karneval mit Maskenumzug, allegorischen Festwagen, lauter Musik und Konfetti. Der *Mira Prospekt* war mit Spruchbändern und Luftballons geschmückt und voller Menschen, die auch aus den umliegenden Dörfern hierhergekommen waren. Die Menge drängte sich an beiden Straßenrändern und genoss das Spektakel trotz des feinen Nieselregens. Vor dem pseudoitalienischen Fast-Food-Lokal *Mama Roma* kelterten ein paar Kellner in grün-weiß-roten Uniformen mit bloßen Füßen Weintrauben in einem Plastikbottich. Die von einem Supermarkt gesponserten Majorettes zogen vorbei, es folgte eine rot bekleidete Truppe mit dem Banner der Jenissei Telekom, danach die Mannschaft der Post in merkwürdigen Briefumschlag-Kostümen, auf einem Wagen tanzten Gladiatoren und Mägde rhythmisch zu Techno-Beats, die aus großen schwarzen Lautsprechern dröhnten. Die Kellner aus dem *Mama Roma* waren von ihnen besonders begeistert, vielleicht weil sie sich mit ihnen so gut identifizieren konnten. Ein Husarenregiment trug die Abzeichen von Volkswagen, und auch die Schulvertreter marschierten mit. Die Buden auf den Bürgersteigen verkauften Trillerpfeifen, Keulen aus Schaumgummi und bunte Luftballons.

In diesem ganzen Trubel schlenderten wir bis zum Abend herum, ohne uns das Fest von einem Gedanken an unseren defekten 500er verderben zu lassen: »Außerdem«, so sagten wir uns, »ist es ja fast bis Mitternacht hell. Wir gehen nachher noch hin.«

Schließlich gingen wir. Aus dem leichten Nieselregen wurde eine Sintflut, und wir waren froh, dass wir unter einer Straßenbrücke geparkt hatten. Die Fahrbahn darüber stand unter Wasser und wurde stark befahren. Ab und zu kam ein schmutziger und stinkender Schwall Wasser von oben, dem wir nur durch Glück und Zufall entkommen konnten.

Cinquinos linker Hinterreifen, der früher schon auf rätselhafte Weise Luft verloren hatte, war nun vollkommen platt und musste ausgewechselt werden.

Ein Schwall Wasser: erfolgreich ausgewichen.

Unser Wagenheber brach unter dem 500er zusammen, aber der Parkplatzwächter, der sich dieses Spektakel nicht entgehen ließ, borgte uns sofort einen stabileren. Damit und mit dem Neunzehnerschlüssel aus Samara montierten wir das Rad ab. In einem benachbarten rostigen Container zog ein Reifenhändler einen acht Zentimeter langen Nagel aus dem Reifen heraus und reparierte ihn, ohne dafür etwas zu verlangen. So weit war alles noch ganz einfach, doch das Motorproblem blieb, und wir hatten keine Ahnung, wo wir anfangen sollten.

Der nächste Wasserschwall: wieder entkommen.

Wir bauten die Zündkerzen aus, die wir erst vor 800 Kilometern gewechselt hatten: Sie waren schwarz. Wir inspizierten die Kontaktstifte, sie waren nicht abgenutzt, bewegten sich aber eigenartig, zumindest schien es uns so. Wir verstanden nicht viel davon, aber wir hatten einen Ersatz-Verteiler dabei, bei dem unser Mechaniker in Bari schon die Kontaktstifte montiert hatte. Also tauschten wir alles aus, vergaßen allerdings, dabei den Befestigungspunkt anzuzeichnen (was man uns eindringlich geraten hatte), um die Einstellung zu bewahren. Wir verließen uns auf unser Augenmaß.

Ein neuer schmutziger Wasserschwall von der Brücke ergoss sich über den Wächter, aber es schien ihm nichts auszumachen.

Wir putzten die Zündkerzen mit Sandpapier und bauten sie wieder ein. Dann sahen wir noch einmal alles genau an, fanden aber nichts, das wir noch hätten ausbauen können. Ich versuchte, Cinquino zu starten, ich hob den Lüftungshebel und zog den Anlasser. Der 500er ruckelte, kreischte förmlich schrill auf und ... sprang an! Es war unglaublich, er funktionierte! Wir konnten es uns nicht erklären: Wir hatten irgendwo hingelangt und die einzige Vorsicht, die wir hätten walten lassen sollen, hatten wir komplett vergessen. Trotzdem funktionierte Cinquino, knatterte, dröhnte! Vor den Augen des ungläubigen Parkplatzwächters hüpften wir vor Freude wie die Kinder herum. Es wurde dunkel und der Regen ließ nach. Bevor es sich unser 500er anders überlegen konnte, verschlossen wir alles wieder und kehrten in die Stadt zurück, rechtzeitig zum Abendessen und zum Feuerwerk.

Früh aufzubrechen war für uns eine ziemlich neue Erfahrung. Wir hatten die Vorteile davon in Kemerowo kennengelernt. Also schulterten wir bereits um halb zehn die Rucksäcke und marschierten zu unserem Fiat 500. Ehrlich gesagt, machten wir uns heimlich aus Krasnojarsk davon und schämten uns etwas, dass wir nicht bei Michail und Maxim angerufen hatten. Seit dem Abend, an dem sie uns abgeschleppt und ein wenig in der Gegend herumgefahren hatten, hatten wir uns nicht mehr bei ihnen gemeldet, aber nun konnten wir es nicht mehr ändern, und wir hatten schließlich noch 1000 Kilometer bis Irkutsk vor uns.

Wir schlossen Cinquino auf, um das Gepäck einzuladen und bemerkten nicht einmal den weißen Toyota, der direkt daneben geparkt hatte. Wir wollten gerade einsteigen und losdüsen, als am Toyota eines der Fenster heruntergedreht wurde und Maxims rundes Gesicht herausschaute. Michail und der dritte Zentaur waren auch dabei. Sie mussten stocksauer sein. Also ließen wir ihnen kaum Zeit, um auszusteigen und etwas zu sagen, sondern texteten sie mit den dümmsten und unwahrscheinlichsten Ausreden zu, warum wir uns nicht mehr gemeldet hatten. Die drei waren aber überhaupt nicht verärgert. Sie erklärten, sie wollten uns aus der Stadt hinausbegleiten, damit wir gleich die richtige Straße fänden, und uns auch eine Tankstelle mit anständigem Benzin zeigen. Sie glaubten, der 500er hätte wegen des schlechten Benzins gestreikt. Was soll man dazu sagen? Wir sühnten unser schlechtes Benehmen, indem wir mit den drei tollen Jungs den Vormittag verbrachten, mit ihnen zu Mittag aßen und uns erst am frühen Nachmittag auf den Weg machten. Bevor er sich verabschiedete, warnte uns Maxim nochmals vor der berüchtigten Straße und bestand darauf, dass wir wenigstens einen der Reservekanister mit gutem Benzin füllten, denn so schnell würden wir keines mehr finden, meinte er. Er hatte recht.

Seit Stunden regnete es, ununterbrochen. Überall bildeten sich Pfützen, und das nicht nur draußen auf der Straße, sondern auch am Boden unseres Cinquino. Unerklärlicherweise hatte sich während der Fahrt Wasser mit Schlamm vermischt, sich nach und nach auf den Fußmatten und unter den Sitzen ausgebreitet und staute sich ein paar Zentimeter tief zwischen den Honiggläsern aus Ufa und den Musikkassetten. Da wir tags zuvor erst spät aus Krasnojarsk weggekommen waren, hatten wir nur die rund 200 Kilometer bis Kansk geschafft und dort übernachtet. Unser Fiat 500 lief wie geschmiert, somit war unser technischer Eingriff erfolgreich gewesen.

Wir fuhren auf der M53, einer Straße mit sehr schlechten Abschnitten, sie war überflutet, schlammig, über lange Strecken ganz ohne Asphalt, was uns zu einer Geschwindigkeit unter 30 Stundenkilometern zwang. Da sich seit Tagen die Landschaft nicht veränderte, hatten wir das Gefühl, so gut wie nicht vorwärtszukommen.

Seit wir in Sibirien waren, hatten wir uns an große Distanzen zwischen den Städten gewöhnt, Hunderte, manchmal Tausende von Kilometern. Die Leere dazwischen wurde nur von riesigen Birkenwäldern, von der Straße und dem einen oder anderen Schild, das auf Orte wie Leninsk, Partizanskoje oder Sowetskij hinwies, unterbrochen. Sie wurde noch beklemmender, wenn der *trakt* sich von den Gleisen der Transsibirischen Eisenbahn entfernte, entlang derer im vergangenen Jahrhundert Ortschaften aufgeblüht waren. Von Zeit zu Zeit kamen wir durch ein Dörfchen aus Blockhütten: Alle Häuser waren gleich groß, quadratisch und hatten ein Giebeldach. Sie waren aus behauenen Holzstämmen gebaut und die Fensterrahmen mit Intarsien in leuchtenden Farben dekoriert: Blau, Weiß, Grün. Trotz des heftigen Regens waren *babuschkas* und Kinder auf Fahrrädern unterwegs. Von Männern keine Spur.

Unter diesen Bedingungen konnten wir kaum hoffen, in nur zwei Tagen Irkutsk zu erreichen. Wir mussten in einem etwas größeren Dorf übernachten, wo es vielleicht eine abgelegene *gostiniza* gab, in der wir schlafen konnten. Der Atlas – wir hatten uns in Nowosibirsk einen aktuellen gekauft – bot nicht viel Auswahl: Tulun lag 400 Kilometer von Irkutsk entfernt, eine Etappe, die wir am nächsten Tag hätten schaffen können, und ungefähr 300 von dem Ort, an dem wir uns gerade befanden. Wir hätten auch versuchen können, noch im Laufe des Abends dort anzukommen, aber das hätte bedeutet, ohne Unterbrechung durchzufahren.

In der Zwischenzeit stieg das Wasser im Auto an. Auf den Fußmatten schwappte ein vier oder fünf Zentimeter tiefer Tümpel bei jedem Anfahren und Bremsen über unsere Schuhspitzen. Wir sahen aber nirgendwo Wasser eindringen. Als wir anhielten und nachschauten, entdeckten wir, dass der rechte Vorderreifen an der Innenseite des Radkastens ein Loch hineingescheuert hatte. Von dort mussten das Wasser und der Schlamm von der Straße in die Karosserie und dann irgendwie in den Fahrgastraum geraten sein. Die großen Räder eines Panda montiert zu haben war vielleicht ein Fehler gewesen. Wir parkten Cinquino so schräg am Straßenrand, dass der ganze Morast in einer Ecke zusammenfloss, und schöpften den Großteil davon mit zwei Plastikbechern aus.

Wir erreichten Tulun noch am selben Tag, mussten aber einige Stunden im Dunkeln fahren – eine in dieser Gegend nicht zu empfehlende Erfahrung – und eine Umleitung von einigen Kilometern in Kauf nehmen. In tiefster Nacht kamen wir in dem Ort an und suchten nach dem imaginären Hotel, das laut Erzählungen tatsächlich existieren sollte. Über eine Stunde verbrachten wir damit, immer wieder durch die wenigen dunklen Straßen voller taumelnder Schatten zu fahren, verfolgt von einem Schwarm neugieriger Autos, in die wir nicht hineinsehen konnten. Schließlich fanden wir es. Es lag in einem gesundheitsschädlichen dreistöckigen Fertigbauklotz mit vergitterten Fenstern, einem verkommenen Eingangstor, überragt von einer Holztafel mit der fast unlesbaren Aufschrift *gostiniza*. 300 Rubel für eine quietschende Pritsche und schimmlig riechende Zudecken, aber wir hatten keine Wahl. An solchen Orten fragt man sich wirklich: »Wieso betreibt hier jemand eigentlich ein Hotel? Wer kommt schon hierher? Und warum?«

Am nächsten Morgen war Tulun lichtdurchflutet. Und voller Menschen. Direkt unter dem Betonklotz, in dem wir geschlafen hatten, war ein kleiner Markt aufgebaut, man konnte Gurken und irgendwelche Holzlöffel kaufen, Zigaretten der Marke Belomorkanal oder Apollo Sojuz und Kartoffeln.

Es ist verwunderlich, wie anders diese sibirischen Städtchen bei Tag aussehen: Unter einer gleißenden Morgensonne erscheinen sie wie reale Orte, geprägt vom Elend, das ihnen nichts auszumachen scheint, und umgeben von provinzieller Stille. Hier kann man leben und überleben. Doch mit Einbruch der Dunkelheit – mit dieser klebrigen Finsternis, die sich an alles heftet, sich über die Umrisse und Konturen der heruntergekommenen Gebäude legt und alles flach und unsichtbar macht – verwandeln sich diese Orte in ein Reich voller beängstigender Kreaturen. Die niedrigen Scheinwerfer mancher schlafwandelnder Autos durchschneiden kurz diesen Nebel, verzerren die Schatten der wenigen, die noch einsam unterwegs sind, so dass sie aussehen wie missgebildete torkelnde Stelzvögel. Raues Gelächter durchbricht die Stille: ein Schrei, Schimpfwörter, eine Flasche zerschellt am Boden; also besser ruhig sein, versuchen, unsichtbar zu bleiben, ein Teil dieser Finsternis zu werden; man zieht den Kopf ein, läuft schneller zu dem schäbigen Zimmer und wartet dort, dass der nahende Morgen die Urängste vertreibt.

Die folgende Etappe von 400 Kilometern verlief auf einer urplötzlich ausgezeichneten Straße ganz mühelos, seit Bari waren wir 11 200 Kilometer bis zu den ersten Vororten von Usolje-Sibirskoje und Angarsk gefahren. Mitten im Nichts setzte der Verkehr ein und kündigte die Nähe einer bedeutenden Stadt an: Irkutsk.

Fabrizio war das erste Mal in Irkutsk; ich war schon fünf Jahre zuvor mit meiner Freundin dort gewesen – damals war ich mit der Transsibirischen Eisenbahn gekommen – und seit feststand, dass wir diese neue Reiseroute würden nehmen müssen, hatte ich ihm ausführlich von meinen schönen Erinnerungen erzählt. Allerdings war mir bewusst, dass die Erwartung, die ich in ihm weckte, im gleichen Maße wuchs, wie mich meine Erinnerung täuschte, so dass die Enttäuschung uns beide in gleichem Maße traf. Vielleicht war es der starke Regen, der alles grau färbte, vielleicht weil ich vor fünf Jahren enttäuscht von Ulan-Bator aus dem Zug gestiegen war und mir Irkutsk strahlend schön erschienen war, aber als wir am Abend in dieser Stadt eintrafen, sagten wir beide kein Wort.

Ich erinnerte mich an eine überraschend prächtige, streckenweise elegante Stadt. Damals an den warmen Augustabenden war sie voller Leben. Junge Leute bummelten auf der *Karla Marxa* bis hinunter zum Ufer der Angara und zum Karaoke auf der Insel der Jugend. Jetzt fuhren Fabrizio und ich durch eine staubige, provinziell und bescheiden wirkende Stadt. Das großartige Opernhaus gab es noch, auf dem Programm stand »Othello«, und auch die Residenz des sibirischen Generalgouverneurs sah noch prachtvoll aus. Die Erlöserkirche und die Dreikönigskathedrale strahlten mit ihren kalkweißen Wänden und den goldenen Kuppeln, die sich im Irkut spiegelten. Doch wir fanden auch die Läden, die noch immer wie zu sowjetischen Zeiten nur den Namen der Ware tragen, die sie anbieten. Es herrschte ein architektonisches Durcheinander von Buden und Werbeplakaten, leer stehenden Gebäuden und mit Unkraut überwucherten Grünanlagen rund um das Lenin-Denkmal. Ordinäre Neonschriften verunstalteten die neoklassizistischen Fassaden des Zentrums. Horden von Kindern hingen herum, pressten die verdreckten Nasen in Plastiktüten mit Klebstoff, leer blickten sie aus den verlebten Gesichtern. Abgestandene Luft durchzog selbst die Fußgängerzone *Ulica Urisky,* deren verbeulter Asphalt mit Pfützen übersät war.

Irkutsk wurde einst von seinen Bewohnern »das Paris Sibiriens« genannt. Diese fast aus dem Nichts entstandene Stadt war von einem dünkelhaften neureichen Bürgertum verführerisch angelegt worden. In Sachen Luxus und Dolce Vita wollten die Bürger mit

Sankt Petersburg konkurrieren. Der Generalgouverneur regierte unabhängig vom Zaren über diesen Knotenpunkt, an dem Pelze und Tee gehandelt wurden, wie in einem surrealen reichen Paralleluniversum. Die neureichen Geschäftsleute dort bemühten sich, ihr Ansehen aufzuwerten, indem sie ihre protzigen Residenzen mit Tausenden von Büchern vollstopften, die nie einer las, und mit Klavieren, auf denen nie einer spielte. Die Fundamente der Paläste versanken im Schlamm, und die Bürgersteige waren nichts anderes als hölzerne Stege, die man beim ersten Schmelzen des Eises auslegte. Nachts gingen bewaffnete Patrouillen Streife, um die Banditen abzuschrecken, und wenige Meter hinter dem Opernhaus öffnete sich die über Tausende von Kilometern unbewohnte Taiga.

Wir kamen am 8. Juni an – unser Visum lief am 10. ab. Wir ernährten uns von *schaurma* (Pita mit Fleisch und Gemüse), die vor dem Großmarkt an den Buden verkauft wurden, und teilten uns ein Dreibettzimmer in einer Absteige nahe beim Zirkus mit einem jungen Engländer und einigem Ungeziefer. Die *administrator* war aus dem gleichen Holz geschnitzt wie die bisherigen – sie knurrte, machte ein finsteres Gesicht und benahm sich wie ein Wachhund. Sie verrammelte die Tür um elf Uhr, weshalb wir jeden Abend eine neue Ausrede erfinden mussten, damit sie uns aufmachte.

Nach dem Plan, den Inna in Nowosibirsk für uns aufgestellt hatte, hätten wir das mongolische Konsulat aufsuchen, uns sofort ein Visum ausstellen lassen und mit dem Zug nach Ulan-Bator aufbrechen sollen. Wir hatten aber überhaupt keine Lust. Wir hatten keine Lust, eineinhalb Tage auf dem Weg in die mongolische Hauptstadt in einem Zug zu sitzen, unseren 500er in Irkutsk zurückzulassen und zu riskieren, dass uns das Visum zur Wiedereinreise nach Russland verweigert wurde. Was sollten wir tun?

Wir hatten noch das Schriftstück der Moskauer Botschaft bei uns, dazu einen Artikel über unsere Reise aus einer russischen Zeitung und eine russische Kopie des Briefes aus Nowosibirsk: Warum nicht noch mal unser Glück beim OVIR in Irkutsk versuchen? Fordert man das Schicksal heraus, dann bitte mit Stil und Risiko und ohne sich irgendwie einen Vorteil zu verschaffen. In der festen Überzeugung, das OVIR hätte wie in allen anderen Städten geschlossen, ließen wir den Mittwoch verstreichen, ohne uns dessen zu vergewissern. Wir gingen also am Donnerstag außerhalb der Dienststunden hin, landeten vor einer verschlossenen Tür und mussten feststellen, dass das Büro am Mittwoch offen gehabt hatte. Schließlich nahmen wir uns für Freitag den 10. vor, früh aufzustehen, um halb neun. Das war unsere letzte Hoffnung, nicht mit Fußtritten von russischem Boden verwiesen zu werden.

Unser Schicksal beim OVIR in Irkutsk hieß Oleg, eine Art sanfter Klon von Alexej in Nowosibirsk, nur hatte die Natur bei seiner Statur etwas gespart. Oleg las aufmerksam alle Papiere, die wir ihm in die Hände gelegt hatten, unterstrich dabei die wesentlichen Punkte des Berichts und riss erstaunt seine kleinen blauen Augen auf. Dann fragte er uns, ob wir wirklich aus Italien kämen mit diesem komischen Saporoshez, als wolle er aus unserem Munde hören, was er da eben gelesen hatte.

»... und ihr wollt wirklich nach Chabarowsk? Aber ihr wisst schon, dass dies die gefährlichste Stadt in ganz Russland ist?«

Ja, das hatte man uns schon einige Male gesagt.

Oleg ließ uns auf einer roten Bank in dem kleinen Warteraum Platz nehmen, schloss sich dann in sein Büro ein und kam erst nach über einer Stunde wieder heraus, um uns zu sagen, dass er in Moskau habe anrufen müssen, dort die Büros aber erst um neun Uhr aufmachten. Berücksichtigte man die fünf Stunden Zeitverschiebung, mussten wir also um zwei Uhr nachmittags wiederkommen. Er fügte hinzu, dass vielleicht etwas zu machen wäre, und sein Blick wirkte ehrlich. Wir mussten Geduld haben, aber wie viel Hoffnung konnten wir in Oleg setzen? Allerdings am selben Tag zum OVIR zu gehen, an dem das Visum verfiel, käme einer Selbstanzeige gleich, falls sie uns die Verlängerung verweigerten. Das hier war die Polizei, und wir hatten ihr gerade erklärt, dass wir illegal im Land waren!

Dennoch überbrückten wir die Wartezeit nutzbringend und verkrochen uns zum Mittagessen in das Souterrain eines Internetcafés in der Nachbarschaft, um unsere Internetseite auf den neuesten Stand zu bringen und die E-Mails zu kontrollieren. Glaubt man an ein kosmisches Gleichgewicht, so muss einer aufkeimenden Hoffnung unumstößlich eine Hiobsbotschaft folgen. Am Bildschirm erfuhren wir, dass unsere Reise möglicherweise vor dem vollständigen Aus stand. Nach mehreren Tagen des Schweigens unterrichtete uns das Marketing-Büro von Fiat schlicht und einfach, dass man zu dem Schluss gekommen sei, eine Einreise nach China sei so gut wie unmöglich, und man trüge sich mit dem Gedanken, jede Unterstützung für unsere Reise einzustellen. Diese brauchten wir zwar nicht, um weiterzufahren, aber ohne sie würden wir nie die Genehmigung bekommen, mit dem Auto nach Peking zu reisen. Unser Visum lief am selben Tag um Mitternacht ab (und davon wusste Fiat nichts!), und Peking rückte in immer weitere Ferne; schlimmer konnte es nicht kommen. Unser fragiles Luftschloss, auf dessen Fundament wir uns verlassen hatten, brach über uns zusammen. Wir schrieben ein paar mutlose Zeilen, in denen wir aber doch darum baten, dass Fiat China ein Einladungsschreiben für uns nach Chabarowsk schicken möge, denn dann hätten wir Zeit genug, eine Lösung zu finden. So früh wollten wir nicht das Handtuch werfen. Wenn es wirklich keine Chance gäbe, mit Cinquino durch China zu fahren, schlugen wir vor, ihn von der Grenze per Lastwagen oder Zug nach Peking transportieren zu lassen. So brauchten wir keine Fahrerlaubnis. Das war unser letzter Strohhalm.

Um zwei Uhr, als wir wieder im OVIR waren, erwartete uns Oleg mit guten Neuigkeiten; wir könnten mit einer Visa-Verlängerung von noch einmal zehn Tagen rechnen, allerdings müsste der Generaldirektor des Innenministeriums in Irkutsk dies genehmigen, der uns um drei Uhr zu einer Audienz erwartete. Der zuversichtliche und optimistische Oleg begleitete uns zum Palast des Ministers, der nur wenige Häuserblocks entfernt war.

Der Große Boss belegte einen riesigen Saal im ersten Stock; an den Wänden hingen die russische Trikolore, ein doppelköpfiger Adler und ein Bild Putins. Die Maße seines Schreibtischs, an dem wir drei Platz nahmen, war direkt proportional zum Gewicht des Besitzers, dieses entsprach wahrscheinlich seiner hierarchischen Stellung. Oleg stellte uns vor und schilderte kurz unser Problem. Der Große Boss hantierte leicht zerstreut mit den Papieren herum und warf ab und zu über den Rand seiner Brille, die auf einer großen Nase saß, einen flüchtigen Blick darauf. Als Oleg zu Ende gesprochen hatte, wurde uns das Wort erteilt: Fabrizio zog den üblichen Zeitungsartikel hervor, lächelte und gab sich unterwürfig. Ich formulierte klagend und traurig eine inständige Bitte mit den paar russischen Brocken, die ich beherrschte: Es musste sehr ergreifend sein. Beide fürchteten wir die Autorität. Der Generaldirektor wollte unsere Pässe sehen, blätterte darin, inspizierte die anderen Visa, die wir in Astana und Nowosibirsk bekommen hatten. Putin hinter seinem Rücken verfolgte jede Bewegung mit eisigen Augen.

»Es fehlen zwei Tage«, sagte er dann und richtete einen strengen Blick auf uns; es war das erste Mal, dass er uns ansah.

»Was heißt, sie fehlen?«

»Das Visum aus Astana ist am 29. Mai abgelaufen, die Verlängerung in Nowosibirsk beginnt am 1. Juni. Sie waren also zwei Tage ohne Visum in Russland, und das geht nicht.«

Was für ein Spürhund! Oleg hing ebenso wie wir an seinen Lippen.

»Wir können Ihnen keine zehn Tage mehr geben, aber zwei weniger macht acht. Ist das in Ordnung?«

Wir waren zufrieden.

»Ich mache Sie darauf aufmerksam: Das ist die letzte Verlängerung. Bis zum 18. Juni müssen Sie Russland verlassen, verstanden?«

Das war nicht zu schaffen.

»Einverstanden!«, versicherte Fabrizio.

Oleg legte nun dem Großen Boss einige Papiere vor, der sie mit sicherer Hand unterzeichnete. Wir bedankten uns alle drei gleichzeitig und verließen eilig das Büro. Oleg war noch glücklicher als wir. Er lief schnellen Schrittes, als wäre er es, der sofort nach China aufbrechen musste. Die Begeisterung, die unsere Reise ausstrahlte, hatte ihn infiziert, dabei hatte er aber in seiner gutgläubigen Naivität nicht mitbekommen, dass wir nie in acht Tagen nach Chabarowsk kommen würden und unser Problem nicht gelöst, sondern nur hinausgeschoben war. Und vor allem hatte Oleg keine Ahnung, dass unser Sponsor – der eigentlich mehr als alle anderen an uns glauben sollte – uns im Stich lassen wollte. Wir wollten Oleg nicht enttäuschen; es hatte keinen Sinn, ihm die Genugtuung zu rauben, dass auch er etwas zu unserer Reise beigetragen hatte. Wir lächelten zufrieden, rieben uns die Hände über die wenigen Tage, die der Große Boss uns zugestanden hatte, und dankten Oleg für seine wertvolle Hilfe. Nach weniger als einer Stunde verließen wir sein Büro. Wieder steckte ein faltbares grünes Blatt mit Wasserzeichen zwischen den Seiten unserer Pässe: »Visum. Frist: 18.06.« stand darauf.

Die 450 Kilometer zwischen Irkutsk und Ulan-Ude sind die längsten Kilometer von ganz Sibirien, und das hat nichts mit dem Straßenbelag zu tun. Es ist eine Frage der Wahrnehmung. Man durchquert einen Kontinent ... wie weit? 5000, 6000 Kilometer? ... und nichts passiert. Die Taiga zieht an den schmutzigen Fenstern vorbei wie eine Kulisse. Einige wenige Holzhäuser, die am Wegrand verstreut sind, entgehen dem abgestumpften Auge, die unendlichen Stunden zwischen weißstämmigen Birken stumpfen den Blick ab, mal kommt ein Fluss, mal ein monumentales Schild, und dann beginnt alles wieder von vorne. Doch ab Irkutsk ändert sich alles: Der dünne Asphaltstreifen entfernt sich vom Ufer der Angara; zunächst führt er durch monotones Flachland, dann auf einmal muss man das Lenkrad einschlagen und fährt sanfte Hänge hinauf. Man kurbelt und schraubt sich höher hinauf, und nach einer langen Linkskurve, wo die Straße wieder eben wird, öffnet sich unvermittelt ein unendlicher Horizont, dampfiger vanillefarbener Nebel steigt aus einem immensen halbmondförmigen Tal auf, füllt es, überflutet es. Still präsentiert sich der majestätische Baikalsee. Und das, was das Auge erfassen kann, ist nur seine Südspitze, wahrscheinlich nicht mal ein Zwanzigstel seiner 640 Kilometer Länge.

Der Baikal ist ein See der Rekorde: Er ist der tiefste von allen und der älteste, hat das klarste Wasser, er ist der größte See dieses Kontinents und enthält 20 Prozent allen Süßwassers der Erde. Aber der Anblick des »Heiligen Meeres«, wie ihn die Burjaten nennen, lässt alle Rekorde vergessen und raubt einem allein durch seine Schönheit den Atem. Die Gleise der Transsibirischen Eisenbahn verlaufen hier einige Meter vom Ufer entfernt, streifen ihn viele Kilometer und umrunden seine Spitze. Von den Fenstern der Waggons aus kann man auf seine Strände sehen und, im Sommer, die Zelte der Camper und manchen waghalsigen Schwimmer. Nicht so die Straße: Sie führt wieder hinab, und der See verbirgt sich hinter den geschwungenen Hügeln und lässt sich nur gelegentlich für einen flüchtigen Moment aus immer wieder anderen Blickwinkeln sehen.

Dann verschwindet der Baikalsee, die Vegetation lichtet sich immer mehr, und die weichen Kuppen der Anhöhen färben sich leuchtend grün und erinnern an die weiten Grasflächen der Mongolei.

Auf dem Weg nach Chabarowsk

Noch 92 Kilometer bis Irkutsk

Szene in einem sibirischen Dorf

Der Sowjetow-Platz
in Ulan-Ude

Die falsche Straße zwischen Omsk und Nowosibirsk

Erdbeeren am
Straßenrand

Der Itala auf der Straße nach Krasnojarsk

Denkmal für die Bolschewiken in Wladiwostok

Reparatur des Dachgepäckträgers in einer Werkstatt bei Chabarowsk

Neubau nach
altem Vorbild:
die Kathedrale
von Tschita

Geräucherter Fisch am Baikalsee

Ein Denkmal für den Saporoshez

Denksport in den
Straßen von Tianjin

Cinquino am Fuß der Chinesischen Mauer nahe Peking

Und tatsächlich ist die Mongolei nur etwa 100 Kilometer von hier entfernt. Einige große graue Felsen, glatt wie gigantische Flusskiesel aus grauer Vorzeit, durchlöchern diesen grünen Teppich. Aus jeder Richtung nehmen sie eine andere Gestalt an. Wie gigantische *obos,* die heiligen Steinhaufen der buddhistischen Mongolen, scheinen sie einen Übergang zu markieren: Hier beginnt Burjatien. Und noch eine Überraschung erleben wir auf diesen 450 Kilometern: Als wir uns Ulan-Ude näherten, drehten wir das Fenster herunter, um nach dem Weg zu fragen. Ein Mann mit rundem Gesicht, gegerbt von der Sonne der heißen Sommer und der Kälte der langen Winter, mit zwei mandelförmigen Augen über breiten Backenknochen, zeigte uns die Richtung. Ein Stück weiter, in der Nähe eines ärmlichen Hauses, flatterten bunte Gebetsfahnen an einem Baum, und mit einem Schlag fühlten wir uns nach Asien katapultiert.

Ulan-Ude ist die Hauptstadt der Republik Burjatien, und das ist nicht zu übersehen. Die burjatische Bevölkerung stammt von den Mongolen ab und ist traditionell buddhistisch. Wie fast alle Minderheiten, die ethnische Enklaven bilden, verbindet sie ein starker Sinn für ihre Gruppenzugehörigkeit und ihre Kultur. Ulan-Ude ist das Zentrum des Lamaismus in Russland, und hier in der Nähe befinden sich die einzigen buddhistischen Tempel der gesamten ehemaligen UdSSR. Es ist ein ungewöhnlicher Ort, ein Stückchen Asien, das es nach Europa verschlagen hat, eine östliche Insel in einem westlichen Meer, über der ein Banner mit dem *Sojombo*-Symbol weht, das traditionell die Fahne der Mongolei ziert. Die Stadt hat einen beachtlichen Bekanntheitsgrad bei den transsibirischen Touristen und ist vor allem für ihren Lenin-Kopf, den größten in ganz Russland, auf dem Platz der Sowjets berühmt.

»Der größte der Welt!«, präzisierte stolz die *administrator* des Hotels Burjatien, als ob es auf der Welt andere Länder gäbe, in denen man einen fünfeinhalb Meter großen Bronzekopf des Vaters der Oktoberrevolution finden könnte. Aus dem Zimmerfenster im zwölften Stock des Hotels konnten wir den bronzenen Stolz von Ulan-Ude in seiner ganzen Übertriebenheit vor der gefälligen Silhouette der von Bergen umgebenen Stadt gut erkennen.

Mit seinem finsteren Blick, der leer auf diesen Exerzierplatz fiel, wirkte der Koloss surreal, wie eine Karikatur. Ein abgeschnittener Kopf ohne Körper auf einem Marmorsockel, der an das Lenin-Mausoleum auf dem Roten Platz in Moskau erinnerte. Es war beruhigend, aus dieser Höhe nicht weit vom Dickschädel in einem sicheren Innenhof Cinquinos cremefarbene Gestalt erkennen zu können.

Beim Abendessen im aserbaidschanischen Restaurant *Baku* waren wir die einzigen Gäste. Aber wir wollten uns von der Erinnerung an das Essen am Abend zuvor befreien. Es hatte aus *piroschki* mit rohen Zwiebeln bestanden, und wir hatten es im Stehen vor einem *magazin* eingenommen, in Gesellschaft dreier sympathischer Prostituierten, die sich über unser unerwartetes Auftauchen dort amüsiert hatten.

Jetzt verdunkelten schreckliche Blumengardinen die ohnehin schon kleinen Fenster des Restaurants, und die schwachen Lampen an der niedrigen Decke machten es beinahe unmöglich, die Auberginen von den Tomaten in unserem *dolma,* dem gefüllten Gemüse, zu unterscheiden. Unser allzu langes hartnäckiges Schweigen ließ nichts Gutes ahnen.

»Aber was ich nicht verstehe, ist, wenn wir nicht über Chabarowsk nach China einreisen können – wo sollen wir dann hin?«, platzte Fabrizio plötzlich heraus, als wollte er einen abgerissenen Gesprächsfaden wiederaufnehmen.

»Wenn sie uns auf den Zug verladen, dann brauchen wir keine Erlaubnis, und dann ...«

»Wenn wir nicht die ganze Strecke mit dem 500er fahren, ist die Reise gescheitert, sobald wir Cinquino auf den Zug verladen!«

Er hatte recht.

»Hör zu, wir fahren nach Chabarowsk, schauen, ob wir die Visa bekommen. Mal sehen, was die uns Neues erzählen. Und wenn nicht, versuchen wir nach Wladiwostok zu kommen, und von dort aus vielleicht ...«

Am Tag zuvor hatten wir im Auto darüber gesprochen: Wenn wir nicht über Chabarowsk nach China hineinkamen, könnten wir versuchen, noch weiterzufahren bis zum Hafen am Japanischen Meer und von dort herausfinden, ob es eine Schiffsverbindung nach Tianjin gäbe, das nur 100 Kilometer von Peking entfernt liegt. So hätten die Manager bei Fiat China weniger Probleme und mehr Zeit, sich darauf einzustellen. Aber Fabrizios Zweifel, die er von Anfang an am Ziel Peking gehabt hatte, traten jetzt voll zu Tage, und wir beendeten die Diskussion. Ich hatte damit gerechnet, dass dieser Moment kommen würde.

»Also, wenn das so ist, dann fahren wir bis Wladiwostok und bleiben dort!«, sagte Fabrizio gereizt. »Denn mit dem Schiff ist es einfach nicht dasselbe wie mit dem Auto!«

»Das ist Schwachsinn!«, antwortete ich grob. Vielleicht hatte er ja recht, aber ich wollte nicht auf die Vorstellung verzichten, das Endziel der Reise zu erreichen.

»Also, Schwachsinn?«, regte er sich auf. »Hast du mal darüber nachgedacht, wie viel mehr Zeit wir dann brauchen? Und an die Ferien? Und daran, wie viel Geld der Transport von Wladiwostok nach Peking kosten wird? Ich rede Schwachsinn? Nach Peking zu fahren, das ist der Schwachsinn!«

Ich antwortete nicht. Ich war sauer, an diesem Punkt vor einer Frage zu stehen, die nie hätte zur Diskussion stehen dürfen. Wir waren losgezogen, um nach Peking zu fahren – und nicht dort anzukommen wäre folglich ein Misserfolg gewesen. Ich war wütend, und ich war ziemlich barsch zu ihm gewesen: Dass wir nach zwei Monaten engen Zusammenlebens auch mal streiten würden, war eigentlich klar gewesen. Und jetzt stritten wir. Wir beendeten unsere Mahlzeit, ohne das Thema wieder anzuschneiden, und wechselten den ganzen Abend kaum noch ein Wort.

6 Tapfer querfeldein

Theoretisch ist es möglich, ganz Russland zu durchqueren, aber nur mit einem Bulldozer.

»INTERNAZIONALE«, AUGUST 2004

Tschita im Niemandsland

Auf der M25, drei oder vier Kilometer vor Tschita, gabelt sich die Straße. Wer von Osten an diese Gabelung kommt, den informiert ein großes blaues Schild über einige Entfernungen: Irkutsk 1113, Nowosibirsk 2951, Omsk 3616, Gute Reise! Weder Moskau noch Sankt Petersburg werden angegeben; 6150 beziehungsweise 6780 Kilometer sind einfach zu viel, selbst für eine Straße in Sibirien.

Tschita – russisch ausgesprochen liegt die Betonung auf dem »a« – besitzt alle Eigenschaften einer richtigen Grenzstadt. Kommt man von Westen, wie wir, sieht man sie in einem grünen Tal liegen. Die Holzhäuser der Peripherie liegen verstreut wie Melonenkerne auf der Wiese, rund um eine Betonwüste von gitterförmig angeordneten Gebäuden. Mit einem Blick kann man die ganze Stadt umfassen. Die nächste Stadt Richtung Westen ist 500 Kilometer entfernt, Richtung Osten ist es eine Reise von mehreren Tagen. Bei *bezdoroshe* ist es sinnlos, von Kilometern zu sprechen. Gerade mal 300 000 Menschen leben hier ziemlich isoliert. Und dennoch ist es die größte Stadt im Umkreis von Tausenden von Kilometern. Bis 1987 war die Isolation vollkommen, denn so lange war die Stadt für Fremde verboten, sogar für Russen, die nicht dort wohnten. In Wirklichkeit ist die Stadt auch heute noch abgetrennt, denn Tschita ist zum einen vom europäischen Russland viel zu weit entfernt und zum anderen durch die fehlende Verkehrsanbindung auch vom Fernen Osten Sibiriens völlig abgeschnitten, zu dem es eigentlich gehört. Vielleicht wird das riesige Straßenbauprojekt nach Chabarowsk diese Lücke irgendwann schließen. Momentan ist Tschita eine altmodische Stadt, in der sich der scheinbar ausweglose wirtschaftliche Stillstand in jeder Kleinigkeit ausdrückt: Viele Jugendliche streunen offensichtlich ziellos umher, es gibt nur sehr wenige Firmen, die Menschen laufen mit düsteren und misstrauischen Blicken durch die Straßen, und es ist schwierig, einen Geldwechsler oder eine Internetverbindung aufzutreiben. Hier zieht alles vorbei. Selbst die transsibirischen Reisenden vermeiden einen Aufenthalt – was praktisch alle Reiseführer empfehlen –, und sogar die langen Autokarawanen aus Japan fahren unbeirrt auf der *magistral* weiter, ohne auch nur in die Stadt hineinzufahren.

An diesem 14. Juni brannte die Sonne vom Himmel, das Thermometer am Bahnhofsturm zeigte 29 Grad Celsius an. Ich weiß wirklich nicht, wie, aber wir fanden ein Zimmer in einer Art Internat, das wie ein Erziehungsheim aussah. Die Polizei, sagte man uns, ginge dort ein und aus. Und tatsächlich statteten die Ordnungshüter während unseres kurzen Aufenthalts dem Wohngebäude mehrere Besuche ab.

Bei unserer Ankunft hatten sich einige neugierige Jungen versammelt; von Freunden gerufen, kamen sie aus ihren Zimmern heruntergelaufen, und schnell waren wir von mindestens 50 johlenden Jugendlichen umgeben, die uns von allen Seiten anrempelten. Wir wollten unseren 500er auf einem Parkplatz in Sicherheit bringen und so schnell wie möglich wieder abtauchen. Als wir sie baten, uns einen Parkplatz zu zeigen, boxte sich ein lebhafter Teenager durch: »Ich hab' ein Auto, ich fahre. Ich bringe euch zum Parkplatz. Los, kommt!« Und er klimperte mit dem Zündschlüssel.

Wir wollten ihm gerade folgen, als ein anderer aus der Gruppe, Hand in Hand mit seiner Freundin, Fabrizio verstohlen am Ärmel zog, damit der andere es nicht sah. Er sagte: »Geht nicht mit dem.

Der Typ ist nicht vertrauenswürdig. Wartet einen Moment, wir bringen euch zum Parkplatz, ich habe auch ein Auto.«

Das blonde Mädchen an seiner Seite nickte besorgt. Aber der Teenager war gewitzt, das Manöver war ihm nicht entgangen, und er schnauzte den anderen an, woraus sich ein kindischer Schlagabtausch entspann: »Ich hab ihn zuerst gesehen«, »Aber ich habe zuerst mit ihm geredet«. Sie stritten quasi um das Besitzrecht an uns. Der gewiefte Teenager zog mich am Hemd und wollte mich dazu bewegen, ins Auto zu steigen und ihm zu folgen, während der andere Fabrizio anscheinend anflehte, ihm recht zu geben und nicht mit dem da mitzufahren. Die Meute ringsum genoss die Szene, amüsierte sich und unterstützte entweder den einen oder den anderen. Plötzlich tauchte jemand mit einer Videokamera auf und filmte die Komödie. Fabrizio hielt es nicht mehr aus und brüllte den an, der an ihm zerrte. Wir waren umzingelt, erklärten, dass wir den Fiat 500 fürs Erste hier lassen wollten, und flüchteten auf unser Zimmer.

Die Menge zerstreute sich nach und nach. Vom Fenster des dritten Stockwerks aus hatten wir Cinquino im Blick und warteten einen günstigen Moment ab, um hinunterzugehen und ihn zu parken, aber der Teenager bewachte geduldig Auto und Eingang.

»Wir sitzen in der Falle – ich glaube es nicht! Wir sind gefangen von einer Teenager-Bande! Mach dir das mal klar!«

Fabrizio konnte sich gar nicht beruhigen, und ich ehrlich gesagt auch nicht. Diese übertriebene russische Gastfreundschaft begann uns zu nerven. Jetzt waren wir sogar ein Streitobjekt! Natürlich hatten uns die Russen in gewissem Sinne verwöhnt, und wir reagierten gerade besonders überheblich. Ihre spontane Zutraulichkeit, ihre Art, Hilfe und Gastfreundschaft nicht nur anzubieten, sondern sie uns quasi aufzuzwingen und es als selbstverständlich anzusehen, ihnen unsere Zeit zu schenken, wie auch ihr offensichtliches Unverständnis für die Gründe unserer Eile, unserer Müdigkeit oder einfach für den Wunsch, allein zu sein, überschritten leicht die Grenze zur Aufdringlichkeit.

Dieses beständige Im-Mittelpunkt-Stehen stieg uns allmählich zu Kopf, und es half nichts, sich auf Müdigkeit oder dergleichen zu berufen. Hätten wir unbeobachtet sein wollen, dann hätten wir nicht mit einem Fiat 500 nach Tschita kommen dürfen.

Wir stiegen also vom Sockel unserer Überheblichkeit herunter und beschlossen, der Beharrlichkeit dieses jungen Kerls nachzugeben.

Aber es war zu spät.

»Sie sind alle weg!«, rief Fabrizio, als er aus dem Fenster spähte. »Los, gehen wir runter und stellen Cinquino weg, mach schon!«

Für dieses Mal war die Demutsübung aufgeschoben. Schnell griff ich die Schlüssel unseres 500ers, die des Zimmers und machte die Tür auf. Ich konnte keinen Schritt vor die Tür setzen und schaffte es auch nicht, sie wieder zu schließen und so zu tun, als sei nichts. Einen Fluchtweg gab es auch nicht. Vor mir stand wie angewurzelt das aufdringliche Pärchen von unten, immer noch Hand in Hand.

»Der ist endlich weg. Jetzt könnt ihr mit uns kommen!«

Wir spazierten über den nüchternen Lenin-Platz, auf den ein sonderbar kleiner Revolutionsführer aus Granit einen kurzen, aber breiten Schatten warf. Trägheit lag in der Luft, die an die Nachmittagsstunden eines Augusttages in Süditalien erinnerte, wenn die Hundstage eine Qual sind und jeder Schritt Überwindung kostet. Ein paar Jungen in gefälschten Adidas- und Nike-Trainingsanzügen, mit lässig weiten T-Shirts der angesagten amerikanischen Marken, die Köpfe wie Sträflinge rasiert und in Schlappen, spuckten maschinengewehrgleich Sonnenblumenkerne und hielten sich an der unvermeidlichen Flasche fest. Manch einer war bewaffnet. Übertrieben geschminkte Mädchen flatterten kokett um diese einheimischen

Exemplare der Männlichkeit herum und balancierten geschickt auf schwindelerregend hohen Absätzen über die Stolperfallen des Pflasters.

Ein paar Häuserblocks weiter östlich, auf einem Platz aus gestampfter Erde, der noch den Namen »Stadion der Arbeit« trug, kletterten ein paar Arbeiter das wackelige Holzgerüst an der Kathedrale der Madonna von Kasan hinauf, um die Vergoldung der großen Zwiebeldächer zu vervollständigen. Die Kirche ist eine exakte Kopie des Originals, das die wütende Bilderstürmerei Stalins im Jahr 1936 zerstört hatte. Der Schlamm der vorangegangenen Tage war unter der strahlenden Sonne zu Staub getrocknet, den jedes vorbeifahrende Auto in dicken Wolken aufwirbelte.

In regelmäßigen Abständen klingelte mein Handy, und auf dem Display erschien ein Name: Sascha. So hieß der Junge, der uns am Abend zuvor zum Parkplatz gebracht hatte. Bevor er uns gehen ließ, hatte er uns noch die Telefonnummer abgepresst und das Versprechen, dass wir uns am folgenden Tag treffen, um irgendwohin zu fahren. Das war uns allerdings wirklich zu viel. Wir wollten die Verabredung so lange wie möglich hinausschieben und diverse Dinge erledigen: die Versicherung für den Fiat 500 erneuern, die am nächsten Tag ablief, Ersatzzündkerzen kaufen, einen Internetanschluss suchen, zu Hause anrufen und einfach etwas herumbummeln.

Die Versicherung verlängerten wir zügig in einem Büro der *Assekuranz Ingosstrach,* zwei Schritte vom Internat entfernt. Die Zündkerzen – auf den ersten Blick sahen sie noch ganz anständig aus, aber hätten wir es riskieren sollen? – kauften wir bei einem Ersatzteilhändler, den wir durch Herumfragen ausfindig gemacht hatten. Eine Internetverbindung, wenn auch eine langsame, bot die Hauptpost, ein Gebäude ganz aus Holz, das einem Hitchcock-Film entsprungen schien.

Aus Turin erhielten wir natürlich keine ermutigenden Nachrichten, aber als willkommene Neuigkeit erreichte uns aus Peking eine Kopie des Einladungsschreibens, das bereits an das Konsulat in Chabarowsk gegangen war. Aus der Korrespondenz zwischen den Chinesen und den Italienern, die wir am Ende der Mail an uns lesen konnten, ging hervor, dass die Italiener zunehmend desinteressierter waren, dafür aber die asiatischen Partner sich vermehrt beteiligten: Die Manager in der chinesischen Hauptstadt und die aus dem Joint Venture in Nanking waren so begeistert von unserem Unternehmen, dass sie andere Möglichkeiten ausloten wollten, um uns irgendwie nach Peking zu bringen. Ohne eine Sekunde nachzudenken, schlugen wir unseren neuen Gesprächspartnern die Variante über Wladiwostok vor. Noch während wir unsere Website aktualisierten, erreichte uns die Antwort: Das wäre zu machen, sie hatten Kontakt zu einer großen Import-Export-Firma aufgenommen, die sich um den Transport vom russischen Hafen ins chinesische Tianjin kümmern würde. Wie effizient! Sie mussten nur noch die Details organisieren, und wir mussten tunlichst ans Japanische Meer kommen.

Diese Entwicklung zog drei Konsequenzen nach sich: Unsere Hoffnung, irgendwie doch noch ans Ziel zu kommen, lebte wieder auf; wir riskierten, eine hieb- und stichfeste Lügengeschichte erfinden zu müssen, um das Gesicht zu wahren, falls das Problem mit den Visa unseren Plan vereiteln würde; und zudem verlängerte sich unsere Reise dadurch um über einen Monat gegenüber unserem ursprünglichen Zeitplan. Diese schwerwiegenden Folgen würden diejenigen, die von Italien aus mitfieberten, nicht gleichgültig lassen. Vor allem der letzte Punkt würde unsere Freundinnen nicht gerade erfreuen …

»Was soll das heißen: ›Wir sind ein bisschen länger unterwegs‹?«, fragte prompt die schwache Stimme am anderen Ende der Leitung.

Die Telefonverbindung war miserabel, und es gab eine lästige Zeitverzögerung.

»Tja, wir wissen es nicht genau …«

»So ungefähr?«

»So lange, bis wir da sind …«

»Wie viel Tage in etwa?«

»Na ja, Tage … mehr oder weniger … einen knappen Monat …«

Aus dem Hörer rauschte ein vielsagendes Schweigen. Durch die Scheibe sah ich, wie Fabrizio in der anderen Zelle des Telefonamts sich aufregte und sich ebenso abmühte wie ich: Er presste den Hörer fest gegen das rechte Ohr und hielt sich mit der anderen Hand das linke zu. Wir hatten für zwei Minuten bezahlt, in denen wir unsere Karten geschickt ausspielen mussten.

»Hast du verstanden? So schaffen wir es vielleicht, bis nach Peking …«

»Noch einen Monat unterwegs? Das heißt, du kommst im August!«

»Nein, nicht doch! Im Juli … Ende Juli …«

»Du hast gesagt, es dauert zwei Monate, erinnerst du dich? Du solltest schon längst wieder hier sein, ist dir das klar? Und was mach ich hier allein? Dann fahre ich eben mit meinen Leuten nach Deutschland!«

Ich beobachtete Fabrizio, wie er mit gesenktem Kopf unter dem schweren Hörer schweigend zuhörte. Wir tauschten einen flüchtigen Blick, dann drehte er mir die Schulter zu.

»Na schön, aber versteh doch, wir haben keine Wahl! Wir müssen weitermachen. Wir müssen nach Chabarowsk kommen, und dann …«

»Du bist jetzt schon zwei Monate unterwegs, rufst mich gerade mal alle zehn Tage an, das letzte Mal aus Nowosibirsk …«

Die Sache entwickelte sich gar nicht gut.

»Ich weiß, du hast ja recht, aber wir schicken uns doch auch SMS, oder?«

Vielleicht sollte ich lieber den Mund halten.

»Hallo? Bist du noch da?«

»Ja.«

Fabrizio bewegte sich in der engen Zelle wie ein Tier im Käfig, und er verhedderte sich fast im Kabel des Hörers.

»In den nächsten Tagen können wir uns vielleicht nicht einmal per SMS verständigen – wir haben diese fürchterliche Strecke vor uns.«

»Aber ich weiß nicht ... Weißt du denn, was das heißt? Noch einen Monat, mindestens ... Und wer sagt denn, dass es nicht noch einmal zwei werden? Und was ist mit dem Büro, läuft denn deine Beurlaubung nicht ab?«

»Ich habe noch Ferien ...«

Schweigen.

»Hallo?«

»Ja, ich bin noch dran ... Verstehst du nicht, wir sorgen uns hier, wenn wir nichts von euch hören! Warum müssen wir alles bloß aus dem Internet erfahren? Alle fragen mich hier nach dir, und ich weiß nichts ...«

»Hallo?«

Die Stimme brach ab, ein kümmerliches Summen war stattdessen zu hören.

»Hallo! Hallo?« Die Leitung war tot. Ich hängte ein.

Auch Fabrizio hatte aufgelegt, die zwei Minuten waren vorbei. Als wir aus den Kabinen kamen kreuzten sich unsere schuldbewussten Blicke nur für einen Moment, dann verließen wir das enge Telefonamt, ohne den Ausgang der Telefongespräche auch nur irgendwie anzudeuten. Wir gaben uns der letzten Aufgabe dieses Tages hin: Bummeln.

Im Hotelzimmer herrschte das übliche Chaos. Dies richteten wir mit beinahe wissenschaftlicher Präzision an: Sorgfältig verstreute Klamotten häuften sich überall, gewaschene Wäsche trocknete an jedem nur möglichen Griff, die leeren Rucksäcke lagen zwischen den Betten, und ein undefinierbares Sammelsurium aus Flaschen, Teetassen, Wasserkocher, Zigaretten, Karten und Büchern, Medikamenten, Klopapierrollen, Honiggläsern und Geschirr türmte sich auf dem kleinen Tisch unter dem Fenster in gewissenhafter Unordnung. Das alles auf ein paar Quadratmetern.

Die Neuigkeiten per E-Mail hatten auch uns überrascht. Seitdem wir uns in dem Lokal in Ulan-Ude gestritten hatten, hatten wir das Thema Peking nicht mehr angeschnitten. Ich wusste, dass Fabrizio immer noch nicht damit einverstanden war. Aber es war sinnlos, darüber zu diskutieren, solange wir nicht wussten, ob wir das Hindernis, das uns hinter Tschita erwartete, überhaupt überwinden würden.

Es klopfte an der Tür. Wir erwarteten niemanden. Erschrocken sahen wir uns an, und Fabrizio öffnete die Tür. Im Flur standen hinter Sascha und seiner Freundin sieben Jungs, die gerade der Pubertät entwachsen waren.

»Wir kommen euch abholen«, meinte Sascha. Es klang wie eine Drohung.

Die Gruppe drang in unseren Saustall ein und verteilte sich schnell zwischen unserem Gerümpel. Ein Zwerg, er sah aus wie ein kleiner Satyr, zückte begeistert eine Videokamera und benahm sich wie ein Reporter auf einem Kriegsschauplatz. Sascha hatte seine Freunde zusammengetrommelt, um ihnen stolz seine ausländische Beute zu präsentieren. Auf einen Wink von ihm zogen alle Zettel und Stifte heraus.

»Der«, sagte er und zeigte auf den kleinen Satyr, »hat euch vor ein paar Tagen in der Zeitung gesehen. Er hat gesagt, da waren ein Foto vom Auto und eure Namen abgedruckt. Jetzt müsst ihr uns Autogramme geben.«

Ohne recht zu wissen, wie uns geschah, unterschrieben wir haufenweise Zettel, offensichtlich auch für die Freunde der Freunde. Auf Saschas Anweisung hin wurden wir dann in einen Kleinlaster verladen, und los ging's.

»Und was ist das?«, fragte ich.

»Das ist der GAZ, mit dem mein Vater Sachen in China einkauft, die er hier wieder verkauft.«

»Und wohin fahren wir?«

»Zum Fluss, Richtung China.«

»Was für ein Fluss? Wozu?«, fragte Fabrizio und schien gleich vor Wut zu platzen. Wir waren in unserer Privatsphäre gestört worden, ohne dass wir uns dagegen hatten wehren können. Wir hatten weder Lust, nachts in einem Kleinlaster mit Halbwüchsigen herumzurasen, noch zum Fluss zu fahren – wozu auch? Der boshafte Satyr hatte sich auf dem Vordersitz umgedreht und filmte ununterbrochen weiter. Beim x-ten Sprung, bei dem der Wagen vom Boden abhob, bat ich Sascha, etwas langsamer zu fahren, aber er hörte nicht.

»Schneller, schneller!«, höhnte der Satyr.

Jetzt reichte es uns wirklich. Ich verlor die Geduld und schrie Sascha an, sofort langsamer zu fahren.

»Keine Sorge, der fährt schon seit sechs Monaten. Außerdem fahren Russen gern schnell.«

»Schnell, schnell«, echote der Satyr, und alle johlten vor Vergnügen.

Als wir schließlich heil an diesem verdammten Fluss ankamen, mussten wir eine Stunde lang zwischen riesigen Monstermücken durch den Schlamm spazieren. Dann, als sie genug von uns hatten, oder vielleicht weil die Kassette der Videokamera voll war, verfrachteten sie uns wieder in den weißen GAZ und rasten mit der gleichen

Geschwindigkeit in die Stadt zurück. Das Tor zum Nachtasyl war schon lange geschlossen, und wir mussten uns am Fenster der Pförtnerin hochziehen und ewig klopfen, bis sie wach wurde und uns öffnete. Das gleiche Spiel mit der *administrator* ein Stockwerk darüber und dem Zimmermädchen im dritten Stock. Später, als ich mich auf dem Feldbett ausgestreckt hatte und keinen Schlaf finden konnte, glaubte ich immer noch die Schläge des Kleinlasters zu spüren, der mit 130 Stundenkilometern Richtung China bretterte.

Die nichtexistente Straße

Die Entfernung zwischen Tschita und Chabarowsk beträgt exakt 2280 Kilometer. Es war undenkbar, diese in weniger als vier Tagen zurückzulegen, aber genau so lange waren unsere Visa aus Irkutsk noch gültig. Wir würden also mit Sicherheit einige Tage mit abgelaufenen Visa reisen müssen. Wir hofften, auf der *bezdoroshe* keiner Polizei zu begegnen, andernfalls hätten wir ernsthafte Schwierigkeiten bekommen können.

Nicht einmal 80 Kilometer nach Tschita markierte eine kümmerliche Polizeisperre den Beginn der langen Querfeldeintour. Es ist der letzte feste Posten bis Chabarowsk und der erste für Reisende aus Richtung Osten. Für sie bedeutet er das Ende aller Schwierigkeiten und den Anfang einer real existierenden Straße. Die Station bestand aus zwei Wachen in verdreckten Uniformen, und einem wackeligen Schlagbaum, der mit einem langen Draht von einer Wellblechbaracke aus bedient wurde.

»Papiere! Wohin fahrt ihr? Woher kommt ihr? Wirklich damit?!« Und wieder einmal folgte endloses Gelächter.

»Wie sind die Straßenverhältnisse?«, fiel mir ein zu fragen, als ob dieser Beamte uns ganz überraschende Neuigkeiten verkünden könnte.

»Oh, prima«, meinte der Spaßvogel, »alles asphaltiert, von hier bis Wladiwostok!«

»Ach ja, vielleicht sogar bis Tokio?«, zog ihn Fabrizio auf. Aber er verstand die Ironie nicht und gab uns ernst die Dokumente zurück.

Nach nur wenigen Kilometern brach, wie vorhergesehen, der rissige Asphalt ab. Vor uns schlängelte sich eine schmale weiße Kiespiste kurvenreich durch die Vegetation in ständigem Auf und Ab; streckenweise verschwand sie hinter den Kronen der Lärchen und Birken, um etwas weiter hinten wieder aufzutauchen, und das, so weit das Auge reichte. Ringsherum gab es nichts.

Cinquino war ohne ernsthafte Schwierigkeiten 12500 Kilometer seit Bari getrabt, von den verschneiten Karpaten in die kasachische Steppe, von der Kälte in den Bergen bis in die Hitze der vergangenen Tage in der Taiga, doch jetzt stellten wir ihn auf seine schwerste Bewährungsprobe. Aber was für ein Durchhaltevermögen sollte dieser kleine Held beweisen!

Die ersten Kilometer waren fast ein Vergnügen. Es machte Laune, mit einer Geschwindigkeit von 20 oder 30 Stundenkilometern dahinzuzockeln. Wir konnten die Scheiben herunterdrehen und eine der wenigen Kassetten, die nicht durch den Wassereinbruch zwischen Kansk und Tulun verrottet waren, bei voller Lautstärke genießen.

Aber schon nach wenigen Stunden waren die Kassetten und unsere Geduld am Ende. Letztendlich fuhren wir in zwölf langweiligen Stunden gerade mal 370 Kilometer. Die Nacht wollten wir im Zelt verbringen. Lange bevor es zu dämmern begann, fingen wir schon an, nach einem geeigneten Platz zu suchen, doch im dichten dornigen Unterholz konnten wir das Zelt unmöglich aufstellen, zumindest nicht, wenn wir nicht direkt an der Straße kampieren wollten. Die Vorstellung, so sichtbar auf dem Präsentierteller zu übernachten, behagte uns nicht. Wir fuhren im Dunkeln weiter und wechselten uns oft am Steuer ab, um bis zum Morgen durchzufahren. Die kleinen Scheinwerfer und die vier Nebelleuchten saugten die ganze Energie aus der Batterie: Der Lichtstreifen wurde schwächer, sodass wir nur wenige Meter weit sehen konnten. Das Knirschen des Kieses unter Cinquinos Schnauze hypnotisierte uns und versetzte uns in einen Zustand, der zwischen Schlafen und Wachen lag. Etliche Stunden verstrichen; ich weiß nicht wie viele, vielleicht drei oder vier? Dann, als die Augenlider einfach nicht mehr offen bleiben wollten, erkannten wir in der Ferne schwache Lichter. Wir erreichten eine Art Schutzhütte, ein Gasthaus – seit dem Morgen das erste auf der Strecke –, und in einer angebauten Baracke gab es Feldbetten. 100 Rubel für jeden, dafür, dass wir uns auf einem dünnen Strohsack ausstrecken konnten. Zum Abendessen gab es einen Teller Reis.

Am frühen Morgen blies ein Sattelzug stundenlang stinkende Abgase bis in die Baracke, deren Eingang nur mit einem Stoffvorhang wie bei einem Zelt verschlossen war. Der große Motor musste lange aufgewärmt werden, so lange, bis es unsere Lungen nicht mehr aushielten. Also standen wir auf, frühstückten nebenan, und Fabrizio zündete sich eine Zigarette an, bevor wir in einen neuen Tag hinter dem Steuer starteten.

Die nichtexistente Straße ist eine Straße, die es immer noch nicht gibt. Niemand weiß, wie lange es noch dauern wird, bis sie wenigstens einer ähneln wird. Laut russischer Straßenbaubehörde werden noch mindestens zehn Jahre vergehen, bis die Straße zwischen Tschita und Chabarowsk fertiggestellt ist. Auf einigen Streckenabschnitten gewannen wir den Eindruck, es handele sich um ein großes Bauvorhaben; einige Kilometer fuhren wir auf einem breiten, glatten Kiesbett, das die Trasse einer bedeutenden Straße erahnen lässt, einer richtigen Autobahn, und dort konnten wir sogar 60 oder 70 Stundenkilometer fahren, wobei unter den Rädern

Kiesfontänen herausspritzen. Diese Streckenabschnitte waren aber nur kurz. Dann landeten wir plötzlich in einer Riesenbaustelle, wo die Arbeiten offenbar kaum vorangingen. Hier verlor sich das breite weiße Band zwischen tiefen Gräben und Halden frisch aufgeworfener Erde. Folgte unser Blick dem gerodeten Streifen bis zum Horizont, konnten wir erraten, wie die Straße weiter verlaufen würde. Arbeitstrupps manövrierten riesige Maschinen, die einer Grafik von El Lissitzky entsprungen zu sein schienen, Winden und Räder drehten sich geräuschvoll, hoben, zermahlten, verschoben und zerkleinerten; lange Förderbänder transportierten aus dem Berg gesprengte Steine in eine höllische Vorrichtung, die daraus feinen Schotter machte und ihn zu hellen Haufen spuckte, von denen sich die mächtigen Kamas-Lastwagen den Buckel volluden.

Von diesem Punkt aus folgten wir den Reifenspuren im trockenen Schlamm, verließen den Kies und holperten auf einem schmalen steinigen Streifen roter Erde dahin, der sich zwischen den Bäumen verlor. Der Weg wand sich um die Baracken, in denen die Arbeiter während der langen Monate ihres Einsatzes hausen, kletterte steile Hänge hinauf, bei denen Cinquinos Motor elendig klagte. Er kreuzte die Schotterbetten dicht neben tiefen Gräben und überwand auf provisorischen Holzbrücken zahlreiche Flüsse und Bäche. Dies ist die »Straße der Pioniere«, die Piste, die Pilottrasse, auf der die großen Baumaschinen sich von einer Baustelle zur anderen bewegen. Doch gleicht sie weniger einer Straße, sondern eher einer gefährlichen Ansammlung von Fallen für Räder und Aufhängung. Davon zeugten die Hunderte von Opfern, die auf dem Schlachtfeld zurückgelassen wurden: ein Massaker zerrissener Reifen, explodierter Luftschläuche, zerbrochener Federn, abgefallener Karosserieteile.

Wir kamen weder durch Städte noch Ortschaften oder Dörfer, es gab keine Tankstellen, Werkstätten oder Reifendienste, keine Motels oder Gasthäuser, nur Erde, Bäume und Staub. Sehr viel Staub!

Nach nur zwei Tagen Fahrt, ohne Möglichkeit zu duschen, schienen unsere Haare bis an die Wurzeln ergraut zu sein. Eine hauchdünne weiße Patina hatte sich über jeden Zentimeter in Cinquinos Innenraum gelegt, auf das Gepäck, auf unsere Kleidung, wir fanden sie abends sogar im Rucksack. Dieser hauchfeine Staub drang durch das Gewebe, klebte an der Haut und drang überall hin, wo auch nur ein Molekül Materie durchpasste. Die Hitze war fast unerträglich geworden.

Wir fuhren mit heruntergedrehten Scheiben und weit aufgerissenen Ausstellfenstern und saugten dabei jede, aber auch jede Staubwolke auf, die entgegenkommende Karawanen aufwirbelten. Manchmal behinderte der dichte Staub die Sicht so sehr, dass wir langsamer fahren und die Scheinwerfer einschalten mussten, um eine Kollision zu vermeiden.

Es war fast ein Uhr nachts, als wir nach Jerofej Pawlowitsch kamen. Wir hatten seit dem Morgen 360 Kilometer in einer ununterbrochenen 16-stündigen Fahrt zurückgelegt. Außerdem hatten wir einen Umweg von ungefähr 15 Kilometern über einen Feldweg machen müssen, der vielleicht noch gefährlicher war als die Trasse. Er führte uns zu dem Dorf an den Schienen der Transsibirischen Eisenbahn, wo es angeblich ein Gästehaus für Eisenbahner geben sollte, das uns möglicherweise für die Nacht beherbergen würde.

Jerofej Pawlowitsch war der Vorname und das Patronym des berühmtesten russischen Entdeckers, Chabarow; die Stadt am Amur, auf die wir zusteuerten, trägt seinen Nachnamen. Was für ein hochtrabender Name für einen Ort wie diesen!

Unser Fiat 500 beklagte die ersten Folgen der *bezdoroshe*-Behandlung: Durch die ständigen Vibrationen hatte sich ein Scharnier an der Motorklappe gelöst, wir verloren fast die vordere Stoßstange, und der Luftfilter musste gereinigt werden. Wieder einmal hatten wir Glück: Zu dieser nächtlichen Stunde in der abgeschiedensten sibirischen Provinz trafen wir Sergej, der in einer kleinen Garage beim flackernden Licht einer Glühbirne herumhantierte. Sergej ließ sich nicht zweimal bitten, er warf sein Auto an, begleitete uns zum Gästehaus, verhandelte für uns, ließ uns Cinquino hinter seiner Datscha abstellen, begleitete uns noch einmal zu unserem Nachtasyl und erlaubte sich die einfache Frage: »Wann soll ich euch morgen früh abholen?«

Sergej war Eisenbahner. Er pendelte in seinen Sommerferien zwischen der Garage neben seinem Haus und dem Garten seiner Datscha auf der anderen Seite der Straße, die Jerofej Pawlowitsch durchschnitt. Er war ein großer Bursche mit breiten Schultern und einem heiteren, frischen Gesicht, der sich nicht allzu viel mit existenziellen Zweifeln und dem Stress des Stadtlebens plagte. Allerdings gab es etwas, was ihn zur Verzweiflung brachte: der Kolbenfresser in seinem geheiligten Motorpflug. Dieses Gerät kam aus Italien, und in Sibirien konnte er absolut keine Ersatzteile auftreiben.

»Ihr seid doch Italiener, oder?«, meinte er, als ob er eine Erleuchtung hätte. «Hier, lest mal – steht da die Adresse des Herstellers? Vielleicht könnt ihr mir, wenn ihr zurück seid, einen neuen Motor schicken!«

Seine Naivität war entwaffnend. Wie sollten wir ihm nur klarmachen, dass, falls wir für dieses alte Eisen überhaupt noch einen Austauschmotor auftreiben würden, allein der Transport von Italien mindestens so viel kosten würde wie drei neue Motorpflüge?

Sergej und sein Vater gingen ganz in ihrer Datscha auf. In seinen Ferien pflegte er den Garten, lagerte Kartoffeln im Keller der Garage ein, besserte den Holzzaun aus und war ziemlich gut beschäftigt. Vater und Sohn legten sich unheimlich für uns ins Zeug und mühten sich mit einem großen, vorsintflutlichen Schweißgerät ab, die Heckklappe unseres 500ers zu reparieren, und sie gaben nicht auf, als der Wagenheber in unseren Händen in seine Einzelteile zerfiel. Sie meinten zwar, dass es in ganz Russland unmöglich war, Schrauben mit diesem Gewinde aufzutreiben, aber es genügte, ihn zum Freund eines Freundes zu bringen, der mit einer robusten Fräse sowjetischer Bauart ein neues Gewinde nach russischem Maß hineinschnitt.

Menschen wie diese verkörpern die typisch russische Kunst des Sicharrangierens. Sie kultivierten diese seit Generationen, zuerst als Untertanen im Zarenreich, dann als Proletarier in der Sowjetunion und heute als Bürger des föderalen Russlands. Doch die Menschen waren immer daran gewöhnt, mit einem chronischen Mangel an Konsumgütern zurechtzukommen. Früher lag dies an einem verqueren Produktionssystem, heute ist es einfach eine Frage des Geldes. Die Russen haben gelernt, sich selbst zu helfen, das eigene Gärtchen zu bestellen, sich die kleinen Alltagsgerätschaften selbst zu bauen, alles oder fast alles umzuarbeiten, herzurichten und wiederzuverwerten. So werden aus alten, kaputten Reifen, der Länge nach durchgeschnitten, wunderbare Blumenkästen, und eine Plastikflasche mit durchlöchertem Verschluss ist ein perfekter Seifenspender; alles, was möglich ist, wird in Heimarbeit hergestellt, alles, was ein handtuchgroßes Stückchen Erde hergibt, füllt die Speisekammer, um im *magazin* so wenig wie möglich auszugeben. Nichts wird erfunden und nichts zerstört, aber alles wird repariert: Man nehme viel Geduld, zwei Hammerschläge und ein bisschen Draht, und schon funktioniert selbst das alte Radio wieder.

Sam heißt das russische Wort für diese Kunst. Das kann man mit »selbst« oder »von selber« übersetzen. So ist *samogon* der selbst gebrannte Wodka, *samo remont* ist die Do-it-yourself-Reparatur, *samodel'nyj* ist etwas Selbstgebasteltes, *samokrutka* sind die selbst gedrehten Zigaretten und so weiter.

Sergej bewies gerade seine ganze Geschicklichkeit im *samo remont* an unserem Fiat 500. Nachdem das Scharnier der Motorhaube geschweißt, der Wagenheber wiederhergestellt und der Luftfilter gereinigt waren, bestand er schließlich noch darauf, die mit Staub und Dreck verkrustete Karosserie schnell zu säubern. Während wir drei uns mit Wasser und Lappen ans Werk machten, die Sonne immer höher stieg und es glühend heiß wurde, versammelte sich um uns herum eine Schar Neugieriger. Und da sich auf dem Land die Nachrichten in Windeseile verbreiten, stattete uns sogar der Bürgermeister von Jerofej Pawlowitsch zusammen mit einer Polizeistreife einen kurzen Besuch ab. Dass Cinquino schließlich einen guten Teil seines alten Glanzes wiedererlangte und wir mit neuem Mut und gestärktem Selbstvertrauen die Fahrt wieder antreten konnten, verdankten wir nur Sergej und seiner spontanen Herzenswärme.

»Nehmt doch noch was mit, wenigstens ein paar Kartoffeln für unterwegs und Wasser!«, wiederholte er immer wieder, während wir schon anfuhren. Ich hoffe, er hat die Fotos bekommen, die wir ihm nach unserer Heimkehr geschickt haben.

Da die Feldwege und Trampelpfade, die wir am Abend zuvor im Dunkeln befahren hatten, nicht wiederzuerkennen waren, irrten wir lange herum, bevor wir erneut die Trasse erreichten. Dass wir den rechten Weg gefunden hatten, bestätigte uns die erste Karawane japanischer Autos. Diese Riesenschlangen aus Nissans und Toyotas waren für uns Freude und Last zugleich. Jedes Mal, wenn die Fahrbahn sich verzweigte oder gabelte, konnten wir, sobald die Konvois da waren, sicher sein, dass wir auf dem richtigen Weg waren. Wenn sie von Wladiwostok bis hierher gekommen waren, konnten wir ganz beruhigt sein. Diese Autos waren der einzige Verkehr auf der *bezdoroshe*. In Richtung Osten waren tatsächlich nur wir unterwegs. In diesen Tagen der Querfeldeintour hatten wir höchstens drei oder vier Autos in unserer Richtung gesehen. Wenn etwas schiefgegangen wäre, wir kein Benzin mehr gehabt hätten oder im Fall irgendeines Schadens, wären sie unsere einzige Rettung gewesen.

Jede Begegnung mit den Konvois wurde begleitet von ungläubigen Blicken und anfeuernden Hupkonzerten; außerdem regneten Steine und Staub auf uns, ihre Reifen ließen einen Steinchenhagel auf uns niedergehen. So ein Zusammentreffen spielte sich immer nach dem gleichen Muster ab: Schon von weitem sahen wir eine Staubwolke, die das Kommen eines Konvois ankündigte. Wir schlossen zuerst die Ausstellfenster (das brauchte am meisten Zeit); wenn wir das Fahrzeug an der Spitze erkennen konnten, legten wir die Hände an die Fensterheber, kurbelten aber erst im letzten Moment die Scheiben hoch, denn die Sonne brannte und machte aus dem Fahrgastraum in Sekunden einen Backofen. Im Augenblick der Begegnung fuhren wir an den rechten Fahrbahnrand, manchmal auch darüber hinaus, wenn es der Untergrund zuließ, und drosselten die Geschwindigkeit, damit wir dem Steinchenhagel nicht zu heftig ausgesetzt waren.

Sobald der letzte Wagen vorbei war, beschleunigten wir wieder, gerieten dann aber erst richtig in die Staubwolke. Dann mussten wir noch einige Minuten durchhalten, bevor wir die Fenster herunterkurbeln, die Seitenfenster ausstellen und wieder atmen konnten.

Die Konvois fuhren schnell und hielten nur gemeinsam an, damit die Fahrer ab und an ein paar Stunden schlafen konnten. Wenn bei einem Wagen eine Achse brach oder ein Reifen platzte, hielten die anderen nicht an, sondern fuhren schnurstracks weiter. Zeit ist Geld, und Geschwindigkeit bedeutet Sicherheit.

Das Geschäft mit den Autos ist neu und erst möglich, seitdem diese Trasse existiert, also seit etwa 2004. Früher wurden die Autos auf den Zug verladen, aber das war teurer. Seitdem stürzten sich viele in dieses *bìsnis:* Wer Geld hat, kauft Autos, um sie wieder zu verkaufen, wer kein Geld hat, verdingt sich als Fahrer für den Transport. Bei jeder Übergabe steigt der Preis der Autos, jeder gefahrene Kilometer kostet zusätzlich: Zum Kaufpreis kommen die Schmiergelder im Hafen von Wladiwostok dazu, der Lohn für den Fahrer, das Benzin, die neuen Reifen, die »Trinkgelder« für die Bullen an der Strecke und schließlich noch der Reingewinn. Wenn aber auf dem langen Weg etwas kaputtgeht, muss auch das berücksichtigt werden. Und dann sind da noch die Banditen: Wenn man Pech hat, kann man die Autos und den ganzen Verdienst vergessen und froh sein, mit heiler Haut davonzukommen! Wir haben manches merkwürdige Manöver miterlebt: Einmal sahen wir zwei Geländewagen auf dem Kiesbett stehen, bewaffnete Leute, einer hielt mit einem großkalibrigen Gewehr den ankommenden Autokonvoi an. Uns war nicht klar, ob die Bewaffneten die Eskorte waren oder etwas anderes, und wir fuhren einfach geradeaus weiter, einzig getrieben von dem Wunsch, es niemals zu erfahren.

Trotz alledem, so wurde uns gesagt, kostet in Nowosibirsk ein japanisches Auto aus zweiter Hand und mit Rechtssteuerung etwa halb so viel wie eines mit Linkssteuerung, das aus Europa oder Amerika eingeführt wurde. Je weiter man nach Osten kommt, desto zahlreicher sind die Autos mit Rechtslenkung – auch wenn in Russland offiziell Rechtsverkehr herrscht (also Autos das Lenkrad auf der linken Seite haben). In Chabarowsk und Wladiwostok sind schließlich nur noch Rechtslenker unterwegs. Der Duma ist ein Gesetzesentwurf vorgelegt worden, wonach alle Autobesitzer gezwungen werden sollten, die Lenkräder nach links versetzen zu lassen. Es heißt aber auch, dass dies nur ein Versuch war, um die wenigen Firmen, die diese komplizierte Arbeit ausführen können, reich zu machen.

Dennoch hält der Strom japanischer Autos an, und damit die Wagen nicht schon heruntergekommen aussehen, wenn sie ihren Bestimmungsort erreichen, verschalen die Händler sie mit großen

Pappen oder mit Plastikfolie, die sie mit Klebeband an der Motorhaube und sogar auf der großen Windschutzscheibe befestigen, sodass nur ein kleiner Spalt den Blick auf die Straße freigibt. Trotzdem rasen die Konvois über die Piste. Warren und Keith, die Australier des Peking-Paris-Rennens, hatten uns gewarnt. Sie hatten berichtet, dass sie mit eigenen Augen eine Karambolage von drei Autos erlebt hätten, die sich überschlagen hatten, weil der Vorausfahrende, als er die Oldtimer sah, neugierig gebremst hatte. Auch davor mussten wir uns in Acht nehmen!

Sieben öde Stunden brauchten wir bis Skoworodino. Nach drei Tagen Fahrt führte die Straße erstmals wieder durch eine Stadt. Skoworodino ist in Wirklichkeit kaum mehr als ein Dorf. Wir hätten dort sicherlich ein Hotel gefunden, aber es war eigentlich noch zu früh und noch einige Stunden hell, so dass wir weiterfuhren.

Die Gelegenheit für ein bescheidenes Mahl, die dieses Kaff bot, ließen wir uns allerdings nicht entgehen. Ein ausgeblichenes Schild über einem niedrigen Gebäude aus weißen Steinen verwies auf eine *stolowaja,* ein Gasthaus; davor lag ein freier Platz aus gestampfter Erde, etwas weiter gammelten die Abfälle. Schwärme lästiger Insekten sirrten durch die heiße Luft, ein schwerer Vorhang vor dem Eingang versuchte, sie abzuhalten. Drinnen standen vier Holzbänke, ein Tresen, der Fernsehapparat in der Ecke war auf MTV eingestellt. Einige gut gemeinte Plastikblumen zierten die bestickten Tischdecken, auch diese aus Plastik, und an den Wänden kämpften Poster mit leuchtenden Alpenlandschaften angestrengt gegen die Trostlosigkeit.

Kann es einen verlasseneren Ort geben als diesen? Wie soll man an einem solchen Ort das zauberhafteste Wesen erwarten, das man sich vorstellen kann? Vielleicht waren es die langen, öden Kilometer, die hinter uns lagen, vielleicht die geschmacklose Tapete, vielleicht auch der Wunsch nach Vergeltung, den wir verspürten, der Wunsch nach etwas Schönem als Ausgleich für diese endlosen Stein- und Zementhaufen, an denen wir seit Tagen vorbeifuhren, aber als Katjuscha hinter dem Fliegengitter, das die Küche abtrennte, hervorkam, tja, da ging Fabrizio und mir das Herz auf. Diese widerliche Kaschemme hätte viel mehr eine mürrische und rachitische Megäre, eine Hexe als Küchenmädchen verdient. Doch stattdessen konnten sich ihre Besucher eines besonders reizenden Anblicks erfreuen!

Katjuscha war nichts für diesen Ort. Ihre Schönheit war nichts für diesen Plastikblumenschund, nichts für diese Servietten *Made in China*. Ihre Schönheit, die schon fast schmerzte, war nichts für die anzüglichen und nach Knoblauch stinkenden Saufbolde, die hier üblicherweise bestellten!

Als sie näher kam – zu nahe! – um zu fragen, was wir wünschten, stammelten wir nur herum; auf was für Ideen sollten wir bei dieser Frage schon kommen? Katjuscha musste daran gewöhnt sein, denn niemand ist so schön, ohne sich dessen bewusst zu sein. Sie maß uns beiden kläglichen Gestalten, die von irgendwoher auftauchten, keine große Bedeutung bei. Mit einer schlichten Geste, die einen Herzkranken hätte töten können, strich sie eine Haarsträhne zurück und wartete darauf, dass wir uns sammelten. Aber was sind schon Koteletts und Reis? Ich weiß nicht mehr, was wir bestellten, vielleicht hatten wir plötzlich weder Hunger noch Durst. Ich erinnere mich noch, dass wir uns für unser Aussehen schämten, für unsere schmutzige Kleidung und die staubigen Haare, das Schwarz unter den Fingernägeln, das wir seit drei Tagen nicht losgeworden waren. Aber schämen wofür? Wir gehörten doch auch zu dieser Welt aus Billigblumen, waren Teil dieser Umgebung, und Katjuscha war uns mindestens so fremd wie wir ihr. Auf dem Weg zurück in die Küche entdeckte sie durch das Fenster unseren Cinquino: Sie lächelte, und erst jetzt fragte sie uns, woher wir kämen.

»Italien«, antworteten wir im Chor.

»Italien? Das ist ein wunderschönes Land, nicht wahr?«

Wir hätten ihr gerne erklärt, dass alle Schönheiten unseres Landes es nicht mit ihrem Lächeln aufnehmen könnten, dass wir den schiefen Turm von Pisa gegen ihre Augen eingetauscht hätten, den Trevi-Brunnen für eine Locke ihres Haares, ganz Venedig für ihre Lippen, aber wir antworteten nur: Ja, es ist ein wunderschönes Land. Dieser Engel, den es irgendwie an den unvorstellbarsten und einsamsten Ort Sibiriens verschlagen hatte, konnte durchaus gefährlich sein. Gewisse Gedanken können gefährlich sein. Eine solch unverschämte, fast schon schamlose Schönheit kann einen auf dumme Gedanken bringen und in den Herzen seltsame Feuer entfachen.

Wir aßen schweigend mit gesenktem Kopf, dann zahlten wir und gaben ein gutes Trinkgeld – wir, die wir für gewöhnlich nie auch nur einen Rubel mehr, als auf der Rechnung angegeben, daließen. Eilig verließen wir das Lokal.

Stumm, lustlos und gedankenverloren fuhren wir weiter, was uns jetzt noch härter vorkam.

Glücklicherweise besserte sich die Straße leicht, so dass wir Magdagatschi erreichten, mitten in der Nacht, genau als die *administrator* der einzigen *gostiniza* des Ortes die Eingangstür verrammeln wollte. Wir parkten unseren 500er vor der Notaufnahme eines benachbarten Krankenhauses zwischen einem heruntergekommenen Rettungswagen und den Krankenbahren, die in einer Ecke vor sich hinrosteten.

Der Abend war mild, beinahe sommerlich, und wir hatten schon wieder Hunger. Das Dorf lag komplett im Dunkeln, aber von ferne erinnerten Geschrei, Getrampel und Gelächter daran, dass es auch in Magdagatschi ein lauer Freitagabend im Sommer war. In der undurchdringlichen Finsternis trieben wir uns mit der Taschenlampe herum, um nicht in die in solchen Käffern üblichen Stolperfallen der Bürgersteige zu stürzen. Ohne diesen Lichtkegel waren wir unfähig, uns zu bewegen, so aber ein gefundenes Fressen für die neugierigen nächtlichen Vagabunden. Um möglichst nicht aufzufallen, schalteten wir die Taschenlampe nur dort an, wo wir die Hand nicht vor Augen sehen konnten.

Die Angestellte des kleinen Lebensmittelgeschäfts benahm sich, als passierte es jede Nacht, dass sie zwei vom Himmel gefallene *inostrancy* bedienen musste. Sie gab sich völlig unbeeindruckt, auch davon, dass wir keinen Wodka, sondern einfach nur Wasser, Brot und *kolbasa*-Würste kaufen wollten. Für diesen Abend war die Sache mit dem Essen geritzt.

Die »nichtexistente Straße« erlaubt sich gern einen Scherz mit den Autofahrern.

Nach Magdagatschi erwarteten wir eine spürbare Verbesserung; tatsächlich sah die Piste, als wir aus dem Ort kamen, wieder genauso aus wie auf den ersten Kilometern kurz nach Tschita: Die Fahrspur war glatt und breit, eine Vorschau auf die zukünftige *avtomagistral* Amur.

Aber es handelte sich nur um ein paar armselige Kilometer. Dann stachen wieder die großen, spitzen Steine aus der gestampften Erde. Mal wechselten sie mit einem buckligen Kiesbett, auf dem Cinquino dahinholperte, mal mit staubigem Schotter, der das Fahrgestell einer ständigen Vibration aussetzte, was für die Aufhängung vielleicht noch schädlicher war als Steine und Stöße. Bei unerwarteten Steigungen röchelte Cinquinos Motor, so dass es schien, als wolle er endgültig den Geist aufgeben.

Der Verkehr war unerklärlicherweise spärlich, nur wenige Karawanen kamen uns entgegen, und mehr als einmal befürchteten wir, uns verfahren zu haben. Die ewig langen Güterzüge auf den transsibirischen Gleisen bildeten einen festen Bestandteil der Landschaft. Vor diese kilometerlangen Schlangen aus Schüttgut- und Tankwagons waren zwei oder auch drei Zugmaschinen gekoppelt, damit diese Tausende Tonnen von Eisen sich bewegten.

Erst 1915 waren die Gleise der Transsibirischen Eisenbahn hier angekommen, 24 Jahre nach Baubeginn. Die Trasse entlang des Amur war tatsächlich das letzte Stück der Strecke von Moskau nach Wladiwostok, die fertig gestellt wurde. 1916 konnten die ersten Züge die gesamte Strecke von fast 10000 Kilometern befahren, die noch heute die längste Eisenbahnlinie der Welt ist.

Die Transsibirische Eisenbahn war ein Werk von ungeheuren Ausmaßen. Die Arbeiten an ihrer ersten Trasse durch die Mandschurei dauerten zwölf Jahre – eine Lappalie im Hinblick auf den Umfang des Projekts – pro Jahr wurden 740 Kilometer Gleise verlegt; auf dem Höhepunkt des Baus arbeiteten fast 90 000 Arbeiter daran, viele davon waren Zwangsarbeiter. Die Sucht nach Schnelligkeit und Modernität von Zar Nikolaus II. kostete Tausende Menschen das Leben, die an den unsäglichen Arbeitsbedingungen krepierten. Der Bau begann 1891 gleichzeitig an zwei Abschnitten, von Tscheljabinsk nach Osten und von Wladiwostok Richtung Westen. Schon 1901 waren die Gleise mit der Transmandschurischen Bahn verbunden, und es war möglich, ohne Unterbrechung von Moskau nach Peking zu reisen.

Die Zahlen beeindrucken noch immer: Die Transsib kreuzt neun Zeitzonen auf zwei Kontinenten, sieben Meridiane, 87 Städte, Tausende Brücken, von denen 16 über einige der größten Flüsse der Erde führen. Am Ende des 19. Jahrhunderts war dies ein Unterfangen, das mit dem Flug zum Mond vergleichbar ist: Die Gleise verliefen durch unwegsame und unbewohnte Gebiete, die Städte auf der Strecke waren anfangs kleine Ortschaften mit ein paar tausend

Einwohnern, der Ferne Osten Russlands war ein raues und ungastliches Grenzland.

Wladiwostok war zu jener Zeit eine Siedlung aus Blockhäusern mit 20 000 Einwohnern, von denen – wohl wegen des harten Lebens an der Grenze – gerade mal sieben Prozent Frauen waren. Die Modernität dieses Monumentalwerkes kommt nirgendwo besser zum Ausdruck als auf den Fotos, die die imponierenden Betonpfeiler der Brücke über den Amur zeigen. Im Hintergrund sind die Holzhäuschen zu erkennen, die damals die Peripherie von Chabarowsk bildeten. Diese Brücke war das letzte und komplizierteste Werk vor der Eröffnung der gesamten Linie. Aber sie war nicht die einzige Schwierigkeit, mit der die Ingenieure zu kämpfen hatten: Noch 1905 war die Umrundung des Baikalsees unvollendet, die allein 39 Tunnel auf 230 Kilometern benötigte. Man verlud die Konvois auf eine gewaltige Fähre, die in England gebaut und in Einzelteilen hierhergebracht worden war, und setzte sie von einem Seeufer zum anderen über. Im Winter verlegten die Arbeiter die Gleise einfach auf der zugefrorenen Oberfläche des Baikalsees. Das Eis war so dick, dass es das Gewicht von mehr als 200 Waggons pro Tag aushielt.

In gewissem Sinne war die Transsib schon vor über 100 Jahren ein globales Werk, bei dem die internationale Zusammenarbeit ausschlaggebend war: Amerikanische Ingenieure und bedeutende französische sowie englische Konstrukteure hatten Anteil daran, und ihre Realisierung benötigte die besten Konstruktionstechniken der Zeit und Facharbeiter aus beiden Kontinenten.

Trotz allem ist die Transsibirische Eisenbahn auch heute ein unvollendetes Werk, die Arbeiten sind eigentlich immer noch nicht abgeschlossen. Anfang der 60er-Jahre begann man die gesamte Strecke zu elektrifizieren, was erst 2002 beendet wurde. Das Parallelgleis ist ebenfalls noch nicht vollendet, es gibt immer noch eingleisige Streckenabschnitte.

Auf der Weltausstellung in Paris im Jahr 1900 war die Transsibirische Eisenbahn eine der Hauptattraktionen. Im Schatten des jungen Eiffelturms – der damals die Anmutung einer gewagten und abenteuerlichen Konstruktion hatte, wie heute etwa die Petronas Towers in Kuala Lumpur oder die Brücke über den Öresund – huldigte man in einem Pavillon, der formal an den russischen Eklektizismus erinnerte und mit dem Schriftzug *Train Transsibérien* versehen war, der Dynamik des modernen Reisens. In einem Nachbau des Zuges mit einem richtigen Restaurant im Speisewagen wurden die Besucher mit einem bewegten Panorama hinter den Scheiben unterhalten, das die Illusion heraufbeschwor, wirklich durch den geheimnisvollen Osten zu reisen. Bewegliche Tafeln waren auf vier Ebenen angeordnet und liefen mit unterschiedlicher Geschwindigkeit: zügig die näheren, langsamer die weiter entfernten Umrisse am Horizont. Anscheinend war der Effekt so realistisch, dass einige Damen nach nur 45-minütiger Fahrt bereits über erste Symptome von Reisekrankheit klagten. In der Realität hätte der Zug ein paar Tage bis Sankt Petersburg gebraucht und von dort nur zehn Tage bis Peking, ein Katzensprung, verglichen mit der langen Fahrtzeit einer Schiffsreise von Europa ins Reich der Mitte.

Es waren die Jahre, in denen die Transsibirische Eisenbahn gleichzeitig einen technischen und einen romantischen Traum verkörperte; die Plakate, welche die Besucher anregen sollten, das bewegte Panorama auszuprobieren, zeigten elegante junge Damen in Reifröcken und Chiffon, die sich zwischen dienstbeflissenen mandschurischen Kellnern und Pagodendächern sichtlich wohlfühlten; es waren die Jahre, in denen die Transsibirische Eisenbahn der *train de luxe* war. Die Wagen der ersten Klasse verfügten über einen Salon mit Holzdecke und Plüschsessel für acht Personen, der Speisewagen war Tag und Nacht in Betrieb, es gab eine gut ausgestattete Bibliothek, einen Musiksalon mit einem Flügel, eine Turnhalle mit Trimmrädern und Rudergeräten und sogar einen Kirchenwaggon, der reich mit Ikonen geschmückt war. Es waren die Jahre, in denen sie sich noch »Der Große Sibirische Weg« nannte. Sie startete in Sankt Petersburg, der Hauptstadt des Zarenreichs – und transportierte eine Ladung reicher Aristokraten und Bürger, Händler auf der Suche nach dem Glück, Deportierte und verzweifelte Auswanderer, die neues Land besiedeln sollten, in drei verschiedenen Klassen. Die dritte Klasse bot kahle Waggons mit Holzbänken.

Die Wunder-Eisenbahn konnte allerdings von der bolschewistischen Revolution nicht unberührt bleiben: Nachdem sie während des Bürgerkriegs schwer beschädigt und 1925 wieder in Betrieb genommen wurde, befreiten die Bolschewiken sie von allem Luxus und reduzierten sie auf ein schlichtes Transportmittel für Menschen und Waren. Das ist sie noch heute: ein Zug voller armer Leute, die sich kein Flugticket leisten können und sieben Tage Reise unter beschwerlichen Bedingungen auf sich nehmen, die beladen sind mit großen Plastiktaschen voller chinesischer Waren zum Wiederverkauf und Essensvorräten, denn der Speisewagen ist nur noch ein baufälliger, übel riechender Waggon. Während es seit einigen Jahren wieder eine erste Klasse gibt, in der die Abteile über zwei Betten, Sessel, Tisch, Toilette und Dusche verfügen, besteht die dritte Klasse weiterhin aus 52 Holzbänken in einem »Großraumwagen« ohne Abteile, dafür mit Ungeziefer und Uringestank, der aus der Toilette am Ende des Waggons dringt.

Die Personenzüge machen aber nur einen kleinen Teil des Schienenverkehrs der Transsib aus, der den Reichtum eines Landes in die Hände weniger Oligarchen transportiert. Viele der Güterzüge, die mal weit entfernt, dann wieder wenige Meter direkt neben uns durch die Landschaft rollten, trugen auf den Tankwagen voller Erdöl die Labels der bekanntesten russischen Konzerne, von Michail Chodorkowskis damals noch existierender Jukos, die 2006 aufgelöst wurde und dessen Geschäftsführer nun der berühmteste Gefängnisinsasse des Landes ist, nur weil er Putin herausgefordert hat, bis zur Gazprom, die vom Regierungschef selbst kontrolliert wird. Das Fehlen einer sibirischen Ölpipeline in den Fernen Osten belastet die ganze Transsibirische Eisenbahn, die dadurch einen weiteren Rekord aufgestellt hat: Sie wurde die meistbefahrene Bahnlinie der Welt.

Mehrfach kreuzten wir die Bahngleise, oft an unbeschrankten Bahnübergängen. Im Vergleich zu den großen Stahlbrücken erblassten die provisorischen, auf die wir unsere Räder setzten, vor Neid und schenkten uns aber die Illusion, dass auch wir irgendwie noch Pioniere sein konnten.

Seit gut 1000 Kilometern waren wir auf dem Schotterbett unterwegs, vier Tage am Steuer, beinahe ununterbrochen, vier Tage Gestoße und Gehüpfe. Und dagegen hätte Cinquino immun sein sollen? Alle Bolzen, die wir mit bloßem Auge überprüfen konnten, hatten sich gelockert, der Auspuff war locker, wir verloren schon fast den Vergaser und Teile der Stoßstangen. Der Gepäckträger hatte, bevor eine Strebe brach, beide Abtropfschienen beschädigt und wir konnten ihn nicht mehr sicher verankern. Am anderen Scharnier der Motorklappe war die Schweißnaht gerissen (Sergejs reparierte Seite hielt) und ein in den Generator geratener Stein hatte den Keilriemen zerfetzt. Außerdem wurde unsere Nachlässigkeit, nicht die Blattfeder repariert zu haben, als wir Zeit und Gelegenheit dazu gehabt hätten, nun durch das ständige Schleifen der Reifen an den Kotflügeln bestraft. Das Profil war an den Innenseiten der Reifen völlig abgerieben. Trotzdem war es keine so schlechte Idee gewesen, diese Geländereifen aufzuziehen, immerhin hatten wir auf dem Schotter nicht einen Platten gehabt und konnten durch den Friedhof geplatzter und am Straßenrand zurückgelassener Reifen weiterfahren. Den Todesstoß versetzte uns allerdings ein UAZ, der uns mit großer Geschwindigkeit überholte und uns dabei mit einem Steinhagel überzog, durch den ein Ausstellfenster fast zu Bruch ging.

Fabrizio befestigte die Stoßstange und das Scharnier mit vielen Metern Draht, damit wir sie wenigstens nicht verloren; wir klemmten die gebrochene Strebe des Gepäckträgers fest und schoben darunter die Reste eines alten Luftschlauchs, damit nichts rutschte. Mit einer Lage Klebeband verhinderten wir, dass das Seitenfenster zerbröselte. Dann tauschten wir noch den Keilriemen aus (wie gut, dass Fabrizio in Triest darauf bestanden hatte, einen zu kaufen!) und reinigten wieder einmal den Luftfilter ... Wir hielten oft an, um alle paar Kilometer Schrauben und Bolzen zu kontrollieren, festzuziehen und zu spannen. Unsere Haare waren voll Staub, die Hände schwarz vom Öl und unsere Klamotten durchgeschwitzt von der großen Hitze. All das war zu ertragen, doch wenn die Mückenschwärme auftauchten, konnten wir uns nur zurückziehen.

Ich weiß nicht, wie ich die Tortur der Insekten in Sibirien beschreiben soll. In den Städten und Dörfern hat der ständige Gestank von DDT etwas Tröstliches, solange man glaubt, dass es die Biester fernhält. Aber auf den Feldern tyrannisieren diese höllischen Viecher jede Lebensform. Die wenigen Hirten oder Bauern tragen trotz der Hitze immer lange Kleidung und breitkrempige Hüte, von denen ein Mückennetz über das ganze Gesicht herunterhängt. Mücken, groß wie Libellen und Bremsen, nehmen deine Anwesenheit innerhalb von Sekunden wahr. Wegen der Hitze sind es Milliarden, die aus den Wäldern schwärmen und sich gierig auf jede unbedeckte Körperstelle stürzen, lüsterne Blutsauger, gefräßige, unersättliche Monster. Anscheinend stechen 90 Prozent der sibirischen Insekten, und alle, denen wir begegnet sind, gehörten offenbar zu diesen 90 Prozent.

Selbst wenn uns die Straße dazu zwang, ganz langsam zu fahren, sahen wir sie millionenfach anrücken, aggressive und wehrhafte Bestien, angelockt vom Geruch des warmen Blutes. Wir verbarrikadierten die Fenster und beobachteten, wie sie mit ihren leuchtenden Augen und dem getigerten Bauch trotzig gegen die Scheiben schlugen und in Heerscharen neben uns herzogen. Nur wenn wir wieder mehr als 30 Stundenkilometer fuhren, ließen sie von ihrer Beute ab, und wir konnten wieder die Fenster herunterkurbeln.

Trotz dieser unerträglichen Plage mussten wir ab und zu anhalten, um das Benzin aus den Kanistern nachzufüllen oder um zu vermeiden, dass Cinquino ein Teil verlor. Aber kaum hatten wir den letzten Tropfen eingefüllt oder die letzte Mutter angezogen, machten wir uns aus dem Staub, machtlos gegen diese Naturgewalt.

Die einzige *gostiniza* von Schimanowsk war proppenvoll. Wieso belegten nur all diese Chinesen, die dort rund um den Fernseher, auf dem verdreckten Diwan und auf den Eingangsstufen herumlungerten, in einem der unbedeutendsten Orte Sibiriens sämtliche Zimmer dieser Spelunke? Es wird uns für immer ein Rätsel bleiben. Und warum sollte man einen Ort wie diesen überhaupt aufsuchen und sich auch noch daran erinnern?

Unsere Gegenwart im Dorf zog sofort die Aufmerksamkeit einer Miliz-Streife auf sich; die üblichen Fragen folgten: »Woher kommt ihr, wohin wollt ihr, ach wirklich?« Und viel Neugier schlug uns entgegen.

»Sucht ihr ein Hotel? Hier ist es!«, meinte einer von ihnen. Wir erklärten, dass dort kein Platz sei, sie tuschelten etwas.

Um uns hatte sich eine Traube Neugieriger gebildet, aber keiner mischte sich ein, keiner fragte. Dafür war die Polizei zuständig.

»In der Bahnstation müsste es noch Zimmer geben«, sagte schließlich einer der Polizisten. »Fahrt uns nach!«

Wir gehorchten, und das war nur ratsam. Unsere Visa liefen an diesem Tag um Mitternacht ab, und es war elf Uhr abends.

Die Polizisten waren nicht gekommen, um uns nach den Papieren zu fragen, sondern um uns spontan zu helfen; es war aber nicht angebracht zu bleiben und ihre Neugier auf unsere Papiere zu wecken. Wir setzten Cinquino in Gang und folgten dem grauen UAZ bis zur Bahnstation; dort stiegen beide Beamten aus, jener, der sich sofort unseres Falls angenommen hatte – ein junger Gartenzwerg, der zweimal in seine Uniform gepasst hätte –, und ein finster wirkender Unteroffizier.

Wir folgten ihnen. In der kleinen, leeren Halle des Bahnhofs von Schimanowsk rief der Finsterling: »*Administrator! Administrator!*«

Eine junge Frau, die an dem Kiosk in einer Ecke döste, wachte sofort auf und antwortete ihm: »Marina Wassilewnaja, Marina Wassilewnaja!«

An der Balustrade im zweiten Stock erschien eine Frau in einer blauen Kittelschürze mit einem abweisenden Gesicht, das von einem karierten Kopftuch umrahmt wurde.

»Marina Wassilewnaja«, befahl der Unteroffizier ihr, »wir brauchen ein Zimmer für diese beiden Spanier!«

»Italiener!«, korrigierte ihn Fabrizio.

Der jüngere Polizist blinzelte ihm zu, als wollte er sagen, da sei kein großer Unterschied. Die Verwalterin eilte die Treppen hinunter, ehrerbietig gegenüber den beiden Schergen und diesen *inostrancy* – Spanier oder Italiener, ganz egal. Es gab ein Zimmer für 350 Rubel, aber es war das einzige freie, falls noch ein Passagier mit dem Zug käme ...

»Diese Nacht gebt ihr es diesen beiden Fremden, verstanden, Marina Wassilewnaja?«, erklärte der Unteroffizier, ohne Widerspruch zu dulden. Sie nickte zustimmend.

»Also wirklich, vielen Dank, auf Wiedersehen ...« Mit den Bullen am Hals fühlten wir uns nie besonders wohl, besonders mit den Visa, die in einer knappen Stunde abliefen.

»Und das antiquierte Gefährt, wo lasst ihr das? Auf der Straße ist es gefährlich, und hier gibt es keine Parkplätze«, meinte der junge Gartenzwerg, dann blickte er zum Unteroffizier, als wollte er ihm dieselbe Frage stellen.

»Kommt, ihr stellt es bei uns in der Kaserne ab und holt es morgen wieder ab«, sagte der andere, noch bevor wir mit den Schultern zucken konnten. In die Kaserne? Die ganze Nacht, und dann am nächsten Morgen wiederkommen? Mit einem abgelaufenen Visum? Das war wie in die Höhle des Löwen zu gehen!

»Also, du«, meinte der Unteroffizier und zeigte auf mich, »du folgst uns mit dem Auto bis zur Kaserne, und dann begleiten wir dich zurück. Inzwischen gehst du«, und er zeigte auf Fabrizio, »hinauf zur Verwalterin und bringst das Gepäck aufs Zimmer.«

Wir hatten keine Wahl. Fabrizio und ich tauschten einen verschreckten Blick, versuchten, uns die Sorge nicht anmerken zu lassen, lächelten und bedankten uns für ihre Freundlichkeit.

Ich stieg ins Auto und folgte den Polizisten in ihrem UAZ. Wir kurvten um das Rondell des Bahnhofs und bogen in eine schmucklose Allee, tauchten in einer engen Unterführung unter den Gleisen durch, überquerten einen kahlen Platz, in dessen Mitte ein Monument stand, das mir für diesen Ort entschieden zu anspruchsvoll vorkam, und hielten vor einem großen grauen Schiebegitter, auf dem in Blau geschrieben stand: *milicia*. Mit ohrenbetäubendem metallischem Quietschen öffnete sich das Tor auf einen weiten, leeren Platz: Man zeigte mir, wo ich den Fiat 500 abstellen sollte, riet mir, ihn gut abzuschließen (was sollte ich von so einen Rat halten, wenn er ausgerechnet von einem Polizisten kam?), und forderte mich auf, für die Registrierung mitzukommen.

Der Wachhabende hinter der Panzerglasscheibe seines Kabuffs schien mir von der Abwechslung wenig begeistert. Diesseits der Scheibe gestikulierten die beiden aus dem UAZ zusammen mit mir und wurden lebhaft. Der Wachposten sagte sinngemäß, er wolle keine Verantwortung übernehmen und was denn wäre, wenn ich nicht wiederkäme, um das Auto zu holen. Der finstere Unteroffizier antwortete ihm brüsk, er solle keinen Mist erzählen und wir kämen am nächsten Tag unverzüglich und holten das Auto wieder ab. Wenn es ihn glücklich mache, könne er sich ja meine Personalien aus dem Pass notieren ... Pass?!

»Gib mir den Pass«, forderte der Finsterling mich auf.

»Wie bitte?«

»Den Pass.«

»Meinen Pass?«

»Ja, den Pass.«

»Tut es auch der Führerschein? Hier ...«

»Nein, es muss der Pass sein.«

»Nein? Ich habe den Pass aber nicht, nur den Führerschein ...«

»Du hast keinen Pass?«

»Doch, aber nicht bei mir.«

»Und wo ist er?«

»Ähm ... er ist im Gepäck.«

»Und wo ist das Gepäck?«

»Das hat Fabrizio.«

»Also Fabrizio hat deinen Pass?«

»Ja.«

»Im Zimmer im Bahnhof?«

»Ja.«

Würde er mich durchsuchen? Würde er merken, dass das nur eine Lüge war? Welcher Teufel hatte mich geritten, mir mit der Miliz einen Scherz zu erlauben? Mit denen war nicht zu spaßen! Es brauchte nicht viel, und aus ihrem freundschaftlichen Lächeln wurden feindselige inquisitorische Fragen.

»Na gut, gehen wir.«

»Gehen?«

»Gehen wir.«

»Und wohin?«

»Den Pass holen, was sonst?«

Zum Bahnhof brauchten wir keine zehn Minuten. War das nun wirklich das Ende unserer Reise? Mussten wir uns Peking tatsächlich aus dem Kopf schlagen? Was würde mit uns geschehen? Würden sie uns aus Russland ausweisen? Unerwünschte Personen, und dann: Lebe wohl!

Die rote Sonne versteckte sich allmählich hinter den heruntergekommenen Wohnblocks von Schimanowsk. Es war Ende Juni, wenige Menschen waren zu Fuß unterwegs und noch weniger mit dem Auto. Vor dem Bahnhof standen immer noch zwei oder drei Neugierige, die interessiert unsere Ankunft verfolgt hatten. Fabrizio war erstaunt, mich wieder in Gesellschaft der beiden heraufkommen zu sehen; ich musste ziemlich panisch ausgesehen haben.

»Was wollen die?«, flüsterte er und lächelte gequält.

»Meinen Pass. Ich habe gesagt, du hättest ihn. Und deiner?«

»Den hat die *administrator* für die Anmeldung. Sie wollte auch deinen, aber ich habe gesagt, den hast du ...«

»Hoffentlich reden sie nicht miteinander!«

Der jüngere Polizist trat ohne viele Umschweife ins Zimmer, während ich mit Fabrizio flüsterte. Der andere ging geradewegs zur Verwalterin und mischte sich in die Anmeldung ein.

»Also, der Pass?«

»Ach ja, hier ...« Ich wühlte im Rucksack, »warum geht er denn nicht raus? Er war da ... Fabrizio, weißt du vielleicht, wo er ist? Moment, vielleicht hier ...«

Aber wie konnte ich ihn nur unbemerkt aus meiner Tasche ziehen, wenn der mich nicht aus den Augen ließ? Fabrizio versuchte ungeschickt, ihn abzulenken, aber das war mit dem nicht zu machen! Im Gegenteil, er kam noch näher, um besser sehen zu können. Ich gab auf, täuschte Erstaunen vor, befühlte meine Taschen, riss die Augen auf: »Ich Trottel! Da ist er ja, ich hatte ihn in der Tasche!«

Ich bin sicher, dass er das nicht geschluckt hat, allerdings weiß ich nicht, ab welchem Moment die beiden die Sache durchschaut hatten. Er nahm den Pass, und wortlos brachte er ihn zu seinem Kollegen, der an dem kleinen Tisch der Verwalterin saß und aufmerksam die ganze Anmeldeprozedur kontrollierte. Fabrizio und ich blieben im Hintergrund und hielten den Atem an. Sie mussten unweigerlich merken, dass die Visa in zwanzig Minuten abliefen. Das bedeutete, dass wir mindestens bis Chabarowsk illegal reisen wollten.

Der finstere Unteroffizier gab meinen Pass an die *administrator* weiter und nahm den von Fabrizio, der bereits registriert war. Er blätterte ihn Seite für Seite durch, besah alle Visa – auch die, die nichts mit Russland zu tun hatten – dann hielt er beim ersten russischen Visum inne, überprüfte es, wandte sich dem zweiten zu (dem aus Astana), überprüfte auch dieses genauestens, und erst dann zog er die beiden Blätter der Verlängerung aus der Heftklammer. Fabrizio zischte ein »Jetzt sind wir geliefert!«. Klar waren wir das! So ein Pech! Ausgerechnet jetzt, fast am Ende der Schotterstraße, jetzt, wo wir wieder anständigen Asphalt vor uns hatten, gerade jetzt, wo wir dem Ziel immer näher zu kommen schienen, mussten wir den Bullen in die Hände fallen, in einem absolut unbedeutenden sibirischen Kaff!

Jetzt waren wir diesem finsteren Zeitgenossen ausgeliefert. Wir beobachteten ihn, folgten jeder Bewegung seiner Pupillen auf den Zeilen dieser Papiere; er prüfte jede Kleinigkeit mit zusammengezogenen Brauen, das Foto, den Stempel, die Unterschrift bis zu diesen verdammten Worten: *dejstwitel'na do,* »gültig bis zum…« Was für eine Idiotie, dieses Datum! Was für ein blödes Konstrukt! Bis Mitternacht sollten wir brave Touristen sein, willkommen auf russischem Boden, und eine Minute später konnte man uns auf übelste Weise verjagen, ächten wie zwei Gauner, zwei Verbrecher, brandmarken, als hätten wir uns irgendwelcher Untaten schuldig gemacht? Wenn dieses Visum bis jetzt gut war, warum konnte es das nicht auch noch für ein paar Tage mehr sein?

Aber warum hätten unsere Überlegungen den Typen beeindrucken sollen? Der wartete doch nur darauf, uns auf frischer Tat zu ertappen und uns für unsere Unverschämtheit blechen zu lassen, uns vielleicht Vorhaltungen zu machen, dass wir sein Vertrauen so schändlich missbraucht hatten. Jetzt hatte er das Datum gesehen, da war ich mir sicher! Das merkte ich schon an dem Nachdruck, mit dem er immer wieder diese Papiere drehte und wendete auf der Suche nach einer weiteren Verlängerung, die es nicht gab. Dann stürzte er sich auf uns. Er kontrollierte schnell auch noch meinen Pass, aber der lief natürlich ebenfalls ab. Jetzt hatte er erreicht, was er wollte, nicht wahr? Jetzt, da er zwei Nichtsnutze wie uns geschnappt hatte, konnte er mit dem Tag doch zufrieden sein, oder?

Wir erwarteten ergeben unser Schicksal, als ginge es zum Schafott. Er faltete sorgfältig die Papiere zusammen, klappte die Pässe zu und legte sie auf den Tisch zu den Anmeldeformularen. Dann stand er auf und blickte uns ganz kurz direkt in die Augen, erst mir, dann Fabrizio.

»Gehen wir«, sagte er zu seinem jungen Kollegen und wandte sich zum Ausgang.

Ich verstand gar nichts mehr. Fabrizio reichte ihm schüchtern die Hand aus Dankbarkeit, wie um unsere Ungläubigkeit zu offenbaren; auch ich trat vor, um ihm zu danken, nach außen dafür, dass er uns ein Zimmer und einen Platz für Cinquino beschafft hatte, in

Wirklichkeit aber, weil er beide Augen zugedrückt hatte, was das Verfallsdatum betraf.

»Ach, wofür denn? Gute Reise und seid vorsichtig. Viel Glück!«, antwortete der finstere Unteroffizier. Finster? Alles andere als das, alles andere als ein Inquisitor: Eine Seele von Mensch, das war er! Was hatten wir für Schauergeschichten über die Strenge der *milicia* gehört! Mitten in der Nacht mit abgelaufenen Visa geschnappt zu werden in einem unbedeutenden Kaff auf halbem Weg zwischen Sibirien und dem Fernen Osten! Sie hätten mit uns machen können, was sie gewollt hätten, hätten uns das ganze Geld abnehmen, die Pässe beschlagnahmen, uns sogar hinter Schloss und Riegel bringen können. Und dann möchte ich sehen, wie du die Botschaft in Moskau anrufst (bis da einer abhebt, verrottest du in der übelsten Gefängniszelle von Schimanowsk) ... Aber nichts dergleichen! Der Gentleman zog sich mit einem schlichten »Viel Glück« zurück, während der junge uns herzlich und lächelnd die Hand drückte. Trotzdem bin ich mir sicher, dass sie das ganze Schauspiel längst durchschaut hatten, vielleicht schon seit der Szene auf dem Kasernenparkplatz!

Und das ist es, was ich noch heute von Schimanowsk erinnere: das mürrische Gesicht eines Polizisten mit einem goldenen Herzen, der unruhige Schlaf aus Angst, eine Streife könnte uns jeden Moment festnehmen, am Morgen die ängstliche Rückkehr in die Höhle des Löwen und schließlich eine regelrechte Flucht aus der Kaserne.

»Lass ihn an!«

»Soll ich ihn warmlaufen lassen?«

»Bist du verrückt? Los, hauen wir ab, solange das Tor offen ist!«

Ein schneller Salut wie unter Wachposten.

»Los, schneller, mach, gib Gas!«

»Das ist ein Fiat 500, hast du das vergessen?«

China ganz nah!

Ein russisches Sprichwort sagt: »Wenn du Lust hast, eine Arbeit zu verrichten, schlaf darüber, dann vergeht sie!« Dieser Spruch scheint wie für Blagoweschtschensk gemacht.

Hier hat die Geschichte eine paradoxe Situation geschaffen: auf der einen Seite Blagoweschtschensk, Russland, Europa, auf der anderen Heihe, China, Asien, und mittendrin, ein paar hundert Meter breit, das Flussbett des Amur. Markierte der Fluss nicht die Grenze zwischen Russland und China, wären Blagoweschtschensk und Heihe heute wahrscheinlich eine einzige Stadt, so wie viele, die an den Ufern eines Flusses liegen und mit Brücken das Wasser überwinden. Aber hier patrouilliert auf dem Fluss nur ein russisches Kriegsschiff genau auf der Mittellinie des schiffbaren Gebiets, dort, wo die Grenze verläuft. Und daran kommt niemand vorbei.

Blagoweschtschensk lag nicht auf unserem Weg. Dafür machten wir einen Umweg nach Süden von etwa 70 Kilometern, aber »Das lohnt sich!«, hatte uns eine Familie versichert, mit der wir die Holzbank beim Mittagessen in einem Gasthof an der Straße geteilt hatten.

»Und dort ist alles asphaltiert, es ist ganz leicht: Biegt nach 20 Kilometern bei Swobodny ab und fahrt immer geradeaus; dann, wenn ihr von Blagoweschtschensk weiterwollt, folgt der Richtung Tambowka, Rajtschichinsk, Progress, und nehmt anschließend die Straße nach Chabarowsk und Archara. Das ist zwar länger, aber ihr werdet sehen, wie schön die Stadt Blagoweschtschensk ist!«

Wie hätten wir eine so verlockende Empfehlung ausschlagen können!

Als wir ankamen, schien die Stadt von einem besonderen Schnee überzogen. Ein Schnee, weich und hauchdünn, aber nicht kalt, eher ein warmer Staub, der durch die mit Bäumen gesäumten Straßen der Stadt schwebte. Unter diesen Unmengen weicher weißer Sporen, die von einer milden Abendsonne angestrahlt wurden, gingen viele Menschen am Flussufer spazieren. Blagoweschtschensk präsentierte sich als der ideale Ort, um sich in vollen Zügen dem Müßiggang hinzugeben. Die Stadt wurde 1857 von den Kosaken gegründet, ihr Name bedeutet »Verkündigung«. Es bestand nicht die geringste Gefahr, dass einen die Lust auf Arbeit überkam.

Bevor wir ein Hotel suchten, parkten wir Cinquino am Flussufer. Wenige hundert Meter von China entfernt. Unser Ziel war noch nie so nahe gewesen und gleichzeitig so unerreichbar. Für den Grenzfluss haben Russen und Chinesen zwei verschiedene Namen, Amur heißt er auf russischer Seite, Heilong Jiang, »Fluss des schwarzen Drachen«, nennen ihn die Chinesen. Als wir uns über die schwarze, von Rost zerfressene Uferbalustrade lehnten, konnten wir hinter dem dichten Schilf auf der anderen Seite die Umrisse von Heihe erkennen: Graue, rechteckige Gebäude standen am Fluss, weiter rechts erhoben sich einige Hochhäuser, und dort, wo das Zentrum war, errichteten Kräne die Gerippe neuer Gebäude.

Über eine Steintreppe, die sich hinter der Brüstung auftat, stiegen wir zum Fluss hinunter. Der Amur war noch etwa 30 Meter weit weg; durch dichte Vegetation gelangten wir auf einem verdreckten Sandweg ans Wasser. Es war kalt, trübe und still. Bei Blagoweschtschensk hat das Kiesbett des Amur eine seiner engsten Stellen. Von diesem Punkt aus, kann man, wenn man die Augen ein wenig zusammenkneift, die goldenen Schriftzeichen am Anleger von Heihe erkennen, die rote Fahne mit den gelben Sternen, und man konnte sogar die schwachen Umrisse der Chinesen am Flussufer erahnen.

Angeblich ist Heihe eine moderne Stadt, dynamisch, und sogar schön. Auf jeden Fall ist sie die größte chinesische Stadt am Amur. Es heißt, man könne dort alles einkaufen und vor allem billiger. Es gebe eine Menge Dinge dort, die in Russland gar nicht zu haben sind: postkartengroße Mini-Fernseher, Kleidung der besten italienischen Marken, Handys, Möbel, DVDs, Turnschuhe, alles. Die Chinesen sollen auch sehr freundlich zu den Russen sein, vor allem zu den Mädchen. Ihr blondes Haar und ihre weiße Haut sind in China der Inbegriff von Schönheit. Von hier aus kann man für einen Tag nach Heihe fahren, ohne ein Visum beantragen zu müssen, gerade lange genug, um ein wenig einkaufen und wieder heimfahren zu können. Es sei wirklich ein Glück, dass China so nahe ist.

Aber nicht alle denken so. Viele halten die 1,3 Milliarden Chinesen für eine potenzielle Bedrohung der acht Millionen Russen, die im Fernen Osten leben. Viele fürchten eine gelbe Invasion, und zwar nicht wie früher mit Panzern und Raketen, sondern eine stille, friedliche Invasion, die nach und nach Land und Bodenschätze in Beschlag nimmt. Viele Russen schimpfen auf die Chinesen, diese geschickten Händler und unermüdlichen Arbeiter, überlassen aber ihrer Geschicklichkeit gerne die härtesten Arbeiten und bemühen sich selbst nicht im Geringsten, ihre Geschäftstüchtigkeit zu verstehen: Der einzige Import-Export, zu dem ein Russe fähig ist, besteht aus zwei Taschen voller Krimskrams, den er an seine Bekannten weiterverkauft. Das schon zitierte Sprichwort stigmatisiert in seiner Schlichtheit und zwangsläufigen Verallgemeinerung einen russischen Charakterzug, der nicht zu leugnen ist. Den Rest besorgt der Wodka.

Blagoweschtschensk spiegelte sich träge im Wasser des Amur, während auf der anderen Seite Heihe arbeitete, produzierte, verkaufte und investierte – allerdings nicht in Radios oder Turnschuhe, sondern in russische Hotels und Restaurants. Die übliche Mietskaserne, die früher von Intourist geführt wurde, hatte Preise und Stil an die neuen Geschäftsleute von jenseits des Flusses angepasst. Einige von ihnen telefonierten am Handy oder diskutierten lebhaft in Grüppchen. Sie konnten dem Brauch des Schlenderns absolut nichts abgewinnen. Diesem wurde nur wenige Meter von hier nachgegangen, am Fluss entlang, der zugleich trennt und vereint.

Es war erst Nachmittag, und wir hätten noch viele Stunden Tageslicht gehabt, um die Reise fortzusetzen; außerdem konnten wir uns ein Zimmer in diesem Schandfleck voller Messing, Teppiche und Drachen an den Wänden nicht leisten. Unsere Tage, um nach Wladiwostok zu kommen, waren gezählt. Wieder einmal waren unsere Visa abgelaufen, und viel Geld war uns auch nicht mehr geblieben. Lauter gute Gründe, nicht länger herumzutrödeln, sondern ins Auto zu steigen und so viele Kilometer wie möglich abzureißen. Aber auf Reisen sollte man sich nicht mit Kleinigkeiten aufhalten.

Getrieben von einem unstillbaren Drang zum Bummeln, was wir besonders gut konnten, beschlossen wir, wenigstens eine Nacht zu bleiben. Wir nahmen uns ein Zimmer in einer *gostiniza* etwas abseits vom Zentrum (deren *administrator* wundersamerweise keinerlei Einwände wegen unserer Visa hatte), vertrauten Cinquino einem entgeisterten, aber wachsamen Parkplatzwächter in der Nähe an und solidarisierten uns mit den flanierenden Faulpelzen.

Wir hatten wirklich gut daran getan, dem Rat der Familie aus dem Gasthaus zu folgen. Am Ufer des Amur spazieren zu gehen, genau hier in Blagoweschtschensk, war wirklich ergreifend. Wir waren nur mit der Kraft unseres tapferen Cinquino hierhergekommen. Wir konnten China sehen, es lag direkt vor uns, zum Greifen nahe. Seit Tausenden von Kilometern war es beständig näher gerückt, lag immer jenseits irgendwelcher Berge oder am Ende einer Straße. Aber es jetzt zu sehen, in Reichweite zu spüren, das war schon etwas anderes!

Dort, an diesem Flussufer, in einer Stadt, die irgendwo in Europa hätte sein können, realisierten wir zum ersten Mal seit unserer Abreise, dass wir tatsächlich in Asien angekommen waren. Es war verblüffend: wenige hundert Meter trennten faktisch zwei Kontinente. Da vorne war der Osten schlechthin, mit seinen Widersprüchen von Modernität und Tradition, mit schwungvollen Schriftzeichen,

Reisfeldern und Tempeln. Aber man musste dem Fluss nur den Rücken zuwenden und war mitten im Westen, mit Gebäuden aus dem frühen 20. Jahrhundert mit Giebeldächern, Kiosken mit überfüllten Tischen, Musik aus den Bars und einigen Karussells.

Genau hier stoßen die beiden Reiche aufeinander, das aufstrebende des asiatischen Tigers und das heruntergekommene des russischen Bären; Ersteres angestachelt von einer aggressiven Wirtschaft, Letzteres von chronischer Lethargie gezeichnet. Seit dem Fall des Eisernen Vorhangs hat sich zumindest am russischen Ufer nichts verändert. Die gefürchtete »gelbe Gefahr« hat Sibirien und den Fernen Osten noch nicht überrannt, die chinesische Ware ist immer noch das wichtigste Gut, das den Fluss überquert, die Prostituierten erwarten immer noch ihre mandeläugigen Freier vor dem Intourist oder am benachbarten Lenin-Platz, Wodka und Bier scheinen immer noch die Hauptinteressen der russischen Männer zu sein.

»Seid ihr Ausländer?«, fragte uns am nächsten Abend das Mädchen im Motel mit einem Lächeln und führte uns in das noch im Bau befindliche obere Stockwerk.

»Ja.«

»*Amerikancy?*«, fragte sie und lächelte noch breiter.

»*Njet, italiancy!*«

»Mhm«, machte sie und bemühte sich nicht, ihre Enttäuschung zu verbergen, die ihr Lächeln vertrieben hatte, »... die Betten sind ohne Laken, es gibt kein warmes Wasser, und die Tür kann man nicht zumachen, es gibt keinen Schlüssel.«

»Magst du keine Italiener?«, fragte ich sie neugierig.

»Nein«, antwortete sie kurz und trocken.

Antipathie gegen jemanden zu empfinden ist völlig in Ordnung, auch gegen ein ganzes Volk: Die Chinesen mögen die Japaner nicht, die Türken haben etwas gegen die Armenier und umgekehrt, den

Litauern sind die Polen nicht sympathisch und immer so weiter. Aber mir war nicht bekannt, warum die Sibirer etwas gegen die Italiener haben sollten. Wir waren schon zwei Monate in der Gegend unterwegs, und es herrschte immer eine fröhliche Brüderlichkeit zwischen Russland und Italien. Während des kräftigen Händeschüttelns wurden die Inbegriffe italienischer Lebensart heruntergebetet: Adriano Celentano, Al Bano und Romina, Kommissar Kattani und was Italien sonst noch in den letzten Jahrzehnten hervorgebracht hatte, durften dabei nie fehlen. An einer Tankstelle intonierten sogar einmal drei sympathische Tschetschenen – finsterer Blick, rabenschwarze Schnurrbärte, brillantineglänzende Haare und dazu passende Fettleibigkeit – wenig überzeugend Toto Cutugnos Lied vom »Italiano vero«, dem echten Italiener.

Jetzt waren wir neugierig, was unser Volk diesem sibirischen Mädchen getan hatte, um solch einen Groll bei ihr aufkommen zu lassen. War vielleicht irgendein ungehobelter Landsmann vor uns hier vorbeigekommen und hatte sich schlecht benommen?

»Nein, ihr seid die ersten Italiener, die ich sehe.«

»Und was haben wir dir getan?«

»Ihr, und die Nazis ...«

»Wir?! Die Nazis? Wir können die Nazis wirklich nicht ausstehen! In Nowosibirsk hat eine Gruppe Glatzköpfe uns in der U-Bahn den Hitlergruß gezeigt, und wir haben uns in Grund und Boden geschämt, ich schwör's!«

»Nein, nicht ihr, aber *Musalini* ...«

Und was hatte Mussolini über einen Stahlpakt hinaus mit Sibirien zu tun? Den hatten doch unsere Großeltern über sich ergehen lassen müssen und höchstens noch Libyen und Abessinien, aber doch nicht Sibirien. Das Geheimnis wurde immer undurchsichtiger.

Mittlerweile waren wir wieder ins Erdgeschoss zurückgekehrt, und das Mädchen war in die Küche verschwunden. Offensichtlich hatte sie nicht die Absicht, uns zu erklären, warum ihr die Sache mit dem Stahlpakt so sehr zu schaffen machte.

Sie und ihre Schwester waren anscheinend die Einzigen, die diese halb fertige hölzerne Bruchbude in Betrieb hielten. Im Erdgeschoss befand sich der übliche Gastraum mit drei oder vier Tischen an den Wänden, im Stockwerk darüber ebenso viele enge Zimmer, für die, die nach dem Abendessen noch ein wenig bleiben wollten. Überall der Duft nach frischem Holz und Leim, der sich mit dem von *soljanka* und *borschtsch,* Frittieröl und Insektenschutzmittel vermischte. Dennoch ein wunderbarer Ort nach diesen 390 Kilometern, die die einfachsten in den letzten fünf Tagen hätten sein sollen, sich aber als schwierig und aufreibend wie nie zuvor herausgestellt hatten: Hitze, Staub, Steine und dieses ständige Zittern, das durch Mark und Bein ging, lagen hinter uns.

Es war sehr spät geworden, ohne dass wir irgendein Dorf erreicht hatten, und wir hatten uns schon damit abgefunden, die ganze Nacht bis nach Birobidshan fahren zu müssen. Da bot sich diese unerwartete Gelegenheit für ein Abendessen und die Aussicht auf ein Bett genau am Beginn des Autonomen Jüdischen Gebiets …

»Ja dann! Das also ist der Grund! Deshalb hat sie es so mit den Nazis und allen, die damit zu tun hatten!«

Vielleicht gehörte dieses Mädchen wirklich zu den wenigen Juden, die noch in dieser Region lebten, und ihre Reaktion war lediglich unbedarft und ihrem Alter und der Einsamkeit geschuldet, die nur solch ein Ort bieten kann. Von allen merkwürdigen Orten Sibiriens ist dieser sicher der merkwürdigste.

Das Autonome Jüdische Gebiet war möglicherweise das seltsamste Experiment, das Stalin mit einer Volksgruppe der UdSSR angestellt hatte. In den 30er-Jahren kamen 200 000 Menschen in die Sümpfe am Zusammenfluss von Bira und Bidshan: Juden, Russen, Ukrainer, sogar aus Amerika, Kanada und Argentinien kamen sie. 1930 gab es hier nichts außer Milliarden von Mücken und Bremsen, doch erstaunlicherweise waren all die Juden nicht deportiert worden, sondern aus freien Stücken dort hingegangen. Sie waren von einer geschickten Propaganda angelockt worden, die die besten Methoden und Instrumente einsetzte, um die Illusion von einer jüdischen Heimat an einem weit entfernten Ort zu schaffen, einem unbewohnten Ort, der so weit weg war, dass er die Feindseligkeit anderer Nationalitäten nicht weckte. Die Propaganda arbeitete mit allen Mitteln. Über jüdischen Gegenden in Weißrussland wurden Flugblätter abgeworfen, und ein jiddischer Film erzählte von einer Familie, die der Großen Depression in Amerika entkommen war und ihr Glück in Birobidshan gefunden hatte: Er trug den Titel »Glückssucher«. Die Region war tatsächlich unbewohnt und musste kolonisiert werden. Ich stelle mir vor, wie die Auswanderer an der kleinen Bahnstation ausstiegen – mit den wenigen Sachen, die sie auf die lange Reise hatten mitnehmen können –, beim ersten Anblick dieses Nichts verzagten, und wie sie dann die Ärmel hochkrempelten: Hier entsteht das Gelobte Land!

Hinter diesem Experiment stand sicher nicht Stalins großes Herz, sondern vielmehr die Notwendigkeit, an der Grenze zu China Präsenz zu zeigen, karge Erde dem Ackerbau zuzuführen und, nicht zuletzt, die jüdischen Gemeinden aus Moskau und dem Westen Russlands zu entfernen. Die Hoffnung, dass Stalin im Interesse der drei Millionen Juden handelte, die zu jener Zeit in der UdSSR lebten, hielt sich immerhin bis zu den Säuberungsaktionen, mit denen der Diktator die jüdischen Gemeinden in die höllischen Gulags deportieren ließ.

Tatsächlich verkörperte das Projekt von Birobidshan jahrzehntelang den Traum vieler Juden, die glaubten, genau hier ein sowjetisches Israel gründen zu können. Dieses sollte nicht auf religiösen

Regeln des orthodoxen Judentums basieren, sondern auf einer eigenartigen Verbindung der frommen und weltoffenen jüdischen Kultur mit der sozialistischen Ideologie in ihrer atheistischen und nationalistischen Ausprägung. Auch die Wahl der Sprache war kein Zufall: Jiddisch statt Hebräisch verband das neue Volk mit der osteuropäischen Tradition, mit den Ländern, die seit Jahrhunderten den slawischen Kulturen nahestanden.

Viele Juden, die hierher auswanderten und alles hinter sich ließen, was ihnen das Leben in ihrer Heimat geboten hatte, waren Kommunisten der ersten Stunde. Es ist unbegreiflich, warum sie den Widerspruch eines Autonomen Jüdischen Gebiets innerhalb der Union der Sozialistischen Sowjetrepubliken nicht erkannten. Dennoch, Begeisterung erweckte das Projekt vor allem in den großen ausländischen Gemeinden und in gewissen linken Kreisen. Manche glaubten sogar jahrelang, dass ein sowjetisches jüdisches Heimatland eine wirkliche Alternative zur Gründung eines jüdischen Staates in Palästina sein könnte.

Die stalinistischen Säuberungen, die Jahre des Terrors, der Niedergang der UdSSR und die Freiheit, fortzugehen, haben das Experiment von Birobidshan in der Erinnerung zu einer der Verrücktheiten des bärtigen Diktators gewandelt. Der Reisejournalist Tiziano Terzani berichtete schon in den 90er-Jahren in seinem Buch »Gute Nacht, Herr Lenin« von einem Birobidshan, in dem der Bevölkerungsanteil der Juden unter zehn Prozent lag. Die jüdischen Schilder verschwanden, immer weniger Menschen sprachen Jiddisch, und noch weniger besuchten die sonderbare Synagoge, ein weiß und himmelblau angemaltes Blockhaus.

Wie es wohl für die restlichen 90 Prozent der russischen Bürger gewesen sein mochte, in dem Autonomen Jüdischen Gebiet zu leben? Und heute, wo sich diese zehn Prozent anscheinend auf unter zwei reduziert haben, wo jedes Jahr wieder jemand alles zurücklässt und nach Israel übersiedelt, heute, da es niemandem mit gesundem Menschenverstand einfiele, in diese »jüdische Heimat« zu ziehen, heute lebt das Experiment Birobidshan paradoxerweise wieder auf, quasi als folkloristisches Phänomen. Es zieht das Interesse der Menschen von weit her auf sich. Ein wenig Geld kommt von den jüdischen Gemeinden im Ausland, Russland und Israel schließen irgendwelche Verträge, man versucht, das kulturelle Erbe dieser fernen Insel zu bewahren, baut eine richtige Synagoge und druckt weiterhin die einzige jiddische Tageszeitung der Welt, *»Die Birobidžaner Stern«*, und unterrichtet sogar an einigen Schulen noch Jiddisch.

Unter einer gelben Sonne machte Birobidshan vielleicht einen staubigeren Eindruck, als es eigentlich war. Auf dem Bahnhofsplatz glitzerten die Lichtreflexe der großen vergoldeten Menorah auf den wenigen alten Autos im Verkehr und auf den ausgeblichenen Sonnenschirmen eines *kafe* an der Ecke. Die wenigen Gäste, die dort vor ihrem Eis saßen, das schwer und kompakt aussah wie ein Block Lehm, beobachteten mit träger Neugier, was diese beiden *inostrancy* hier zu suchen hatten: Einer stieg aus dem kleinen Auto aus, baute das Stativ auf, setzte die Videokamera drauf, ließ das Gefährt ein paar Runden mal in die eine, dann in die andere Richtung drehen, packte alles wieder ein, und weg waren sie.

Als wir die Stadt verließen, reichte die Zeit noch für ein Foto unter der großen hebräischen Inschrift, die aus Richtung Chabarowsk den Ortseingang markiert. Im Schatten dieses großen Tors aus weißem Beton verkauften einige Männer geschmuggeltes Benzin aus einem verrosteten Tankwagen.

Fabrizios alte Tante hatte uns noch kurz vor der Abreise gewarnt.

»Mein Gott, passt bloß auf«, hatte sie gerufen und die Hände vors Gesicht geschlagen, »dass man euch in Russland nur nicht für Spione hält!«

Wir hatten uns bemüht, ernst zu bleiben und sie zu beruhigen, aber dann hatten wir uns vor Lachen nicht mehr halten können. Man sollte eigentlich nicht über die Alten spotten, aber das war dann doch zu viel! Wie konnte sie nur glauben, dass man uns heutzutage in Russland für Spione halten würde, obendrein noch mit diesem knuffigen Cinquino? Wirklich, das war zu viel, bei allem Respekt für Fabrizios Tante …

Im Grunde war es keine schlechte Idee, Cinquino neben den Bahngleisen zu fotografieren, während ein Zug auftauchte. Es war gutes Licht, und es kamen häufig Züge vorbei. Also würden wir nicht lange warten müssen. Wir suchten uns eine kleine Landstraße, die die Bahnlinie mit einem unbeschrankten Bahnübergang kreuzte, platzierten Cinquino davor, zogen das Stativ und den Fotoapparat heraus und warteten geduldig. Nach wenigen Minuten begann die Glocke über dem Andreaskreuz zu bimmeln, in Kürze sollte ein Zug kommen. Auf der anderen Seite der Gleise hielt ein Ural-Motorrad am Signal. Darauf saß ein großer Kerl mit nacktem Oberkörper und Kniebundhosen. Eingepfercht in der Metallkiste des Beiwagens saß ein ebenso korpulenter, verwirrt wirkender Passagier. Von weitem sahen wir schon den Zug kommen, bereiteten den Fotoapparat vor und holten die Videokamera heraus. Aus dem Augenwinkel bemerkte ich, dass der Typ mit dem nackten Oberkörper vom Motorrad stieg und mit jenem unsicheren Gang auf uns zuging, der dem Alkoholkonsum geschuldet ist.

»Mist!«, dachte ich. »Jetzt versaut uns der Suffkopp das Foto mit den üblichen Fragen … «

Als er näher kam, ging ihm Fabrizio viel gelassener mit ausgestreckter Hand entgegen und grüßte ihn: »Hallo, guten Tag!«

Das Gesicht des anderen war röter als das Hinterteil eines Pavians. Als einzige Antwort stürzte er sich auf die Videokamera, die Fabrizio in der Hand hielt.

»Nein, Entschuldigung, warten Sie, was machen Sie da?« Fabrizio versuchte, ihn zu besänftigen, aber der wollte nichts davon wissen.

»Spione! Spione!«, fing er an zu brüllen.

Er wollte uns die Videokamera und den Fotoapparat abnehmen. Fabrizio versuchte, ihm zu sagen, dass nichts dabei sei und dass wir gehen würden, aber der Säufer kickte die Autotür mit dem Fuß zu und trat noch einmal nach. Im Allgemeinen sollte man Betrunkene besser nicht reizen, noch klüger ist es abzuhauen, aber dieser hatte sich nun mit dem ganzen Gewicht gegen die Beifahrertür gelehnt, damit Fabrizio sie nicht öffnen konnte.

Ich klappte eilig das Stativ zusammen und konnte Fabrizio die Videokamera abnehmen, ohne von dem Berserker gesehen zu werden. Mittlerweile versuchte der Beifahrer der Ural-Maschine schon seit einer Weile erfolglos, sich aus dem engen Beiwagen zu befreien. Wollte er seinen Kumpel beruhigen oder ihn unterstützen?

Ein Zug bretterte wenige Meter an uns vorbei und verwirbelte ringsum die Luft. Die Waggons mit Holz und Erdöl ratterten wütend auf den Gleisen vorbei. Was würde sich auf der anderen Seite zeigen, sobald der letzte Waggon vorbeigerauscht war? Würde der Kumpan des Berserkers genug Zeit gehabt haben, sich aus der Blechbüchse zu schälen, um uns zu verprügeln?

Kühnheit ist fraglos eine Tugend der Reisenden, und derjenige, der sie besitzt, nutzt sie in Gefahrenmomenten. Der sie besitzt ... Fabrizio stand Nase an Nase mit dem Berserker, der ihn anschrie, ihm die Videokamera zu geben, und immer gewalttätiger wurde. Ich musste die Sachen, die ich in der Hand hatte, in Sicherheit bringen, der Zug gab gerade den unbeschrankten Übergang frei und ließ dem Beifahrer freie Bahn. Ich sprang auf den Fahrersitz und spielte mit dem Gedanken, mich in Sicherheit zu bringen. Sollte Fabrizio ein paar Hiebe abbekommen, immer noch besser, wenn nur einer von uns Prügel bezog und nicht alle beide, statistisch gesehen, oder? Ich ließ den Motor an und dachte eine Sekunde daran, abzuhauen und meinen treuen Gefährten seinem Schicksal zu überlassen. Aber nur einen Augenblick, ich schwöre es!

Ich legte den Rückwärtsgang ein, setzte ruckartig zurück, was den Berserker aus dem Gleichgewicht brachte, dann entfernte ich mich ein paar Meter, Fabrizio nutzte die Gelegenheit, sich aus den Pranken dieses Kerls zu befreien und zum Auto zu laufen. Der Zug verschwand, der Kumpan des Muskelprotzes torkelte über die Gleise direkt auf uns zu. Fabrizio gelang es, ins Auto zu springen. Ich trat das Gaspedal durch, der Kumpan warf sich Richtung Kofferraum, verfehlte ihn und rauschte zu Boden. Das alles spielte sich auf den wenigen Metern des Feldwegs ab. Ich fuhr noch ein wenig zurück und wendete so schnell wie möglich, während der andere sich aufrappelte. Als ich mich kurz umdrehte, sah ich, wie er den Berserker am Ärmel packte, zum Motorrad zerrte und drängte aufzusteigen. Während ich Vollgas gab, beobachtete ich im Rückspiegel, wie er auf die Maschine stieg und sich am Starterpedal austobte, um sie zu starten. Der Berserker fuhr los.

»Verdammte Scheiße, die sind ja verrückt!«, schrie Fabrizio und sah aus dem Heckfenster. »Gib Gas, gib Gas!«

Die Rostlaube auf drei Rädern nahm tuckernd und rauchend die Verfolgung auf. Der Berserker balancierte auf einem für seinen Hintern viel zu kleinen Sattel, das eine Bein seines Kumpans baumelte noch heraus, weil er es nicht rechtzeitig in den Beiwagen hatte ziehen können. Das Wettrennen zwischen Cinquino und der Ural ging aus wie erwartet: Die beiden Irren auf ihrer Schrottmühle konnten gegen die 80 Stundenkilometer, mit denen unser tapferer Kerl dahinflog, nichts ausrichten, und wir sahen sie im Rückspiegel immer kleiner werden. Aber wenn sie einen Shiguli gehabt hätten ...

7 Im Fernen Osten

Endspurt mit Hindernissen

Wir hatten den Teil des »Lonely Planet« über die Transsibirische Eisenbahn von zwei holländischen Mädchen fotokopiert, die wir in Irkutsk getroffen hatten. Der Reiseführer listete für Chabarowsk einige Absteigen beim Bahnhof auf, aber unsere Suche blieb erfolglos. Die eine Herberge war modernisiert und in ein überteuertes Drei-Sterne-Hotel mit dem verlockenden Namen *Versailles* umgewandelt worden, die andere hatte geschlossen. Dank einer zufälligen Auskunft fanden wir ein äußerst bescheidenes Hotel genau am anderen Ende der Straße, eine Örtlichkeit auf unserem Niveau, ohne Toilette im Zimmer, mit sich ablösenden Tapeten und feuchten Flecken an der Decke, einem kaputten Fernseher, Matratzen, deren Federn sich in die Nieren bohrten, und einem griesgrämigen Zimmermädchen, das sich im Korridor aufführte wie eine Sklaventreiberin. Das Ganze für 600 Rubel die Nacht.

Unsere Ankunft in der Stadt war alles andere als triumphal gewesen. Chabarowsk dehnt sich links des Amur aus. Am anderen Ufer gibt es nur Sumpf und ein paar Blockhütten. Vielleicht wussten aus diesem Grund die Einwohner bis zum Jahr 2000 nicht, wozu sie eine Straßenbrücke brauchen sollten. Es genügte die Eisenbahnbrücke der Transsib, und wenn wirklich einer mit dem Auto über den Fluss musste, setzten ihn die Schleppkähne über. Hier markiert der Amur nicht mehr die Grenze zu China, sondern biegt etwa 30 Kilometer weiter westlich nach Norden in russisches Territorium ab, hinauf, bis er Komsomolsk am Amur erreicht und später im Japanischen

Meer mündet. Dieser Fluss ist aber dennoch eine Grenze: Dort ist Russland, und hier beginnt der *Dalnij Vostok,* der Ferne Osten; dort regiert Moskau, hier die mächtigen Gouverneure des *Chabarowsk Kraj* und des *Primorje Kraj;* auf jener Seite ist Europa, von hier schaut man nach Japan, Korea und China.

Jahrzehntelang war der Fluss eine eindeutige Demarkationslinie zwischen diesen Gebieten und dem Rest von Russland. Heute ist nach dem Bau einer vier Kilometer langen Brücke über seinen Lauf und durch das Projekt der großen *avtomagistral* bis Tschita diese Trennung ein für allemal überwunden.

Wie gesagt, unsere Ankunft war kein Triumph: Über die lange Brücke überquerten auch wir diese natürliche Grenze und ließen Europa endgültig hinter uns. Mit Cinquino hier zu sein, nachdem wir die lange *bezdoroshe* (fast) unbeschädigt überstanden, eine unvorhergesehene Reiseroute bewältigt hatten und die Ersten waren, die einen Fiat 500 so weit gebracht hatten, das war für uns schon der größte Erfolg. Es blieb noch Wladiwostok als natürlicher Endpunkt der transsibirischen Route, aber die 700 Kilometer Asphalt, die uns noch vom Japanischen Meer trennten, bereiteten uns kein Kopfzerbrechen mehr. Langsam sank die Sonne, während sich vor uns die Silhouette der Stadt abzeichnete.

Bei unserem ersten Auftritt im Zentrum von Chabarowsk war der Lenin-Platz noch voll mit herumbummelnden jungen Leuten. Wer konnte, hing an einem Auto herum und drehte das Radio bis zum Anschlag auf, die anderen begnügten sich mit den Bänken rund um die versiegten Springbrunnen; die Straßenbeleuchtung war ebenfalls abgestellt. Die Luft war lau, es war der erste Sommerabend. Die Innenstadt bestand gerade einmal aus dem langen *Murawjowa-Amurskogo Boulevard* – der den Lenin-Platz mit dem *Komsomol-*Platz direkt am Fluss verbindet –, an dem die wenigen (und teuren)

Geschäfte und Lokale »in westlichem Stil« liegen, ein japanisches Restaurant, eine *stolowaja,* eine italienische Bar, das Postamt, einige *magazin* und viele Kioske. Die recht ansehnlichen Gebäude aus der vorrevolutionären Zeit, deren Stuck ausgeprägte Schlagschatten warf, konnten den provinziellen Anstrich, der die Stadt beherrschte, jedoch kaum überspielen. Am Flussufer huldigten viele Körper schweigend dem Bräunungsritual, ein Stück weiter schwitzten zerlumpte chinesische Arbeiter unter dem Gewicht der Steine, die für die Parkstraßen bestimmt waren, die zum Denkmal von Murawjow-Amurskij führten.

Fürst Nikolai Nikolajewitsch Murawjow-Amurskij initiierte ab der zweiten Hälfte des 18. Jahrhunderts als Gouverneur der Provinzen des Fernen Ostens maßgeblich die russische Kolonisierung dieser Gebiete. Er schloss mit China den Vertrag von Aigun, in dem die beiden Staaten den Fluss als Staatsgrenze anerkannten und Russland sowohl der Zugang zum Pazifik als auch große Gebiete der inneren Mandschurei garantiert wurden. Dies verschaffte dem Gouverneur den Titel *Amurskij,* »Graf des Amur«. Seine sterblichen Überreste waren auf dem Friedhof von Montparnasse in Paris beigesetzt, bis 1992 jemand die Mühen auf sich nahm, ihm eine neue Ruhestätte im chaotischen Wladiwostok zu schenken, das natürlich nicht mehr mit der Stadt zu vergleichen ist, die er gekannt hatte.

Obwohl wenig in Chabarowsk zum Verweilen einlud, verbrachten wir eine ganze Woche dort. Wir hatten einiges zu tun: Wir mussten das chinesische Konsulat finden und die Visa-Frage klären; ich musste mein Büro kontaktieren und mir einen weiteren Monat Urlaub verschaffen; wir mussten checken, ob es Neuigkeiten aus Peking gab, und uns etwas Geld von zu Hause schicken lassen, denn wir waren pleite, und, vor allem anderen mussten wir beim OVIR alles versuchen, um unsere Visa, die seit vier Tagen abgelaufen waren, ein weiteres Mal verlängern zu lassen.

Zugegeben, wir hatten wirklich ein Talent, die Dinge zu verkomplizieren. Am Mittwoch kamen wir nach 13 Uhr am chinesischen Konsulat an (seltsamerweise befand es sich im Lenin-Stadion), das bereits seit Stunden geschlossen hatte; das OVIR hatte seinen freien Tag. Am folgenden Tag war Ruhetag im Konsulat, und wir schafften es, so lange zu schlafen, dass das OVIR auch wieder geschlossen hatte. Unglaublicherweise ließen sie uns dennoch ein, hörten sich unser Problem an, lasen amüsiert die Papiere, stöberten sogar auf unserer Internetseite. Innerhalb von ein paar Stunden – so lange, wie wir brauchten, um in der Bank die Gebühr von 300 Rubel zu bezahlen – hatten wir neue Visa für weitere zehn Tage. Niemand musste in Moskau anrufen, kein Brief auf Russisch geschrieben, keine Einwilligung irgendeines höheren Beamten eingeholt werden. Anscheinend wurden die Regeln immer flexibler ausgelegt, je weiter wir uns von der Hauptstadt entfernten. Omsk, wo man uns die Verlängerung verweigert hatte, und Nowosibirsk, wo man uns zehn Tage zugestanden hatte, lagen Lichtjahre entfernt!

Mit diesem dritten Schrieb in der Tasche, gültig bis zum 4. Juli, hätten wir nun unbesorgt sein können, vorausgesetzt, wir stellten keinen Unfug an. Im Übrigen hatten sich die Beamten vom OVIR klar ausgedrückt: »Obacht, dies ist wirklich das letzte Mal!«

Der Folgetag allerdings hatte es in sich: Wir planten, rechtzeitig aufzustehen, so um acht, halb neun und statt gemütlich zu frühstücken die Beine in die Hand zu nehmen und zum Lenin-Stadion zu laufen, um mit dem chinesischen Konsul zu sprechen. Unglaublicherweise aber standen wir um halb zwölf auf, frühstückten ausgiebig bis zum Mittagessen und kamen gerade rechtzeitig zum Konsulat, um uns die Türen vor der Nase zuschlagen zu lassen. Unbarmherzig, diese Chinesen!

In der Zwischenzeit verkündeten unsere E-Mails zwiespältige Neuigkeiten. Gierig lasen wir alle Verlautbarungen der vergangenen

Tage und wurden den Eindruck nicht los, dass die Dinge sich seit Tschita zum Schlechteren entwickelten. Das Schiff, das am 7. in Wladiwostok auslaufen sollte, würde nach der letzten Auskunft aus China mehr als einen Monat nach Tianjin brauchen. Das hätte bedeutet, erst Mitte August nach Italien zurückzukehren, wenn wir noch all das berücksichtigten, was wir in Peking zu erledigen hatten. Das konnten wir unmöglich machen, erstens, weil unsere Freundinnen uns verprügelt hätten, und zweitens, weil ich nicht mehr so viel Urlaub hatte.

In einem knappen E-Mail-Austausch zwischen Peking, Wladiwostok und Turin hatte man auch darüber nachgedacht, den Fiat 500 in ein Flugzeug zu verladen, aber bei den Kosten von 33 000 Dollar hatten sowohl die Italiener als auch die Chinesen einen Rückzieher gemacht. Bis zum Wochenende blieb alles offen. Diese Unsicherheit ließ den Zwist zwischen Fabrizio und mir wiederaufleben. Fabrizio war immer noch der Auffassung, Peking zu streichen und unsere Reise in Wladiwostok zu beenden, von wo aus wir in Ruhe unsere Rückkehr und die von Cinquino organisieren könnten.

Kurz gesagt, wir verbrachten das Wochenende damit, jeden Meter des *Murawjowa-Amurskogo Boulevard* zu erkunden, von einer Parkbank zum nächsten Café. In den vielen Tagen ohne Verpflichtungen konnten wir uns nicht einmal aufraffen, die zwei oder drei Museen der Stadt zu besichtigen, deren Besuch sich durchaus gelohnt hätte. Am Montag unternahmen wir eine epochale Kraftanstrengung und sprachen rechtzeitig im chinesischen Konsulat vor, um noch am selben Nachmittag unsere Visa zu bekommen. Der Konsul erwartete uns – er hatte ein Einladungsfax für zwei Ingenieure von Fiat erhalten. Zwei Ingenieure! Die Visa schon in der Tasche, blieben wir trotzdem noch einen Tag in der Stadt, um meine Urlaubsfrage ordentlich klären zu können. So erfuhren wir gerade rechtzeitig die letzte Neuigkeit: Möglicherweise gab es einen Frachter, der am

9. oder 10. ablegte, und eine Woche, höchstens zehn Tage bis nach Tianjin brauchen würde. Mehr wussten wir nicht. Wir hatten keine andere Wahl, wir mussten nach Wladiwostok aufbrechen und, sobald wir dort eintrafen, den Ausgang der Geschichte abwarten.

Spaghetti Eastern

Wladiwostok wirkt völlig anders als der Rest von Russland. Vielleicht wegen des Ozeans, der sich zu einem unendlichen Horizont öffnet; vielleicht wegen der chinesischen und koreanischen Touristen, die über den Fischmarkt trippeln; oder wegen des Klimas, das hier fast monsunartig ist und wochenlang Taifune mit sintflutartigen Regenfällen über die Stadt stürmen lässt. Korea ist nur 60 Kilometer entfernt, China 130, Japan kaum mehr als 600.

Wladiwostok ist von jeher eine besondere Stadt. Ihre Gründung lässt sich auf die Yuan-Dynastie (13. und 14. Jahrhundert) zurückführen, als dieses Gebiet noch zu China gehörte. Aber erst als der Flecken an den Zaren fiel, bekam er die Anmutung einer Stadt. Ihre Lage macht sie zu einer der bezauberndsten Städte ganz Russlands. Die Harmonie des natürlichen Hafens mit den Hügeln im Rücken hat der Bucht den Namen *Goldenes Horn* eingetragen, eben wegen der Ähnlichkeit mit den Gewässern Istanbuls. Diese besondere Bucht bestimmte das Schicksal von Wladiwostok, das immer ein wichtiger Militärstützpunkt *par excellence* gewesen war.

Die Oktoberrevolution kam erst 1922 hier an, als die Bevölkerung, fast eine halbe Million Einwohner, Schutz vor dem Bolschewismus suchte. Seit damals lebte die Stadt in einer unvergleichlichen Isolation. Der Zutritt wurde Zivilisten erst 1992 gestattet; vorher durfte niemand die Stadt betreten, und sogar die Züge der Transsibirischen Eisenbahn kamen nicht hier an, sondern wurden in das etwa 200 Kilometer entfernte Nachodka umgeleitet.

Seit dem Zusammenbruch der UdSSR führt hier, mehr als irgendwo anders, die Mafia einen Krieg um die Kontrolle des Hafens. Das organisierte Verbrechen hatte sich in den letzten Jahren des dahinsiechenden Systems gebildet und bei dessen Ende bereits sehr viel Einfluss. Wladiwostok ist der größte Hafen der ehemaligen UdSSR, der einzige Zugang zum Pazifik sowie Drehscheibe für legalen und illegalen Handel von einem selbst für Milliardäre schwindelerregenden Umfang. Die kriminellen Banden erklärten sich den Krieg; es verging kein Tag, an dem nicht irgendjemand umgebracht wurde. In diesen Jahren war Wladiwostok die gefährlichste Stadt Russlands und Russland eines der gefährlichsten Länder der Erde.

Moskau ist mehr als 9000 Kilometer entfernt. Doch es ist nicht nur eine räumliche Entfernung: Zwischen Wladiwostok und Moskau liegen sechs Zeitzonen, und so gestaltet sich die Kommunikation mit der Hauptstadt schwierig. Wenn die Büros der örtlichen Verwaltung im Dienst sind, sind die der Zentralregierung verwaist und umgekehrt. Die Distanz zwischen Wladiwostok und der Staatsmacht besteht in Raum und Zeit.

Heute ist Wladiwostok die drittteuerste Stadt Russlands. Hier prallen tiefstes Elend und unanständiger Reichtum heftiger aufeinander als anderswo. Die Epoche des Mafiakrieges scheint vorbei zu sein, es liegen nicht mehr so viele Mordopfer auf der Straße, aber das ist weder das Verdienst der Polizei noch der Richter. Viele meinen, es handele sich um eine trügerische Ruhe, eine oberflächliche, die dadurch erreicht worden sei, dass sich die beiden schlimmsten Mafiabosse der Stadt die wichtigsten Ämter der örtlichen Verwaltung unter den Nagel gerissen hätten: Sergej Darkin, Gouverneur der Region, und Wladimir Nikolajew, genannt Winnie Pooh, Bürgermeister von Wladiwostok, vorbestraft und mindestens zweier Morde beschuldigt. Böse Zungen behaupten, dass besonders Darkin, der seit 2001 Gouverneur von Primorje ist und von Putin bereits bis 2010 im Amt bestätigt wurde (dieses Amt wird nicht durch Wahlen, sondern durch Präsidentenerlass vergeben), so geschickt gewesen sei, all seine Gegner aus dem Weg zu räumen und auf die lukrativen Posten seine Getreuen zu setzen, angefangen bei Nikolajew. Dank dieser *pax mafiosa* könne heute jeder, der auf dem richtigen Posten sitzt, Geschäfte machen, ohne Blut zu vergießen, und die Reichen werden immer reicher. Aber nie mehr als der, der regiert. Es gebe keine wirtschaftliche Aktivität, erlaubt oder unerlaubt, die nicht in irgendeiner Weise unter der Kontrolle oder dem Schutz des Gouverneurs steht. Und während Dutzende Hummer und Lexus über den *Okeanskij Prospekt* düsen, kann es passieren, dass die Stadt neun Monate kein warmes Wasser hat, wie im Jahr 2004.

»*Daje!* Trinkt!«

Vom ersten Moment an war Mario beinahe zu gastfreundlich zu uns, aber wir konnten wirklich nichts mehr trinken.

»He, stellt euch nicht so an! Auf die Deppen, die in Italien immer noch Steuern zahlen! *Sweta, prinessi dwa piwo ribjatam!*«

Und Sweta brachte noch zwei Krüge, dazu den Wein zum Essen, den Champagner danach, den Limoncello und einen Schluck Whisky. Wir waren so mit Alkohol abgefüllt, dass jeder seiner freundschaftlichen Klapse auf die Schulter uns zu Boden strecken konnte.

Marios Geschichte ist unglaublich. Mit 18 Jahren kam er aus Italien nach Russland. Er war ein Hitzkopf, und seine Mutter hatte ihn zum Arbeiten zu seinem Vater geschickt, der schon in Moskau war. Das war 1975. Seither ist Mario nicht wieder zurückgegangen. Er hat die verschiedensten Arbeiten angenommen, eine Russin geheiratet, ein Lokal in der Hauptstadt aufgemacht. Aber vor fünf Jahren passierte etwas, das ihn zwang fortzugehen.

»Ich hatte genug von Moskau, ich wollte irgendwohin und hab mir gesagt: ›Ich gehe nach Wladiwostok, die können mich alle mal!‹

Und so hab ich's dann gemacht«, und runter mit dem nächsten Schluck Whisky. »Aber meine Frau hat gesagt, sie will hier nicht bleiben. Da hab ich drei Flugtickets nach Rom gekauft, für sie und meine Kinder, und hab sie dahin geschickt. Sie waren zufrieden, ich auch!« Und zur Bestätigung seiner Zufriedenheit legte er die Hand auf die Brüste seiner Verlobten Evelina, auch sie war zufrieden.

Als Mario aus Moskau kam, war Wladiwostok ein regelrechter Wilder Westen. Damals hatte er beschlossen, genau dort ein italienisches Lokal aufzumachen, wo die ausländischen Geschäftsleute mit Begleitschutz unterwegs waren.

»Aber meine Frau hatte recht. Als wir dort ankamen, war hier wirklich nichts los! Aber«, er musste lachen, »heute ist immer noch nichts los!«

So redete Mario. Irgendwo hatte er einen korpulenten ungarischen Koch aufgetrieben und einen marokkanischen Pizzabäcker, der gerade mal eineinhalb Meter groß war. Wegen der größeren Glaubwürdigkeit hatte er den beiden italienische Namen verpasst (Matteo und Tommaso), hatte ein Lokal an einer der exklusivsten Ecken von Wladiwostok gekauft, mit Blick auf die Bucht, und das luxuriöseste Restaurant der Stadt eröffnet. Der Stil war etwas anmaßend, pastellfarbene Wände, schwere drapierte Vorhänge und verdunkelte Scheiben, um die neugierigen Blicke derer abzuhalten, die vom großen Fressen in Wladiwostok ausgeschlossen waren. An den Tischen füllte eine vielgestaltige Menagerie von Neureichen würdig den Rahmen dieser protzigen, exklusiven Umgebung aus. Elegante Damen genossen sichtlich ihre Spaghetti, Männer mit groben Gesichtszügen waren mehr an den Weinflaschen interessiert als an der sanften Hintergrundmusik von Laura Pausini.

Marios Stammgast, Gouverneur Darkin, fuhr in seinem großen dunklen Mercedes vor. Aus dem nachfolgenden Jeep stiegen fünf Gorillas aus, zwei davon gingen dem Gouverneur ins Restaurant voraus. Im großen Speisesaal drehten sich viele um, manch einer stand auf und begrüßte ihn unterwürfig. Mit seinem Gefolge nahm Darkin an einem Tisch Platz, der im Separée für ihr gedeckt war. Die Leibwächter bezogen am Eingang des Restaurants Stellung.

»Er ist verrückt nach Matteos Pilz-Risotto«, erklärte Mario, »und ich stelle ihn zufrieden. Er ist ein Stammgast, ein ganz besonderer ...«

Das Leinenhemd aufgeknöpft bis zum Bauch, ein goldenes Kruzifix auf der üppigen Brustbehaarung, auch außerhalb der Saison braungebrannt und mit dichtem schwarzem Haar – Mario war einer, der viel zu erzählen hatte.

»Seht ihr den mit der Glatze? Das ist ein großes Tier im Hafen, so was wie ein Direktor ... Tja, der kommt jeden Tag zum Mittagessen und zum Abendessen hierher, leert drei oder vier Flaschen Chianti und geht nie ohne eine Rechnung von mindestens 200 oder 300 Dollar ... und habt ihr gesehen, was der für eine Visage hat?«

Auf ein Zeichen brachte die Kellnerin noch ein Glas Whisky.

»Der da lässt jeden Tag mindestens 500 Dollar hier, nur zum Essen. Er ist Beamter. Der andere da, der kleine mit dem Tuntengesicht«, Mario zeigte auf einen untersetzten Typen in Gesellschaft eines Mädchens, das höchstens halb so alt war wie er, »der hat eine Kette von Modegeschäften und eine Diskothek. Er wollte mich sogar als Teilhaber, aber ich habe Nein gesagt. Tja, das ist auch so einer, der vor zwei oder drei Jahren noch keine Lira hatte!«

Der Alkohol löste Marios Zunge.

»Im Klartext: Hier in dieser Drecksstadt, wenn du da nicht die richtigen Freunde hast, kommst du auf keinen grünen Zweig! Klar, wenn du ein Versager bist, schaffst du es nirgendwohin. Als ich herkam und sie mir dieses Lokal gegeben haben, da war das eine Bruchbude. Ich habe es renoviert, und schaut euch an, was ich für ein schönes Plätzchen daraus gemacht habe! Dann hab ich auch noch die Bar eröffnet und morgen ... na, mal sehen!«

Die wenigen Überreste der Calamari hatten nicht einmal Zeit, etwas auf den Tellern dahinzudümpeln, so schnell räumten die gut abgerichteten Kellnerinnen den Tisch ab. Auch unsere Weingläser waren nie leer, obwohl wir uns alle Mühe gaben mit dem Trinken!

Noch mehr Wein, noch mehr Whisky. Mario war ernsthaft an unserer merkwürdigen Reise interessiert: »Wie seid ihr bloß auf diese Tour im 500er gekommen? Seid ihr euch denn nicht auf die Nerven gegangen, immer zu zweit in dieser Büchse? ... Und diese aufgemalten Herzchen – ihr seid doch keine Schwuchteln, oder?«

Fabrizio bemühte sich, während er eine Muschel aus ihrer Schale zu pulen versuchte, die Essenz der Reise zu erklären, den Wunsch nach einem entfernten, fast unerreichbaren Ziel, die endlosen Straßen ...

»Ach, was redet ihr da? Wenn ich nach Moskau muss, kaufe ich mir ein Ticket erster Klasse und bin in sechs Stunden da«, dann sah ihm Mario mit einem Anflug von Nüchternheit in die Augen, »oder ihr seid doch Schwuchteln!«

Unter einem wolkenverhangenen Himmel, der eine kurze Regenpause einlegte, drehte sich die Fußgängerzone *Ulica Admirala Fokina* vor meinen vom Wein verschwommenen Augen, dabei war es erst drei Uhr nachmittags. Was sollte das? Wir waren doch nicht nach Wladiwostok gekommen, um unsere Tage im Alkoholrausch zu verbringen! Wir hatten noch eine Menge zu erledigen, den Kontakt zu Fiat aufrechtzuerhalten ... Für uns war jetzt wirklich Schluss, seit Tagen hatten wir nur kurze nüchterne Momente; noch so ein Gelage hätte ich nicht mehr durchgestanden ...

»Also dann treffen wir uns um neun an der Bar und gehen danach ins *Out Hall* ... das ist ein VIP-Laden, da kommt man nicht so einfach rein! Und lasst euch bloß nicht einfallen, nicht zu kommen!«

Wie sollten wir das ablehnen?

Das Hotel, in dem wir ein Zimmer zu einem bescheidenen Preis gefunden hatten, nannte sich *Gostiniza na Domu,* das man mit »Hotel zu Hause« übersetzen könnte. Es hatte verschiedene Besonderheiten: Im ersten Stock befand sich ein koreanisches Restaurant, aus dessen Fenstern es zu jeder Tages- und Nachtzeit nach Frittiertem duftete. Das Hotel wurde von ein paar sympathischen 70-jährigen Damen mit einer Leidenschaft für Katzen geführt, die in großer Zahl den Flur bewohnten und ihm einen hartnäckigen Geruch nach Katzenpisse verliehen. Die Herberge hatte nur vier Zimmer, von denen drei bereits belegt waren, so dass uns nichts anderes übrig blieb, als das letzte freie Zimmer mit Ehebett zu nehmen. Doch das, was die *Gostiniza na Domu* wirklich einzigartig machte, waren die vier oder fünf Meter, die die Fenster unseres Zimmers von den Bahngleisen trennten. Aber da durften wir nicht zimperlich sein, es war ja nicht irgendeine Eisenbahn, es war die Transsibirische, die hier vorbeidonnerte. Was auf jedem anderen Fleck der Erde eine unerträgliche Strafe gewesen wäre, hier war es ein Privileg, auf das man stolz war.

»Überleg mal, wie viele Leute einen Haufen Geld dafür zahlen, um mit diesem Zug zu fahren. Was für ein Glück! Wir müssen nur die Fenster aufmachen und haben die Transsib vor uns, nicht etwa den Schnellzug von Tarent nach Ancona!«, sagte ich zu Fabrizio, während das ganze Zimmer wie bei einem Erdbeben zitterte. Ich bin nicht sicher, ob ich ihn überzeugen konnte.

Die Züge fuhren beinahe ununterbrochen, Tag und Nacht. Nachdem wir ein paar Tage dort gewohnt hatten, konnten wir die Güterzüge von den Personenzügen unterscheiden und die abfahrenden von den ankommenden, allein an dem Krach, den sie machten. Die ankommenden Züge wurden zwar schon langsamer (der Bahnhof war nicht weit weg), fuhren aber dennoch mit einiger Geschwindigkeit. Diese wilde Metallhorde erschütterte gewaltsam das ganze

Gebäude bis in die Fundamente. Der Lärm war so stark, dass es wirklich schien, als käme die Lokomotive zum Fenster herein, und das Kreischen der Bremsen ließ schier das Trommelfell platzen. Aber alles dauerte keine 20 Sekunden. Bei den abfahrenden war es anders. Sie rumpelten langsam auf den Schienen dahin, die Lokomotiven ächzten unter der tonnenschweren Ladung, ihre Motoren produzierten ein dumpfes, tiefes Zittern, eine Art unterirdischer Vibration, eine dumpfe Schallwelle, die die Wände schüttelte, den Krimskrams auf dem Tisch geräuschvoll klirren ließ und einen Schauder in den Eingeweiden erzeugte.

Wir hörten den Zug von weitem, erst leise, dann in einem unerbittlichen Crescendo, das nicht aufzuhören schien. Dann kam er direkt neben uns vorbei, langsam, Waggon für Waggon: tu-tum, tu-tum, tu-tum ... Wir gewöhnten uns nicht daran.

Nachts dann, wenn das koreanische Lokal geschlossen war, mussten wir, um ins Hotel zu kommen, hinter das Haus gehen, wenige Meter an den unbeleuchteten Gleisen entlang, an einer Eisentür klopfen und warten, dass die diensthabende Greisin heranschlurfte, dabei die Katzen wegschob und aufmachte. Unter normalen Bedingungen war das schon unbequem, in der Dunkelheit mussten wir noch mehr aufpassen. Wenn im Dunkeln ein Zug an uns Volltrunkenen vorbeiratterte, standen uns die Haare zu Berge.

Durch das Wohnzimmerfenster der drei alten Damen, hinter einigen mit Zeitungspapier ausgelegten Katzenklos, konnten wir, wenn wir einen über die Störung erbosten dicken sibirischen Kater beiseite schoben, Cinquino sehen; der Glorreiche stand im Hinterhof des Restaurants. Der Portier, der den Eingang bewachte, hatte uns für 100 Rubel erlaubt, ihn hier abzustellen.

Die letzten Kilometer hatte Cinquino sich nur mithilfe der restlichen zwei Reservezündkerzen hierhergequält. Was dann folgte, war ein Spannungshöhepunkt genau auf der Schlussetappe, wie ihn nicht einmal der routinierteste Komödienschreiber hingekriegt hätte. Ja, Wladiwostok war die Schlussetappe unserer Fahrt, das letzte richtige Ziel, das wir einzig dank Cinquinos Kraft erreicht hatten. Denn eines stand bereits fest, wie auch immer die Dinge liefen, wir würden Peking per Schiff erreichen, und dort würden wir nicht mehr nach Lust und Laune herumfahren können. Ja, wir sagten uns auch, bis hierher gekommen zu sein war letztlich das viel schwierigere Unterfangen; wir hatten den längeren und viel gefährlicheren Weg hinter uns gebracht, waren die Ersten, die einen Fiat 500 vom Mittelmeer zum Japanischen Meer gebracht hatten. Mit den bisher zurückgelegten Kilometern hätten wir Peking leicht auf dem Landweg erreicht, wenn uns nicht Volksaufstände und dumme Visa-Vorschriften einen Strich durch die Rechnung gemacht hätten. Aber wie immer wir es auch drehten und wendeten, wir konnten nicht behaupten, mit einem Fiat 500 nach Peking gefahren zu sein, ohne zu lügen.

Außerdem, je mehr Tage in Wladiwostok zwischen dem Büro der Far Eastern Transport Group und den Lokalen von Mario, zwischen einem Telefonat mit den chinesischen Fiat-Managern und ein paar Flaschen Wein verstrichen, umso geringer wurde die Aussicht, den Fiat 500 in einem Container einzuschiffen. Zu den vagen Auskünften über das Auslaufen des Frachtschiffes – vielleicht am 5. oder doch am 6., mit vielleicht sieben oder auch zehn Tagen Fahrtzeit – kamen noch Probleme mit dem Zoll wegen eines Papiers, das wir nach dem ersten Monat in Russland hätten erneuern lassen müssen. Wir aber hatten es ahnungslos verfallen lassen. Unser Geld wurde ebenfalls knapp, wie auch die Urlaubstage, und das in Peking geplante Programm konnte ebenfalls platzen. Vor allem aber war die Verlängerung der Visa, die man uns im OVIR von Wladiwostok doch noch einmal zugestanden hatte und die uns bis zum 14. Juli

Zeit gab, definitiv die letzte. Darauf konnten wir wetten. Nicht nur, weil uns das der Kommissar ausdrücklich und persönlich gesagt hatte, sondern weil er dafür glaubhafte Garantien hatte haben wollen, dass wir das Land verlassen würden. Hinten auf dem grünen Blättchen prangte zudem ein großer Stempel, und vor allen Dingen gab es kein anderes OVIR mehr, an das wir uns mit unserer üblichen Leier hätten wenden können: Nach Wladiwostok kam nur noch das Meer.

Wenn das Restaurant von Mario der Ort war, wo sich die Crème de la Crème von Wladiwostok der Illusion hingab, in Venedig oder Rom zu sein, so war seine Bar, wenige Häuserblocks vom Zentrum entfernt, das Vorzimmer der Verdammnis für ein Volk von wenigen auserwählten glücklichen Nachtschwärmern.

»Wenn ihr am Samstagabend so gegen eins hierherkommt, ist die Bar leer. Dann, so um fünf, kommen allmählich die Besoffenen, die noch was trinken wollen. Und die schaffen es, sich eine Flasche Wodka pro Kopf hinter die Binde zu kippen, und das morgens um fünf!«

Marios Bar hatte immer geöffnet, Tag und Nacht.

Jetzt um neun war die Bar allerdings rappelvoll mit Männern jeden Alters, die wenig auf ihr Äußeres achteten, und sehr jungen Mädchen, die gerade vom Laufsteg zu kommen schienen: Glas für Glas schütteten sie literweise Alkohol in sich hinein. In den exklusiven Clubs von Wladiwostok kommt es nicht gut an, völlig nüchtern aufzutreten.

Mario pendelte zwischen einem Tisch mit Freunden in Feierstimmung, die bereits einer Alkoholvergiftung nahe waren, und uns hin und her. Er verstand es gut, den Hausherrn zu spielen. Matteo und Tommaso, die heute ihren freien Tag hatten, waren besonders fröhlich und redselig. Unsere Gläser klirrten ständig. Matteo kannte Italien gut. Bevor er zum Arbeiten nach Wladiwostok gekommen war, hatte er dort in einem Dorf in der Provinz gelebt, wo er Frau und Kinder zurückgelassen hatte.

»Aber jedes Jahr fahre ich hin! Ich muss doch ein bisschen Familienoberhaupt spielen, oder? Dann gehe ich immer zu Padre Pio. Ja, ich muss mindestens einmal im Jahr dorthin!«

Aber weder die Liebe zu Frau und Kindern noch die Verehrung für den Heiligen waren Grund genug, um Wladiwostok zu verlassen.

»Mario ist wirklich gut zu uns. Man merkt, dass er uns mag, er behandelt uns nicht wie Angestellte. Aber für uns bleibt er immer der Chef. Denn Schnaps ist Schnaps und Dienst ist Dienst …«

Matteo hatte schon einige Chefs gehabt, wie er sagte. Auch in Kuwait war er einige Zeit gewesen. Da hätte er zwar einen Haufen Geld verdient, aber behandelt wurde er letztlich immer nur wie ein Koch, der stets zu Diensten sein musste. Mit Mario war das anders.

»Klar, kommt es hier auch mal vor, dass man wegen der Launen von irgendwem rennen muss … Einmal, als ich schon nach Hause gegangen war, es war drei Uhr und nur noch die Kellner zum Aufräumen waren da, kam der Gouverneur und wollte sein Spezial-Risotto, also haben sie Mario angerufen und der mich; ich war schon im Bett. Er hat mir gesagt, ich soll schleunigst ins Restaurant kommen, weil der Gouverneur sein Risotto will, um drei Uhr!«

Sweta versorgte unseren Tisch unaufhörlich mit Alkohol. Auf dem großen Plasmabildschirm an der Wand sang gerade Zucchero ein Duett mit Pavarotti, während über die Treppe, die von der Straße ins Lokal hinunter führte, immer weiter Blondinen im Minirock und Männer in Schwarz hereinströmten. Mario setzte geschickt seine Pointen, mit vollen Händen verbreitete er gute Laune, mit Händen, die ununterbrochen um die schlagenden Argumente kreisten, mit denen Evelina, die auf seinem Schoß saß, offensichtlich bestens ausgestattet war.

Wie Spielverderber machten zwei Asiaten – Chinesen, Koreaner? – an einem Tisch in der Ecke klar, dass sie diesen Krach nicht wünschten; einer der beiden, dessen wenige Haare sorgfältig über den Schädel gekämmt waren, mochte die Musik nicht und wollte, dass es alle erfuhren. Er rief die Kellnerin, sagte etwas auf Russisch, vielleicht, dass ihm diese italienische Musik wirklich zuwider war.

»Na, der traut sich was und weiß es gar nicht«, sagte Matteo und beobachtete ihn verstohlen. Bei Matteo konnte man über alles lästern, auch über Padre Pio, aber nicht über Zucchero, wenn er zusammen mit Pavarotti singt, mit dem Matteo eine gewisse Körperfülle gemein hatte. Aber der Asiate wollte sich nicht zum vierten Mal an diesem Abend *Miserere* anhören und rief wieder nach der Kellnerin, war etwas unfreundlich zu ihr und wurde laut, so dass auch Mario ihn hören konnte. Und der konnte nun nicht mehr so tun, als wäre nichts: Er schob Evelina behutsam von seinem Schoß. Auch Matteo stand vom Tisch auf, holte tief Luft und ging auf die beiden zu, die er mit seinem enormen Umfang in den Schatten stellte. Mario brachte seinen Mund einen Zentimeter vor der Nase dieses Miesmachers in Stellung, damit dieser gut hören konnte, was er ihm zu sagen hatte. Der Asiate zuckte zusammen, machte Anstalten aufzustehen, aber Matteo legte ihm seine Pranke auf die Schulter und überzeugte ihn davon, sitzen zu bleiben. Nachdem Mario mit seiner Rede fertig war, klapste Matteo dem Querulanten ein paar mal auf die Wangen, was sehr überzeugend gewesen sein musste, denn die beiden Asiaten verließen umgehend die Bar.

»Der Gelbe ging mir auf den Sack! Das ist mein Haus, und wenn dir unsere Musik nicht passt, dann hau ab!«, kommentierte Mario seine Aktion.

»Das hat mit Rassismus nichts zu tun!« stellte Matteo klar.

»Nein, was heißt hier Rassismus«, bestätigte sein Chef. »Rassisten sind Idioten, weil sie einen verdreschen, nur weil er ein Neger oder Jude ist. Aber einer muss schon was angestellt haben, damit ich ihn verdresche, oder? Mir gehen die auch alle auf den Sack, die Neger, die Juden, die Gelben und auch die Araber ... aber deswegen verdresche ich sie noch lange nicht ohne Grund!«

Das *Out Hall* war der richtige Ort für jemanden, der in der Stadt was zählte, um das dort zur Schau zu stellen. Eintritt 500 Rubel, Cocktail 400 Rubel, Garderobe 100 Rubel, einmal pinkeln 50 Rubel ... etwas für dicke Brieftaschen also.

Dass das *Out Hall* ein exklusives Etablissement war, merkten wir schon am Parkplatz: nicht ein Auto unter 70 000 Euro, dunkle Farben, dunkle Scheiben, vorzugsweise Geländewagen oder SUVs. Die Türsteher entscheiden, ob die Kleidung dem Lokal angemessen ist, aber wenn man ein Freund von einem großen Tier ist, darf man nicht nur in Jeans und Trekkingschuhen rein, sondern kommt auch um die Körperkontrolle und den Metalldetektor herum. Hat dein Freund wirklich was zu sagen, zahlst du nicht einmal Eintritt. Drinnen standen an jeder Ecke livrierte Kellner, die Kellnerinnen waren offenherzig gekleidet, jedes Detail verströmte Stil und Luxus, von der Marmorverkleidung bis zum Parkettboden in der Toilette mit den Wasserspielen an den Wänden. Ein transparenter Laufsteg hing von der Decke und gewährte einigen halbnackten Tänzerinnen einen Sicherheitsabstand.

Nach nicht mal einer Stunde saßen Fabrizio und ich entkräftet am Tresen und hatten bereits vier Cocktails gekippt. Allein für deren Zubereitung brauchte der Barmann eine Viertelstunde, um genau abzumessen, Pirouetten zu drehen, zu schwenken. Dann wurde alles flambiert und nach einem letzten Schlag auf den Tresen, der fast die Gläser zersplittern ließ, serviert. Das Gemisch wurde auf ex hinuntergekippt, um ja nicht wie ein blutiger Anfänger dazustehen. Matteo und Tommaso waren schon gegangen, aber Mario sorgte noch unermüdlich für die Unterhaltung seiner Festgesellschaft und versäumte dabei nicht, ab und zu nach uns zu sehen oder uns an seinen Scherzen teilhaben zu lassen. Wieder einmal vernebelte der Alkohol unsere Sinne, und wieder einmal habe ich an diesen Abend nur unscharfe Erinnerungen. Ich glaube, es war fünf Uhr morgens, als uns irgendwer ins *Gostiniza na Domu* zurückbrachte.

Die *Nabereschnaja,* die Uferpromenade in Wladiwostok, lag im vollen Sonnenlicht und war gesprenkelt mit den makellos weißen Uniformen der Marinesoldaten. Der Taifun, der mehr als zehn Tage über der Stadt gewütet hatte, war einem weiten blauen Himmel gewichen, und im Hafen hatte eine Fregatte der amerikanischen Kriegsmarine angelegt. Wir hatten nie die Hoffnung aufgegeben, dass es aufklaren würde, damit wir auf den Hügel der »DVGU« steigen konnten. Die »DVGU«, auch *Far Eastern National University* genannt, ist die staatliche Universität des Fernen Ostens und eine der angesehensten in ganz Russland. Der Blick von dort über die Bucht war den Spaziergang und den steilen Aufstieg wert. Von so weit oben schien es unmöglich, dass die Stadt so vergiftet war, dass man sie zur Gefahrenzone erklärt hatte; einige Stadtteile wurden als Umweltkatastrophengebiet eingestuft. Auf der linken Seite versperren gigantische Plattenbausiedlungen den Blick; weiter hinten spucken drei oder vier Schornsteine ihren stinkenden Qualm in den Himmel, wo er sich in den Wolken verliert. Unten ankern unzählige Schiffe im *Goldenen Horn,* das sich zwischen den zugebauten Hügeln windet.

Jeden Mittag feuert eine Kanone auf der alten Festung eine Salve ab. Danach beginnt sich am Nachmittag die *Nabereschnaja* zu füllen. Hier vertreiben sich die Bewohner die schönen Sommertage und schlendern bis zum Ende der *Ulica Admirala Fokina* ans Meer, bis zum Fischmarkt und wieder zurück. Die betrunkenen Seeleute torkeln Arm in Arm mit den Mädchen, die Kioske verkaufen Zuckerwatte, ein alter Mann bietet an, Passanten für ein paar Rubel mit seinem Schimpasen abzulichten. Ein Stück weiter kann man sich mit einem *schaschlik* oder einem Teller *plow* und einem Glas *Asahi*, dem berühmten japanischen Bier, an einem Holztisch niederlassen. Oder die Scheren eines Riesentaschenkrebses auslutschen. Ein kleines Riesenrad quietscht unter einer Ladung Kinder, auf den Überresten einer kleinen, verfallenen Mole beobachten einige Angler den Schwimmer einer Angelschnur und warten, dass einer anbeißt. Bei Sonnenschein und in nüchternem Zustand ist Wladiwostok eine ganz andere Stadt. Oder vielleicht ist es das Meer, das den Unterschied macht.

Erst vor wenigen Tagen hatte man den *den' goroda,* die Stadtgründung vor 145 Jahren, gefeiert, mit den üblichen mitternächtlichen Böllern, Wodka und Raufereien. Mittlerweile hatten wir Cinquino in einen Container im riesigen Terminal am Hafen eingeschlossen, und angeblich sollte er mit dem Schiff nur einen Tag verspätet auslaufen, am Donnerstag. Das Zollproblem war einfach durch die Unterschrift auf einer Vollmacht im Beisein eines Notars und eines offiziellen Übersetzers gelöst worden. Unser Fiat 500 sollte ungefähr am 18. Juli in Peking ankommen. Wir hatten endlich unsere Flugtickets nach Tianjin in Händen. Am nächsten Tag, nach zwei Wochen Saufgelagen, sollten wir Wladiwostok und Russland den Rücken kehren.

Aber bevor Mario uns gehen ließ, wollte er uns noch verabschieden, auf seine Art.

»Es tut mir leid, ich habe eine Ladung Austern aus Moskau erwartet, aber sie wurden nicht mehr rechtzeitig ins Flugzeug gebracht. Ihr müsst euch mit etwas anderem begnügen!«

Sich begnügen bedeutete, unsere Bäuche mit hausgemachter Polenta und einem schlicht göttlichen Zicklein auf Jägerart vollzuschlagen.

»Diese Ziege ist eine Rarität hier. Eine Wildziegenart, die etwas nördlich von hier lebt. Sie steht unter Artenschutz, man kann sie nicht so einfach jagen. Man hat sie mir gestern geschenkt, und ich habe dabei sofort an euch arme Kerle mit dem Fiat 500 gedacht! Ein Wilderer verlangt dafür gut und gerne 20 000 Dollar!«

Wilderei? Wir aßen ein unter Naturschutz stehendes Tier?! 20 000 Dollar sollte das kosten?! Jetzt wurde es höchste Zeit, diese Stadt zu verlassen.

Rote Laternen und Mikrochips

Zwei Stunden und zwanzig Minuten. So lange dauerte der Flug, um auf einem anderen Planeten zu landen.

Cinquino war mit einem chinesischen Frachtschiff auf dem Meer unterwegs, und wenn er erst mal durch den Zoll war, sollte er mit einem Sattelschlepper bis vor die Fiat-Niederlassung in Peking transportiert, für die Fotos ein wenig hergerichtet, vor die Chinesische Mauer und dann schließlich zu dem Ort gebracht werden, wo zu unseren Ehren ein Galaempfang stattfinden sollte. Wir hätten ihn gar nicht anrühren dürfen: Es war absolut verboten, mit dem 500er auf chinesischem Boden herumzufahren, absolut verboten für uns, da wir keinen chinesischen Führerschein besaßen. Wir hatten keine Wahl, wir mussten nach Tianjin fliegen und von dort den Bus nach Peking nehmen. Waren wir gescheitert? Mit dem Bus in Peking anzukommen statt mit dem tuckernden Cinquino? Hatte Fabrizio vielleicht doch recht gehabt, dass es sinnlos war, noch nach Peking zu fahren, statt das Unternehmen in Wladiwostok zu beenden?

Aber die Leute von Fiat China hielten was auf ihr Image. Zugegeben, wir waren wegen objektiver bürokratischer Probleme gezwungen, den Fiat 500 zu verschiffen, wer würde dann danach fragen, wie wir vom Hafen Tianjin nach Peking gekommen waren? Im Grunde waren es nur 150 Kilometer. Und dann, mit den Fotos von Cinquino an der Chinesischen Mauer war das medienwirksame Ziel immerhin erreicht.

Das Flugzeug der Wladiwostok Avia, eine berüchtigte Tupolew 154, war voll mit Russen, nicht ein Chinese war an Bord. Wir bestiegen als Letzte die Maschine, denn die Einwanderungsbeamten hatten sich in unseren zahlreichen Visa und Verlängerungen verheddert. Die Ankunft am Flughafen von Tianjin, nach drei Monaten in Russland, war wie die Landung auf dem Mond: Mindestens 20 Grad Temperaturunterschied und eine erstickende Luftfeuchtigkeit empfingen uns, eine dichte Dunstglocke verschleierte den Himmel wie ein feiner grauer Nebel. Das erhebende Gefühl für die Weite des Raums, das mich an jedem Tag in Sibirien begleitet hatte, war mit einem Schlag verschwunden, angesichts der überwältigenden Masse von mandeläugigen Taxifahrern, die uns auf Russisch ködern wollten. Dann präsentierte sich uns auf dem Weg von Tianjin nach Peking schlagartig in einem Strudel aus Rikschas, Wolkenkratzern, Fahrrädern, gesundheitsgefährdenden Vororten und chaotisch verstopften Hochstraßen das neue China, jenes Monstrum, vor dem sich heute so viele fürchten.

Die chinesische Hauptstadt ist eine Megacity mit 15 Millionen Einwohnern, flächenmäßig so groß wie ganz Belgien. Sie wächst in einem Tempo, das vielleicht mit keiner anderen Stadt der Welt vergleichbar ist.

»Wenn ich zufällig in eine Gegend komme, wo ich seit ein paar Monaten nicht war, kenne ich mich dort nicht mehr aus«, sagte uns der Chauffeur, den uns Fiat zur Verfügung gestellt hatte.

Wir saßen hinter den Rauchglasscheiben dieses repräsentativen Autos mitten im Verkehr auf dem vierten Ring und konnten in dieser Stadt nichts entdecken, das mehr als zehn Jahre alt zu sein schien. Leuchtende Einkaufszentren reihten sich an gläserne Wolkenkratzer, Betonskelette waren von schlanken Kränen umgeben, die wie Flamingos im Nebel aussahen. Diese Stadt schien nichts mit der gemein zu haben, die einst die Kapitale des Reiches der Mitte war. Um sich eine Vorstellung davon zu machen, was Peking einstmals gewesen war, muss man sowohl die *expressways* – die Autobahnringe – verlassen, aber auch die berühmtesten Denkmäler meiden, die auf den touristischen Stadtplänen besonders hervorgehoben sind, denn diese Sehenswürdigkeiten quellen von Besuchern über und wurden so gründlich restauriert, dass sie zu einer perfekten Imitation ihrer selbst verkommen sind. Das echte Peking, sagen die, die es kennengelernt haben, findet man in den *hutong*.

Das Wort *hutong* kommt wahrscheinlich aus dem Altmongolischen und bedeutet »Brunnen« – vielleicht, weil die Wohnkomplexe ursprünglich um Wasserquellen gebaut wurden: eine Hinterlassenschaft der früheren Herrscher.

Die Netze aus engen, gewundenen Gässchen verwickeln und verwirren sich zu einem Labyrinth alter Behausungen mit zahlreichen Innenhöfen, in dem sich öffentliche Straße und privater Lebensraum mit den Geräuschen und den Gerüchen der Stadt vermischen. Noch gibt es sie, chaotisch und faszinierend, mit Frittierbuden neben den Tinnef-Ständen für Touristen oder einem Internetcafé mitten im Zentrum des Gassengewirrs. Man hat beschlossen, sie zu erhalten, zu pflegen, sie aber etwas mehr zwischen den glänzenden Palästen und den großen *malls* zu verstecken, wie etwas, das noch der jüngsten Vergangenheit angehört, für das man sich schämt, wie für den Schmutz am Rand eines neuen Teppichs. So spaziert man über den makellos gepflasterten *Wangfujing Dajie,* auf dem sich die bunten Farben der großen Neonschriftzüge spiegeln, Massen von Fremden sich mit Massen von Chinesen mischen, und dann, zwischen einem glitzernden Schaufenster und einer großen Adidas-Reklametafel, entdeckt man einen Spalt, durch den ein Touristenstrom zieht, biegt ein und findet sich sofort in einer Atmosphäre wieder, die Jahrhunderte weit weg ist von den Fassaden, hinter denen sie sich verbirgt. Das ist die Folklore aus schmutzigen Kaschemmen mit frittierölverklebten Wänden, mit Fu-Hunden vor den Türen, mit Händlern, die in allen Sprachen der Welt rufen, um Touristen aus aller Welt anzulocken, mit roten Laternen, verkrüppelten und verzweifelten Bettlern, die unter einem Pagodendach Zuflucht suchen. Hier verschwindet das Unbehagen am Riesigen und Unangemessenen, die Stadt gewinnt wieder die menschlichen Dimensionen, für die sie geschaffen ist. Und die Menschen nehmen wieder Kontakt auf, körperlich, Ellbogen an Ellbogen.

Jenseits des zweiten Rings, vielleicht auch jenseits des dritten, hinter den Kulissen aus Glas und Stahl, existieren noch einige der letzten echten *hutong*. Dort gibt es keine Pagodendächer und keine Händler und Touristen; es stinkt nach Abwasser, Pfützen und Schlamm. Sie sind weder folkloristisch noch faszinierend, aber sie sind echt. Die ebenerdigen Behausungen sind dunkel und feucht, die Wände sind weiß gekalkt, die Wasserleitungen verlaufen oberirdisch, und die Stromkabel bilden an den Ecken der engen Gässchen einen vollkommenen Wirrwarr. Keine vergoldeten Schriftzeichen hängen über den Läden. Dafür sind die Häuser, deren Tage gezählt sind, neben dem Eingang mit einem einzigen roten Schriftzeichen in einem Kreis, das mit schnellem Strich hingepinselt wurde, markiert: *chai,* Abriss.

Draußen an der Mauer, die sich neben der dicht befahrenen Straße erhebt, verkündet ein buntes Spruchband stolz, welche Wunder die unmittelbare Zukunft bereithält: eine luxuriöse Wohnanlage von internationalem Format, *business centre,* Schwimmbad, Tennisplätze, Einkaufszentrum usw. Es gibt Hunderte von *hutong*, denen das gleiche Schicksal droht. Wie lange wird es wohl dauern, bis der letzte verschwunden ist?

Im 20. Stockwerk des Beijing Silver Tower, versammelt im Konferenzraum bei einem heißen Kaffee, den die zierliche Frau Han servierte, hielten die Manager von Fiat China Hof. Durch die großen Fenster sahen wir statt des Panoramas des dritten Rings nur eine kompakte bleifarbene Abgasschicht. Jenseits des Glases herrschten Feuchtigkeit, Smog und erdrückende Hitze, diesseits Frische und Stille in einer klimatisierten Kapsel. Der Kaffeeduft drang uns in die Nase.

»Wir sind hier fast im Zentrum. Ja, zwischen dem dritten und dem vierten Ring sind wir faktisch am Rande der City.«

Der Generaldirektor von Fiat China hatte das angeborene Talent, dem Gesprächspartner zu verstehen zu geben, dass er Bescheid wusste. Das ist keine Frage des Benehmens noch der Kleidung, noch ist es aufgesetzt, es ist ganz natürlich.

»Peking hat fünf Ringe, wie fünf Autobahnumgehungen. In Wirklichkeit sind sie erst ab dem dritten aufwärts echte *expressways*, denn der erste ist nichts anderes als die Begrenzungslinie der Verbotenen Stadt, und der zweite ist eine normale Stadtstraße, die rund um den Stadtkern verläuft. Die Chinesen hatten schon immer eine besondere Vorliebe für geometrische Pläne. Peking ist ein riesiges Schachbrett, das um die Verbotene Stadt herum gewachsen ist, in konzentrischen Kreisen ...«

»In Wirklichkeit sind es sechs und nicht fünf.«

Leonardo war es, der seinen Chef verbesserte. Leonardo war der stellvertretende Generaldirektor des ganzen Ladens. Elegant, grauer Anzug, Manschettenknöpfe, 1,80 Meter groß: der richtige Mann am richtigen Platz. Er drückte sich sehr formell aus, beinahe altmodisch, und ließ jedes R in seiner Rede sorgfältig vibrieren, ohne sich zu verhaspeln. Leonardo war Chinese.

»Mit dem sechsten Ring wurde vor drei Jahren begonnen, und er ist fast fertig: 130 Kilometer Autobahn in drei Jahren.«

Hier verlor man mit dem Bauen nicht viel Zeit.

Wir hatten einen Rundgang durch die *hutong* gemacht und den Eindruck gewonnen, dass man es verdammt eilig hatte, alles aus der Stadt verschwinden zu lassen, was irgendwie alt aussah. Aber dahinter steckte sicher ein wirtschaftliches Interesse.

»Ja, das stimmt, man verliert keine Zeit mit der Bürokratie, an die wir gewöhnt sind. Die Immobilienpreise steigen in Peking unermesslich. Anstelle eines *hutong,* in dem 20 Familien leben, ziehen sie einen Komplex mit 30 Stockwerken hoch und vervielfachen so die Fläche. Peking wird immer mehr zum Knotenpunkt Asiens. Jedes Jahr verlegen mehr Firmen ihre Generalvertretungen für den Fernen Osten hierher. Sogar von Singapur und Tokio ziehen sie hierher. Das ist der Ort, an dem man in den nächsten Jahrzehnten sein muss.«

Der Direktor sprach mit der Begeisterung desjenigen, der sich schon dort befand, wo man in den nächsten Jahrzehnten sein musste.

Vorsichtig äußerte ich meine Zweifel daran, wie rasant öffentliche und private Bauwerke realisiert wurden. Ich hatte von 3000 Dörfern gelesen, die für den Bau des Drei-Schluchten-Staudamms am Jangtse evakuiert worden waren, von Bauern, denen ihr Land für ein paar Cent abgenommen worden war, von Familien, die man in die großen Wohnblocks in der Peripherie umgesiedelt hatte. Oft zeigt sich in der Langsamkeit auch der Respekt vor den Grundrechten.

»Ich frage mich, ob die Enteignungen nicht zu sorglos vorgenommen werden«, gab ich vorsichtig zu bedenken.

»Sie zahlen, und sie zahlen gut für Bruchbuden, die nach modernem Standard unbewohnbar wären. Wer dort wohnt, für den ist es besser, in eine moderne, komfortable Wohnung umzuziehen.« Leonardo fühlte sich angegriffen: »Ich wohne selbst in einem modernen, neuen Appartement jenseits des fünften Rings, aber ich würde nie wieder in einem *hutong* leben wollen, das gehört der Vergangenheit an. Die Vergangenheit ist interessant, aber die Zukunft ist elektrisierend.«

Seit einer Woche vagabundierten wir durch Peking, suchten Zuflucht in den klimatisierten Einkaufszentren und dem Hotel, in dem Leonardo uns untergebracht hatte. Er kümmerte sich mit ehrerbietiger Aufmerksamkeit um uns, die uns nur zum Teil durch seine erklärte Bewunderung für unser Unterfangen begründet schien. Ich bin überzeugt, sein Verhalten entsprang einer angeborenen Vornehmheit.

Leonardo hieß natürlich nicht wirklich Leonardo. Seinen richtigen Namen hatte er uns einmal gesagt, aber wir hatten ihn im selben Moment vergessen, als wir erfolglos versucht hatten, ihn zu wiederholen. Vielleicht wegen der etwas eingebildeten westlichen Unfähigkeit, asiatische Namen auszusprechen, oder weil der chinesische Pragmatismus sogar den eigenen Namen überflüssig macht, nehmen alle Chinesen, die irgendwie mit Ausländern zu tun haben ein Pseudonym an, das den Westlern das mühsame Zungenbrechen erspart. Leonardo hat sich diesen Namen ausgesucht, weil er ihm gefiel.

»Und, weil ich jedes Mal, wenn ich mich einem Fremden vorstelle, zeige, wie gut ich das R aussprechen kann.«

Und wir lebten immer noch mit dem albernen Vorurteil vom kleinen Chinesen, der statt des R immer ein L spricht.

»Ich bin aber Mandschure. Die Südchinesen können kein R sprechen. Da gibt es ein Lied, hört mal: *Rén sheng xiàng, dòng rú yú shang*… Hört ihr, was für ein R? Einer aus Nanking könnte so ein Lied einfach nicht singen!«

Der Kellner schob zügig seinen Wagen an den Tisch und begann seinen Messertanz rund um einen armen Vogel. Leonardo wollte unbedingt, dass wir die berühmte Pekingente probierten.

»Die Pekingente wird nur in Peking gemacht. Jenseits des sechsten Rings bekommt man sie nicht! Ihre Zubereitung ist umständlich, dafür braucht man Zeit: Man putzt die Ente, nimmt sie aus, lässt sie die ganze Nacht abhängen, dann bläst man sie mit Luft auf und brät sie knusprig.«

Zum Schluss isst man fast alles, vom Darm bis zum Magen, aber am beliebtesten ist die glasierte Haut, süßlich und knusprig.

Leonardo liebte Italien. Er hatte unsere Sprache an der Universität studiert, und das hatte ihm zu einem guten Posten verholfen. Dann hatte er schnell Karriere gemacht und war mit 33 Jahren stellvertretender Direktor geworden. Er war meilenweit von dem westlichen Klischee des Chinesen entfernt, sondern entsprach dem Modell-Chinesen des dritten Jahrtausends: aufstrebend, gebildet, pragmatisch, computerisiert und atheistisch.

»Es ist nicht wahr, dass es keine Religionsfreiheit gibt. Das ist eine persönliche Entscheidung, wer will, glaubt an einen Gott, und wer nicht will, eben nicht. Ich bin Atheist wie meine Frau und meine Eltern ... Heute ist alles einfacher: Früher, wenn man einen Pass haben wollte, brauchte man eine Menge Dokumente, einen ganzen Berg, sogar Briefe von den Professoren der Universität. Heute reicht deine Seite im Familienbuch, das ist so etwas wie eure Meldebestätigung, ein Antrag, und wenn nichts dagegen spricht, geben sie ihn dir ... Meine Frau erwartet ein Kind. Es ist nicht das erste ... das heißt, es ist das erste, das wir auf die Welt kommen lassen, denn sie war schon mal schwanger, da waren wir aber noch nicht verheiratet, deshalb hat sie es abgetrieben. Versteht ihr? Es war nicht, wie soll ich sagen, angebracht ... für die Familienehre. Das gibt es in Italien doch auch, oder? Dabei seid ihr doch Christen ...«

Die Kellner kreisten unablässig um den großen runden Tisch wie stumme Satelliten. Mal räumten sie einen leeren Teller ab, mal servierten sie wieder von der Ente, dann brachten sie Sojasoße. Von der

Schiebetür zum Korridor – jeder Tisch hatte einen Raum für sich – kamen und gingen sie ständig mit Speisen, deren Zutaten wir nicht mehr auf ihren Ursprung zurückführen konnten. Der Zweck dieses Essens war nicht nur, die Köstlichkeiten Pekings zu probieren, sondern auch das Programm der folgenden Tage durchzusprechen: Cinquino war angekommen, durch den Zoll und in die Stadt gebracht worden. Am nächsten Tag sollten wir an die Chinesische Mauer und dann ein paar Interviews in einem künstlichen Nachbau des kaiserlichen Peking, der ein Luxushotel beherbergte, geben und den Abend mit Journalisten und Fernsehleuten verbringen. Fabrizio und ich hatten absolut keine Lust, uns den Appetit damit verderben zu lassen, dass wir die letzten zwei Tage unserer Reise besprachen. Leonardo seinerseits war einigermaßen geschwätzig, er ließ sich nicht lange bitten, über die verschiedensten Themen zu plaudern.

»Tibet? Wisst ihr, was ich denke? Das braucht Zeit. Die Tibeter sind ein bisschen rückständig, und sie haben kein Geld, sie sind arm. Deswegen protestieren sie, wegen nichts anderem. Auch weil ihnen niemand verbietet, den Lamaismus auszuüben. Es stimmt nicht, dass sie das nicht dürfen ... Tibet ist eine autonome Region, es hat einen speziellen Status.«

Ich erinnerte daran, dass man das von Lhasa aus anders sah. Schon die Tatsache einer strikten Trennung zwischen der tibetischen Stadt und den neuen chinesischen Vierteln legte die Idee einer Kolonialisierung nahe, kulturell zumindest. Die Pilger wurden als gefährlich und aufwieglerisch angesehen, rund um den Jokhang-Tempel war Polizei postiert, und sogar Kameras mit Endlosaufzeichnung überwachten den *kora,* den heiligen Pfad um die Gebetsmühlen. Die Repression war keine Erfindung, die Mönche hatten Angst, den Namen des Dalai Lama auch nur auszusprechen. Ich wollte einmal mit einem jungen Mönch vom Sêra-Kloster darüber sprechen, er war fast noch ein Junge. Er hatte sich vorsichtig umgesehen: »Die Regierung erkennt nur den Panchen Lama an«, hatte er mir mechanisch geantwortet und damit das Gespräch beendet.

Die chinesische Regierung zwingt den Dalai Lama, das geistige und weltliche Oberhaupt des tibetischen Buddhismus, ins indische Exil und toleriert den Panchen Lama, der das gleiche Ansehen wie der Dalai Lama genießt, aber nur spirituelle Kompetenzen hat.

»Es ist nicht wahr, dass der Dalai Lama nicht frei nach China einreisen darf, er sieht sich gern als Opfer und sagt, er sei ins Exil gezwungen worden! Der Panchen Lama ist eine viel modernere, vernünftigere Person und hat kein Interesse daran, Konflikte zwischen der tibetischen Minderheit und den Chinesen in Tibet zu schüren. Wenn es ein religiöses Problem wäre, würde die Regierung den Panchen Lama doch auch ins Exil schicken, oder? Es ist eine Frage des Geldes. Wo Armut herrscht, sind die Menschen unglücklich, aber das Programm zur Erneuerung Tibets bringt mehr Wohlstand, wie hier in Peking, und dann wird sich keiner mehr beklagen.«

Leonardo sah auf seine Digitaluhr, zog die Kreditkarte der Firma heraus und stand entschlossen auf: »Gehen wir, morgen haben wir viel vor.«

Kristallklare Luft ermöglicht eine faszinierende Aussicht aus dem Fensterchen der 747 der Air China. Die Wüste Gobi sieht aus wie eine harmlose erdfarbene Decke und erstreckt sich über Entfernungen, gegen die die Menschen schon immer angekämpft haben. Was machen doch 11 000 Meter Höhe in einer druckfesten Kabine aus! Die Wüste ist Tod, Entbehrung, Sand und Felsen, stechende Sonne, Durst, aber von hier oben ist sie nur ein Teppich, dessen Muster sich aus ausgetrockneten Wasserläufen, niedrigem und schütterem Gestrüpp und scharfen, dunklen Felsen zusammensetzt.

Auf der Bordleinwand läuft irgendein alberner Film, der Herr neben uns schnarcht wie eine verbeulte Posaune, und weder Fabrizio noch ich können stillsitzen auf den wenigen Zentimetern der Touristenklasse. Eine eigentlich verständliche Unruhe, wenn man nach mehr als drei Monaten Abwesenheit nach Hause zurückkehrt, und wenn man bedenkt, dass wir Cinquino Leonardo anvertraut haben, damit er ihn wie versprochen nach Italien transportieren lässt. Außerdem müssen wir an den bewegenden Abend vor unserer Abreise denken. In diesen letzten zwei Tagen hatte alles wunderbar geklappt: Interviews, Treffen mit Fanclubs (Fans von Fiat, nicht unsere) und sogar ein *online chat.* Wir waren mit einer Vorhut an Fotografen und Kameraleuten in einem Hotel angekommen, in dem gerade die Mannschaft von Real Madrid logierte, und mussten einige Fotos von uns mit Ronaldos und Beckhams Fans machen lassen, die uns wahrscheinlich für Reservespieler hielten.

Den Abschluss bildete der Galaabend mit etwa 30 Journalisten, der kompletten Führungsriege von Fiat China, der Botschaftsdelegation und anderen wichtigen Menschen ... Das war wirklich etwas viel für zwei schlichte Kerle wie uns.

Die blasse Wüste macht einer tiefgrünen, dichten Vegetation Platz. Der Schatten der großen Boeing schwebt über die dunkle Fläche der Taiga; die Erde ist von oben gesehen eine bunte Landkarte, nur ohne Grenzen. Wir überfliegen schon Russland, und mir kommt es beinahe so vor, als erkenne ich dieses Land wieder, die geschmeidigen Kurven der Flüsse, ich kann die Flussschleifen ausmachen und suche die Brücken; so oft habe ich sie auf den Seiten unseres Atlas gesehen. Von der dünnen Atmosphäre zur Krümmung des Horizonts zeichnet sich eine blassblaue Fläche ab, dann die Küste und wie ausgedehntes flüssiges Quecksilber eine weite Wasserfläche, die in der Sonne glitzert. Nicht einmal aus dieser Höhe gelingt es, den Baikalsee in seiner ganzen Ausdehnung zu umfassen. Der gekrümmte Verlauf der Angara sieht aus wie eine offen gelegte Arterie, kurz darauf sind wir über Irkutsk, die erstaunlich klare Luft lässt jede Winzigkeit hervortreten, die Peripherie, die breiten Straße im Zentrum, sogar die Kuppeln der Dreikönigskathedrale. Von der weißlichen Oberfläche der Stadt zieht sich eine graue gerade Linie durch die Vegetation in den Wald, einzigartig von oben gesehen, genauso einzigartig, als wenn man mit 60 Stundenkilometern darauf entlang fährt. Zwölf Stunden Flug tilgen 100 Tage Fahrt, Kilometer für Kilometer, manchmal Meter für Meter. Irkutsk haben wir bereits hinter uns, es ist vorbeigeflogen, und eine Wolkendecke beginnt die Sicht zu behindern. Jetzt wird sie dichter, weiß, dick und undurchdringlich; das Flugzeug hüpft, ein Signal fordert uns auf, die Gurte anzulegen, und ich schließe das Rollo vor dem Fensterchen.